LE CHEMIN VERS L'AMOUR

Dr Deepak Chopra

LE CHEMIN VERS L'AMOUR

TRADUIT DE L'AMÉRICAIN
PAR DANIEL ROCHE

J'AI LU

Titre original:

THE PATH TO LOVE
Harmony Books/Crown Publishers, Inc., New York

Tout dans l'univers est à l'intérieur de vous.
Posez-vous les questions à vous-même.
Rumi

1

RANIMER UNE HISTOIRE D'AMOUR

Nous avons tous besoin de croire que nous sommes aimés et aimables. Au début de notre vie nous étions sûrs de l'être, grâce à l'amour de notre mère et bien à l'abri dans notre innocence première. Cet amour n'a jamais été remis en cause, mais peu à peu notre certitude s'est brouillée. Quand vous vous considérez aujourd'hui, pouvez-vous encore affirmer ce que tout nourrisson exprimerait s'il avait les mots pour le dire ?

Je suis complètement aimé.
Je suis complètement aimable.

Peu d'êtres le peuvent car en s'examinant honnêtement ils repèrent des défauts qui les empêchent de se croire complètement aimables et complètement aimés. C'est dans l'ordre des choses, pensez-vous sans doute, car on prétend que l'amour parfait n'est pas de ce monde. Pourtant dans un sens plus profond, ce que vous nommez des défauts ne sont que les séquelles des multiples blessures accumulées au cours d'une vie. Quand vous vous regardez dans un miroir, vous croyez voir une fidèle image de vous-même, mais votre miroir ne vous révèle pas cette vérité plus forte que toute blessure :

Vous avez été créé pour être complètement aimé et complètement aimable durant toute votre vie.

En un sens, il est étonnant que vous ne le compreniez pas, parce que derrière tout ce que vous sentez et tout ce que vous pensez, votre innocence est toujours intacte. Le temps ne peut pas altérer votre nature profonde, votre part spirituelle. Mais si vous perdez de vue cette nature, vous confondrez vos expériences avec votre personnalité – et nos expériences nous empêchent souvent de reconnaître l'amour, le nôtre comme celui d'autrui. Dans un monde hostile et brutal, rester innocent semble impossible. C'est pourquoi la capacité à aimer et à être aimé paraît réduite d'autant.

Cela peut changer.

Bien que vous vous perceviez vous-même, de façon étriquée, comme un corps et un esprit enfermés dans le temps et l'espace, il existe un enseignement spirituel qui affirme le contraire. En esprit, vous échappez aux limites spatio-temporelles, vos expériences ne vous ont pas altéré, en esprit vous êtes pur amour.

C'est parce que vous ne vous sentez pas complètement aimé et complètement aimable que vous ne vous identifiez pas à votre nature spirituelle. Votre sens de l'amour a perdu sa dimension la plus noble, celle dont personne ne peut se passer. Quelles conséquences aurait le rétablissement de cette dimension, pour vous ?

La conscience, le corps et l'esprit seraient unis et c'est cette union qui génère l'amour que vous avez à donner.

Vous et l'être que vous aimez seriez unis, condition nécessaire pour créer l'amour que vous partagez.

Tout au fond de nous-même nous nous voyons comme le héros, ou l'héroïne d'une éternelle histoire d'amour. Cette histoire commence par le tableau innocent d'une mère qui serre dans ses bras son nouveau-né. Puis viennent les différentes étapes de la croissance au cours desquelles l'enfant découvre le monde. Le cercle de son amour s'élargit peu à peu aux autres membres de sa famille, aux amis, plus tard aux partenaires amoureux, mais l'amour englobe également des objets abstraits comme la connaissance et la vérité. En mûrissant, notre amour s'élève à l'amour du don, et nous nous ouvrons à des valeurs de plus en plus hautes telles que la compassion, le pardon et l'altruisme. Enfin nous faisons l'expérience directe de l'esprit lui-même, qui est pur amour. Notre évolution s'achève par ce savoir même avec lequel le bébé commence sa vie, bien qu'il ne sache pas l'exprimer : je suis amour.

Vous savez que vous avez pleinement expérimenté l'amour quand vous vous changez en amour – tel est le but spirituel de la vie.

Rares sont les êtres qui découvrent le but spirituel de la vie. Le besoin douloureux qu'engendre le manque d'amour ne peut être comblé que par une nouvelle initiation à l'amour. Aimer et être aimé. Il est nécessaire de comprendre que l'amour est une force aussi réelle que la gravité et que baigner dans l'amour jour après jour, à chaque instant n'est pas un fantasme, mais notre condition naturelle et notre destin.

Comment ranimer des histoires d'amour qui n'auraient jamais dû décliner, tel est le sujet de ce livre. L'union du moi et de l'esprit est non seulement possible mais inévitable. La signification spirituelle de l'amour se mesure réellement à l'aune de tout ce qu'il peut, à savoir :

Guérir.
Renouveler.
Rassurer.
Inspirer.
Rapprocher de Dieu.

L'amour rend tout possible. Mais prendre conscience de cela rend le fossé entre l'amour et le non-amour encore plus douloureux.

Un nombre incalculable de gens font l'expérience de l'amour (c'est-à-dire du plaisir, des rapports sexuels, de la sécurité, de la satisfaction par l'autre des besoins quotidiens, etc.) sans s'apercevoir qu'un chemin spécial s'est ouvert devant eux. Socialement, le cycle « normal » de l'amour consiste simplement à trouver le partenaire approprié, se marier avec lui et élever des enfants. Mais ce schéma conventionnel ne constitue pas un chemin, parce que se marier et élever des enfants n'est pas nécessairement une expérience spirituelle. Il est triste de constater que beaucoup de gens instaurent des relations dans lesquelles l'amour décline peu à peu ou bien se transforme en un compagnonnage qui dure une vie entière sans que pour autant cet amour s'ouvre à sa dimension spirituelle profonde. La seule raison d'être du chemin spirituel est de permettre le développement de l'âme. En croissant, l'âme approfondit les vérités spirituelles, elle tient les promesses dont elle est porteuse.

Quand vous découvrirez votre chemin, vous rencontrerez aussi votre histoire d'amour. Les gens, aujourd'hui, sont minés par le doute sur leurs relations amoureuses : Ai-je trouvé le bon partenaire ? Suis-je honnête avec moi-même ? Ai-je renoncé à la meilleure part de moi-même ? Et cette irrésolution débouche sur une recherche frénétique du partenaire idéal exactement de la même manière qu'on cherche la télé ou la machine à laver de ses rêves – comme si l'on pouvait trouver le « bon » en additionnant des paramètres

« positifs » et « négatifs » jusqu'à reproduire une sorte de modèle utopique. Mais le chemin de l'amour ne se ramène pas à des paramètres extérieurs. Quel que soit votre sentiment, bon ou mauvais à propos de votre relation, la personne qui partage votre vie en ce moment est la « bonne » personne, parce qu'elle est le miroir de votre intériorité. Notre culture ne nous a pas appris cela. Quand vous vous disputez avec votre partenaire, vous vous disputez avec vous-même. Toute faute que vous voyez chez lui (chez elle) renvoie à une de vos propres défaillances. Tous les conflits que vous provoquez sont autant d'alibis pour éviter de vous confronter aux vôtres. Le chemin de l'amour permet donc de dissiper le malentendu monumental que font des millions de gens : croire que quelqu'un va leur apporter (ou qu'ils vont lui apporter) quelque chose qui n'est pas déjà en eux. Quand vous aurez trouvé le véritable amour, vous vous serez trouvé vous-même.

Le chemin de l'amour est incontournable parce que nous devons tous découvrir qui nous sommes. Tel est notre destin spirituel. Il peut être remis à plus tard. On peut perdre confiance dans sa capacité à le découvrir, on peut même désespérer de découvrir l'amour. Aucun de ces sentiments n'est durable. Seul le chemin l'est. Nos doutes reflètent notre ego et ses limites spatio-temporelles. L'amour reflète Dieu, l'essence divine, éternelle. L'ultime promesse sur le chemin de l'amour est que vous marcherez dans la lumière d'une vérité qui surpassera toutes les vérités que votre esprit connaît actuellement.

J'ai ordonné les chapitres suivants de façon à parcourir le chemin de l'amour avec le lecteur depuis le début, depuis les premiers émois amoureux jusqu'aux ultimes stades de l'extase. Beaucoup de gens éprouvent le fait de tomber amoureux comme un événement accidentel alors que d'un point de vue spirituel, c'est la porte qui débouche sur le voyage éternel de l'amour. Une histoire d'amour comporte plusieurs phases distinctes que nous allons explorer : l'attraction, l'engouement, la séduction active et les rapports sexuels, chacune de ces phases ayant une signification spirituelle particulière.

L'approfondissement de cette relation se traduit généralement par un mariage. La phase amoureuse est alors terminée et l'amour proprement dit commence. L'amour est un état de l'âme. C'est cet état qu'un couple apprend à cultiver par un abandon réciproque : abandon, voilà le mot clé de toute relation spirituelle. À travers l'abandon, les besoins de l'ego qui peut être extrêmement égoïste et opposé à l'amour se transforment en un véritable besoin spirituel, besoin qui est toujours le même – le besoin de grandir. En grandissant, les sentiments superficiels et faux cèdent la place à de véritables et profondes émotions, et c'est ainsi que la compassion, la confiance, la disponibilité et le dévouement deviennent réalité. Un tel mariage est sacré, il ne peut jamais échouer parce qu'il est d'essence divine. Un tel mariage est aussi innocent, parce que son seul but est d'aimer et de servir l'autre.

L'abandon est la porte que nous devons arriver à ouvrir pour trouver la passion. Sans abandon, la passion exprime seulement l'envie de plaisir et de stimulation. Avec l'abandon, la passion est dirigée vers la vie elle-même : en termes spirituels, l'expérience de la passion équivaut à se laisser emporter par la rivière de la vie, une rivière éternelle dont le flot ne se tarit jamais.

La récompense finale de l'abandon est l'extase : quand vous pourrez vous défaire de tous vos attachements égoïstes, quand vous croirez que l'amour appartient vraiment au cœur de votre nature, vous ressentirez une paix complète.

Tel est donc le chemin de l'amour que j'esquisse dans les pages suivantes. Il n'est pas unique. Il existe des êtres qui construisent une relation d'amour sans tomber amoureux. Cela ne signifie pas qu'il n'existe pas de chemin pour eux mais seulement que ce chemin a été intériorisé. Chez de tels êtres, l'aimé est entièrement intégré en eux dès le début. C'est leur âme ou leur image de Dieu. C'est une vision ou un appel. C'est une solitude qui s'épanouit en amour pour l'Unique. À sa manière, une telle histoire d'amour est aussi l'histoire d'une relation parce que le résultat final est le même. «Je suis amour» : cette révélation n'est pas réservée à ceux qui se marient. C'est une prise de conscience universelle que toutes les traditions spirituelles vénèrent. Ou, pour le dire de façon plus simple, toute relation, quelle qu'elle soit, est en fin de compte une relation avec Dieu.

J'ai voulu que cet ouvrage soit à la fois guide pratique et source d'inspiration – du moins je l'espère. Ainsi, j'ai divisé chaque chapitre en trois parties : l'exposé théorique, des exercices intitulés «Pratique de l'amour», qui vous permettront de vous imprégner des idées exposées précédemment, puis le récit d'une histoire d'amour (partie que j'ai intitulée «Dans la vie») pour donner un prolongement plus personnel au texte. Ces histoires m'ont été racontées par des amis, des patients ou des collègues psychologues.

L'amour est important pour nous tous mais, la plupart d'entre nous sont d'accord pour l'admettre, l'amour est en crise – il n'y a pas de crise plus profonde que celle qui le frappe. Soit l'amour n'est pas une force assez puissante pour nous sauver de la part obscure que nous portons en nous-mêmes, soit un événement s'est produit qui nous a détournés de l'amour. Peut-être n'a-t-il jamais été la réponse que nous cherchions ?

Peut-être... Mais alors, être humain est vraiment tragique. Dans son dernier ouvrage important, *Malaise dans la civilisation*, Sigmund Freud a dépeint la nature humaine sous un jour lugubre, comme incapable d'amour. Les êtres humains, affirmait-il, sont mus par un instinct de gratification sexuelle que la société peut difficilement tenir en échec. Ils sont nés pour éprouver une satisfaction sadique à abattre leurs ennemis. Ils n'hésiteront pas à user des moyens les plus violents pour obtenir l'argent, le pouvoir, les rapports sexuels. Et seule la menace d'un châtiment émanant d'une force plus puissante tiendra leur violence en respect. Selon Freud, l'injonction du Christ d'aimer son prochain comme soi-même est une impossibilité psychologique.

N'importe quel adulte en sait assez sur la vie pour être d'accord, au moins partiellement avec ce point de vue dévastateur, et la psychologie moderne est entièrement fondée sur lui. Les fameuses expériences de Milgram sur la douleur conduites à Yale dans les années cinquante ont prouvé que des gens ordinaires, placés dans le cadre d'un laboratoire, obéissaient quand on leur ordonnait d'infliger des chocs électriques à des cobayes humains même quand ces cobayes criaient et les suppliaient d'arrêter. Où est l'amour dans tout cela ?

L'expérience directe de l'esprit est le seul fondement durable de l'amour.

Malgré toutes les preuves du contraire, nous avons été créés pour l'amour jusqu'au plus profond de notre âme. Cette vision spirituelle de la nature humaine a triomphé de tous les démentis. Ses racines remontent à l'Inde d'il y a deux mille ans et aux textes sacrés védiques. Veda est un mot sanskrit qui signifie « vérité » ou « connaissance ». Les hymnes du Rig Veda sont considérés comme l'expression religieuse la plus ancienne de l'humanité, et à travers ses milliers de textes, le Veda exprime toujours le même postulat : l'être humain est un miroir de Dieu. Notre être et Dieu font un.

Dans la vision védique, nous ne sommes pas des observateurs passifs de la réalité mais, comme Dieu lui-même, des créateurs. Le masque de la matière dissimule notre vraie nature qui est pure conscience, pure créativité, pur esprit. Comme de la lumière qui se déverse d'un feu de joie, la réalité se déverse hors de nous et il dépend de nous d'exhaler de l'amour ou du non-amour. Contrairement à la vision pessimiste de Freud, les Veda affirment qu'il est beaucoup plus naturel pour nous de créer en nous inspirant de l'amour que de son contraire. Il est dit que « Les hommes sont nés dans la félicité, se sont nourris de la félicité, et retournent à la félicité après la mort ». Ce genre de pensées prend le contre-pied de la psychologie moderne et pourtant l'état amoureux amène toujours une nouvelle perception – chacun peut vérifier l'extase soudaine et la félicité qui rendent une histoire d'amour si délicieuse. Mais pour se forger une vision complète de l'amour, il faut transformer sa perception beaucoup plus radicalement.

Quand vous vous percevrez comme esprit, vous ne vous contenterez pas de ressentir l'amour, vous serez l'amour.

En termes spirituels, être amour est tout naturel. C'est se détourner de l'amour qui est antinaturel. Les textes sacrés anciens ont clairement reconnu la violence de l'homme : l'un des enseignements les plus importants des Veda est la *Bhagavad-Gita*, qui a été composée sur un champ de bataille avant une guerre meurtrière. Pourtant, dans la tradition védique une série ininterrompue de saints, de prophètes, de maîtres et de sages ont su dépasser la violence, comme l'attestent ces mots :

La vie est amour et l'amour est vie. Qu'est-ce qui conserve le corps sinon l'amour ? Qu'est-ce que le désir sinon l'amour du moi ?... Et qu'est-ce que la connaissance sinon l'amour de la vérité ? Les moyens et les formes peuvent être erronés mais la cause profonde est toujours l'amour – l'amour de moi et du mien. Ce moi et ce mien peuvent être petits, ou se dilater et embrasser l'univers ; l'amour demeure.

C'est ainsi que parlait à ses disciples, à la fin des années soixante-dix, un maître indien de l'Inde du Sud, Nisargadatta Maharaj. L'expression « la vie est amour et l'amour est vie » a des racines si anciennes qu'aucune idée n'est plus vénérable. Pourtant notre époque a perdu le contact avec cette notion de l'amour parce que le désir sexuel, notre instabilité émotionnelle, et des dogmes religieux nous en ont détournés. Fonder l'amour sur l'expérience spirituelle est la condition d'un retour à notre vraie nature et d'un rejet définitif de notre comportement non aimant.

Comme Freud l'a souligné, un amour fondé sur des valeurs « plus hautes » celles que professent les religions, semble un idéal inaccessible. L'injonction « Aime le Seigneur de tout ton cœur, de toute ton âme, de toutes tes forces » se retrouve dans toutes les religions. Mais ce bref et triste poème d'Emily Dickinson nous rappelle sobrement à la réalité :

> *Parfois avec le cœur*
> *Rarement avec l'âme*
> *Plus rarement encore avec leur force*
> *Peu aiment – tout simplement.*

Si toutes nos tentatives pour fonder spirituellement l'amour ont échoué, vers quoi, vers qui nous tourner ?

On ne peut appeler l'esprit esprit que quand il est réel et il ne peut être réel que quand il est réel *pour vous*. En d'autres termes, il doit *être vous*. Tel est l'enseignement exact des Veda. Plutôt qu'à l'âme, ils assimilent l'esprit au « moi », pas le moi quotidien, avec ses pensées, ses désirs, ses besoins et ses pulsions, mais un moi plus haut – silencieux et éternel. La différence est expliquée dans une métaphore védique classique : toute personne est semblable à de l'or. Si vous étiez un anneau d'or, une montre en or, une chaîne en or, vous pourriez dire « Je suis un anneau, une montre, une chaîne », mais ce sont des formes temporaires. En fait vous *êtes* simplement de l'or, c'est votre essence, peu importe quelle forme elle prend.

De la même façon nous avons tous un moi, défini par la psychologie moderne comme une image qui s'élabore au fil du temps. C'est une mystérieuse fusion de l'ego, de la personnalité et de la mémoire que chacun constitue au cours de sa petite enfance. Votre moi est complètement personnel et complètement isolé et séparé de tous les autres moi. Pourtant si vous vous voyiez vraiment, vous ne vous identifieriez pas à cette image construite au petit bonheur et qui ne tient pas debout. En vérité vous êtes le Moi, créé à partir du même esprit qu'on appelle Dieu sous sa forme infinie. Vous êtes un grain d'or, tandis que Dieu est tout l'or existant et néanmoins vous pouvez affirmer à juste titre : « Je suis or ».

Nous nous référons tous à ce Moi plus haut pour définir l'identité, la vie, la conscience, la volonté et l'amour.

Le Moi que le Seigneur Krishna enseigne dans la *Bhagavad-Gita* est un caractère éternel de la nature humaine qui transcende toute individualité, tout changement dans le temps et l'espace. Parlant d'un éternel « habitant du corps », Krishna déclare :

> *Les armes ne peuvent pas le couper*
> *Le feu ne peut pas le brûler,*

L'eau ne peut pas le mouiller,
Le vent ne peut pas l'emporter...
Il est éternel et se propage partout,
Subtil, immuable et toujours identique à lui-
même.

Le Moi est une expérience réelle, voilà l'important. Ce n'est pas un idéal inaccessible et coupé de la réalité ordinaire – la façon dont la plupart d'entre nous conçoivent l'âme ; il est aussi proche de vous que votre respiration. Il est la source de l'amour et c'est pourquoi il est plus réel que les forces qui le bloquent, la colère, la peur, l'égoïsme, l'insécurité et la méfiance. Ces sentiments, aussi répandus soient-ils dans la société, ne sont que temporaires. Ils supposent un apprentissage dans le temps. Le Moi au contraire grandit en paix et en sûreté à l'abri du temps. Il ne connaît que l'amour parce qu'il n'éprouve que de l'amour.

Dans vos relations avec les autres, vous pouvez ressentir toutes sortes de sentiments, de la haine la plus profonde à l'amour le plus profond. Vous pouvez éprouver de l'attraction ou de la répulsion. Vous pouvez inspirer un sentiment de rejet ou d'acceptation. Mais, en ce qui concerne notre Moi, vous rencontrez toujours autrui dans l'amour.

À travers la personne que vous aimez, vous participez à l'amour universel. Si vous apprenez à observer en profondeur, vous verrez que votre réalité n'est qu'amour.

Dans un fameux passage, les Veda déclarent :

Tel l'infiniment petit, tel l'infiniment grand
Tel l'atome, tel l'univers.
Tel le corps humain, tel le corps cosmique,
Tel l'esprit humain, tel l'esprit cosmique.

Ces vers peuvent se résumer en quelques mots : vous êtes l'univers. Tout ce qu'une personne englobe dans son regard, du plus petit détail au plus vaste panorama, est cette personne. La réalité est le miroir de l'âme.

La tradition védique départageait le monde entre réalité et illusion. L'illusion, ou maya, se compose de forces et d'événements éphémères. La réalité est purement spirituelle. Par conséquent, la tâche de chacun consistait à déchirer le voile de l'illusion pour découvrir l'esprit en toute chose. C'est la même tâche qui nous attend à présent.

Pour le matérialisme une telle assertion est irrecevable. Après avoir écrit une douzaine de livres sur l'union du corps et de l'esprit, qui semblaient extrémistes il y a quelques années, je constate aujourd'hui un affaiblissement général du matérialisme. Qu'est-ce que prier pour obtenir une guérison sinon tenter d'abolir la distinction entre la réalité intérieure et la réalité extérieure ? Qu'est-ce que la rémission spontanée d'un cancer sinon l'obéissance du corps aux imperceptibles émanations de la volonté qui viennent de l'esprit ? La physique d'Einstein nous explique que tout ce qui nous paraît solide est en réalité, à 99,99 %, de l'espace vide. Et la métaphysique orientale traditionnelle qui décrit une réalité spirituelle par-delà un monde matériel illusoire et vide de contenu nous paraît soudain très plausible.

La lutte des anges contre les démons est incessante. Dans ma vision du monde, les anges gagnent toujours – le monde de l'amour est en dernière analyse celui pour lequel nous sommes nés. Mon expérience me fait espérer en la justesse de cette intuition et c'est cet espoir qui m'a fait écrire ce livre sur l'amour.

L'obscurité, si terrible soit-elle, ne vient jamais à bout de l'étincelle de lumière. Une des histoires d'amour les plus émouvantes que j'ai lues concerne deux «ennemies», durant la Seconde Guerre mondiale, au cœur de l'Holocauste. Une catholique fervente a été victime d'une de ces hideuses expérimentations médicales conduites à Auschwitz. C'était une jeune femme, et il se trouve que le médecin qui a supervisé sa torture clinique était aussi une femme. Après avoir agonisé longtemps, son «cobaye» a fini par mourir. Avant de mourir, cette jeune femme a chuchoté des paroles inintelligibles et le médecin, supposant qu'elle lui jetait un sort, a reculé. La jeune femme a tendu la main vers sa tortionnaire ; elle a péniblement ôté quelque chose de son cou. «Pour vous», lui a-t-elle murmuré en lui offrant son rosaire, comme une dernière bénédiction avant de quitter le monde.

Comment ne pas pleurer en entendant un tel récit, mais comment ne pas se prendre à espérer malgré tout ? Nous aimerions tous croire qu'une âme sauvée peut aider à la rédemption d'une autre âme même au cœur de si terribles ténèbres. Si c'est vrai, alors le pouvoir de l'amour est aussi grand que les enseignements spirituels nous le disent.

L'objet de ce livre n'est pas d'inviter à une remontée dans le temps ni de vous convertir à la métaphysique indienne : les immenses bouleversements culturels survenus depuis quelques milliers d'années rendraient cette tâche impossible. Mais je montrerai que les sages védiques ont été les premiers à frayer un chemin vers l'amour, chemin qu'ils nommaient *Sadhana*. Un chemin suppose un commencement et une fin. Dans ce cas, le commencement est une réalité dans laquelle l'amour est passionnément recherché mais incertain, submergé par la peur et la colère, terrassé par la force contraire de la haine aussi. La fin, une réalité où plus rien n'existe sauf l'amour.

Ce qui est en jeu à présent est la guérison la plus profonde, la guérison de l'amour.

Pratique de l'amour
Passer un marché avec son âme

Surmonter la scission entre le corps et l'esprit, tel est le but de ce livre. Je donnerai de temps à autre des suggestions à cette fin. En principe, ces « exercices de l'amour » sont destinés au lecteur mais je vous recommande, quand c'est possible, de les pratiquer avec la personne que vous aimez.

Le premier exercice concerne les doutes que vous pouvez avoir concernant ce « plus haut » amour : est-il vraiment accessible et en quoi consiste-t-il ? À quelqu'un qui n'est jamais tombé amoureux, comment faire comprendre cet état ? Les mots ne sont pas assez puissants pour évoquer l'amour-passion, de même qu'aucune description, si belle soit-elle, ne sait suggérer le parfum d'une rose. L'amour qui résulte de l'union avec l'esprit n'est-il pas encore plus étranger ?

Dans la liste suivante, dont vous avez déjà lu une version plus courte, vous trouverez certains des résultats que l'amour est censé accomplir :

L'amour guérit.

L'amour rajeunit.

L'amour rassure.

L'amour insuffle une sensation de puissance.

L'amour procure une sensation de certitude, il met fin à nos doutes.

L'amour fait taire toutes nos peurs.

L'amour révèle l'immortalité.

L'amour apporte la paix.

L'amour concilie les différences.

L'amour rapproche de Dieu.

Il se peut que cette liste vous frappe par son irréalisme, qu'elle vous semble follement prétentieuse, mais je veux pourtant que vous passiez un marché avec l'amour – un marché spirituel : *essayons d'obtenir que tous ces résultats, ou seulement l'un d'eux, deviennent vrais pour vous.*

Prenez une feuille de papier et écrivez ce que vous attendez de l'amour. Si c'est une force réelle, en harmonie avec votre personnalité, l'amour répondra. Il faut que votre liste soit aussi complète et détaillée que possible. Je vous suggère de reprendre toutes les propositions de cette liste et d'ajouter à côté ce que vous voulez, par exemple :

L'amour guérit.

Je veux apaiser ma colère contre mon père. Je veux guérir la blessure de n'avoir pu donner à mes enfants de l'amour quand ils en avaient besoin. Je veux me remettre du chagrin consécutif à la mort de mon ami X.

L'amour rajeunit.

Je veux éprouver un enthousiasme neuf pour mon travail. Je veux retrouver le désir sexuel que j'éprouvais pour ma femme quand nous nous sommes connus. Je veux retrouver la sensation de la jeunesse.

L'amour rassure.

Je veux me sentir plus en sécurité avec les autres. Je veux me sentir en sécurité quand je sors le matin. Je veux me protéger contre la possibilité que X me repousse si je lui dis que je l'aime.

L'amour nous insuffle un sentiment de puissance.

Je veux que mon amour soit puissant. Je veux utiliser tout mon pouvoir personnel avec amour. Je veux exprimer l'amour quand je le sens et ne pas m'abandonner à des émotions inférieures comme la peur et la colère.

Une fois que vous aurez énuméré tous vos souhaits, dans le détail et sans craindre de trop en demander, le « marché » est rempli. Rangez la feuille de papier en lieu sûr. Vous venez d'annoncer à votre âme ce que vous vouliez et c'est à l'amour de répondre, maintenant. L'amour est intelligent et conscient, il vous connaît mieux que vous ne vous connaissez vous-même. Il a donc le pouvoir de remplir sa part du marché. N'y pensez pas mais restez vigilant dans les semaines et les mois qui viennent. Ne ressassez pas votre liste, n'essayez pas de la réaliser. Vous n'avez rien à faire sauf ceci :

Quand vous éprouvez de l'amour, agissez avec amour. Laissez parler votre cœur. Soyez sincère. Restez ouvert.

C'est comme cela que vous laisserez l'amour vous inspirer. Après quelques mois, reprenez votre liste et relisez-la. Demandez-vous quels sont les souhaits qui se sont réalisés. Je ne dirai pas que vous serez étonné de ce que l'amour aura changé dans votre vie – cela arrive à beaucoup de gens –, mais vous serez au moins certainement surpris. Demander vraiment de l'amour est une démarche parmi les plus risquées que nous puissions accomplir, et en la risquant d'abord dans votre cœur, vous ouvrez une porte qui ne se refermera plus jamais.

Dans la vie
Il y a quelqu'un là-bas

—Je sais ce que tu penses, fit Delaney. Tu me trouves trop difficile, non ? Mais je ne crois pas que j'en demande tant que ça. Je ne demande pas qu'elle soit canon à tomber raide, ni polytechnicienne.

—Mais tu as un minimum d'exigences, suggérai-je.

—Exact. Je recherche un profil global. Si l'ensemble me convient les détails ne comptent pas tant que ça.

—À condition que la personne en question apprécie ton profil à toi.

Delaney acquiesça. Il était étonnamment imperméable à l'ironie et je sentais que ce n'était pas très gentil de ma part de le taquiner ainsi. Il voulait vraiment tomber amoureux, c'était sa plus grande préoccupation, et comme Delaney avait réussi dans toutes ses entreprises, sauf sur ce plan-là, il en était extrêmement frustré. Nous avions étudié ensemble la médecine à Boston où il avait grandi dans une famille ouvrière et plus tard nous avions fait des gardes de nuit dans le même service d'urgence en banlieue pour arrondir nos fins de mois. Cela faisait quinze ans qu'il avait monté son cabinet de cardiologie et il avait attendu toutes ces années (il devait avoir quarante-cinq ans) avant de prendre le temps de chercher une compagne. Il lui était difficile de cacher à quel point toute cette situation le perturbait.

—Dieu merci, je ne suis pas un de ces types qui se débarrasse de sa femme de quarante ans pour une petite amie sexy de vingt et quelque. Pour moi, c'est un nouveau départ. Je suis optimiste, je suis patient, mais je suppose…

—Quoi ? demandai-je.

Delaney détourna le regard, effleuré par un léger doute.

— Je ne sais pas. Peut-être suis-je trop vieux, marmonna-t-il.

— Ou trop exigeante... Est-ce que la femme que tu m'as décrite, ton « profil global », n'est pas justement censée avoir vingt et quelques années ? Sois honnête.

Il haussa les épaules timidement.

— Il n'est pas interdit d'espérer.

Je me sentis soudain mal à l'aise en écoutant Delaney évoquer ses derniers projets sentimentaux. Mal à l'aise puis submergé par une vague de tristesse. J'étais confronté à la grande indigence de notre culture en matière d'éducation à l'amour. Nous venions de parler de la vie amoureuse d'un homme pendant une heure et pourtant nous n'avions pas effleuré, même de loin, le sujet de l'amour proprement dit.

— Es-tu déjà tombé amoureux auparavant ? Vraiment amoureux ?

Delaney eut l'air sidéré, il ne s'attendait apparemment pas à ce que notre conversation prenne un tour si personnel. Il hésita.

— Eh bien, j'ai eu quelques liaisons très sympas et beaucoup de filles sont d'accord pour sortir avec moi.

J'acquiesçai.

— Écoute, je ne veux pas te forcer à parler de choses que tu veux garder pour toi. Mais je te sens un peu perdu.

Il se raidit et je le sentis qui se repliait sur lui-même.

— Ce n'est pas une accusation, ajoutai-je. Il est naturel de se sentir perdu. Surtout quand on ne cherche pas aux bons endroits.

— Je déteste les endroits où je vais, répondit-il, en colère.

— Les bars ? Tout le monde déteste ces endroits, fis-je. Mais ce n'est pas ce que je voulais dire. Tu ne regardes pas en toi-même – c'est là que tu trouveras la personne que tu cherches, quelle qu'elle soit. » Delaney me dévisagea comme si je me laissais aller à un paradoxe facile, mais j'insistai. « Tu as réussi beaucoup de choses dans ta vie, et au fond tu as chaque fois eu recours à la même approche. Tu identifies un challenge, un défi, tu rassembles tes ressources et grâce à ta confiance en toi et à ton énergie tu finis par réussir ce que tu tentes. C'est vrai, n'est-ce pas ?

Il acquiesça.

—Chaque fois que nous entreprenons quelque chose d'important, nous prenons des risques, continuai-je. Et nous éprouvons donc de la peur. Mais si on laissait la peur l'emporter, on ne prendrait jamais de risques et par conséquent on ne réaliserait rien.

—Es-tu en train de me dire que j'ai peur de tomber amoureux ? demanda-t-il. Alors pourquoi le désirerais-je ?

—Non, je ne dis pas cela. Mais l'amour et la peur sont souvent très proches et les gens comme toi, qui ont accompli des choses très difficiles, doivent apprendre à surmonter leur peur. Et pas seulement la peur, mais aussi le doute, l'incertitude, le désarroi, le découragement, la plupart des faiblesses humaines en fait. Tenir ces faiblesses en respect est très important si l'on veut parvenir à quelque chose en ce monde, mais c'est exactement le contraire qu'exige l'amour.

Delaney tressaillit. Je sentis qu'il n'aimait pas le mot « exige ».

—J'ai des faiblesses, comme tout le monde, admit-il à contrecœur. Que veux-tu que je fasse ? Que j'exhibe ma fragilité pour qu'une femme finisse par avoir pitié de moi ?

—C'est parce que tu détestes cette idée que tu exagères à ce point, répondis-je. Non, tu n'inspires nullement la pitié. Ce que j'essaie de te montrer, c'est que la vie « normale » exige de chacun qu'il apparaisse aussi fort que possible, et cette tactique, qui peut fonctionner dans d'autres domaines, échoue lamentablement quand il s'agit de l'amour.

Comme la plupart des gens, Delaney n'avait jamais accordé d'attention à la structure de sa personnalité : chacun se crée les compartiments intérieurs qui lui permettent de survivre. Dans ces sortes de caves soigneusement murées, nous fourrons tout ce que nous n'aimons pas à propos de nous-même, nos peurs secrètes, nos faiblesses, nos défauts, notre aptitude profonde à douter, notre croyance que nous sommes peut-être affreux ou indignes d'amour. Chacun de nous recèle de telles chambres obscures au fond de lui.

—Te trouves-tu aimable ? demandai-je à Delaney.

—Mon Dieu, quelle question ! s'exclama-t-il. Je ne me la pose jamais… Je veux seulement me marier, tu sais, comme n'importe qui.

—La plupart des gens auraient la même réaction que toi, dis-je. Mais pourquoi ? Est-ce embarrassant de se sentir aimable ? Le malaise vient de ce que l'amour nous replonge dans notre personnalité, il fouille dans ces recoins obscurs où nous enfouissons notre image négative de nous-même. Malheureusement, tomber amoureux signifie pénétrer dans ces recoins. L'amour l'exige.

Le véritable amour est plus dangereux que la plupart des gens ne sont prêts à l'admettre. Il éveille le même malaise que ces rêves où l'on se trouve nu dans un endroit public. Si le fait de tomber amoureux impliquait de pénétrer dans tous les recoins obscurs de l'âme, aucun de nous ne prendrait ce risque. D'un autre côté, aimer un être suppose de s'ouvrir complètement à lui. La présence de l'esprit rend ce risque acceptable.

L'esprit est votre véritable « moi », au-delà de toutes les divisions entre bien et mal, désirable et indésirable, aimable et non aimable. L'amour met cette réalité à vif, et c'est pourquoi tomber amoureux est un état béni. Beaucoup d'êtres ne connaîtront pas d'autre illumination du même ordre dans toute leur existence. Les caractéristiques de l'amour-passion sont bien connues. D'abord on éprouve une formidable ouverture émotionnelle, une libération. On a l'impression que tout l'être se fond avec celui de l'être aimé, on partage les mêmes sentiments, les mêmes goûts, on respire presque d'un même souffle. L'effet secondaire de cet afflux de plaisir est de calmer vos soucis et votre anxiété. Toutes vos inquiétudes sur des sujets triviaux comme l'argent, la carrière et le sort de l'humanité sont effacées par l'engouement qui s'est emparé de vous. Même si vous n'avez aucune culture spirituelle, en tombant amoureux vous éprouvez cette jubilation de l'âme. Comme le dit le grand poète persan Rumi :

> *Quand l'amour a effleuré pour la première fois*
> *les lèvres de l'être humain,*
> *Il s'est mis à chanter.*

Cette bénédiction que nous éprouvons en tombant amoureux vient de l'esprit, mais elle peut être bloquée par l'ego. L'ego protège votre image de vous-même. Il crée ces recoins obscurs, bien compartimentés, où vous avez enfoui tous les aspects de vous que vous n'aimez pas. L'amour est un flux et ces cloisons l'empêchent de s'épancher librement.

En langage métaphysique, ce problème est celui de la dualité. En séparant le bien du mal, nous soulignons le fait que certains aspects de notre personnalité ne sont pas aimables, sinon pourquoi nous les dissimulerions-nous ?

Nous nous transformons en « profils », exactement comme ceux dont parle Delaney. Notre « profil » semble ne renfermer que des aspects bons et estimables, mais si une autre personne se hasarde à nous aimer, elle découvre bientôt tous les autres aspects de notre personnalité et nombre d'entre eux ne sont pas si séduisants.

Une des plus cruelles conséquences de la dualité est de nous inciter à tenir l'amour à distance. « Être ouvert » est assimilé à « être faible ». « Être fermé » est assimilé à « être fort ». Et la société renforce ces oppositions en nous rappelant, jour après jour, que dans ce monde l'amour n'est pas en sûreté.

Comme la plupart des gens, je ne rencontre pas beaucoup d'amour sauf dans mon foyer. En me réveillant, je découvre le visage de ma femme à côté de moi et souvent je m'émerveille de l'amour indicible que cette vision m'inspire. À côté de mon lit se trouve aussi le journal que je lis avant de m'endormir, qui recèle toute la haine imaginable. À chaque page, le lecteur y est confronté à un naufrage catastrophique de l'amour. Qu'il s'agisse des échecs personnels dont témoignent le nombre énorme des divorces, des contentieux de toutes sortes ou des tensions sociales avec lesquelles nous avons appris à vivre ; ou encore des échecs collectifs que traduisent les guerres, la criminalité et la violence qui sévit dans certaines sociétés – et nous prions pour que ces phénomènes ne nous atteignent pas.

Bien que personne ne puisse dire : « L'amour a disparu », le fait que nous soyons entourés par tant d'images qui miment l'amour constitue un signe alarmant. Chaque jour, nous sommes saturés, noyés sous un déluge de représentations de l'amour dans les livres et au cinéma, bombardés de publicités érotiques et sommés de tous côtés de devenir plus séduisants afin d'attirer l'attention de l'homme ou de la femme parfait(e). Ainsi, Delaney pataugeait dans le marécage de l'absence d'amour, comme nous tous, et essayait de trouver quelque chose qu'il ne parvenait pas à nommer.

—Et si tu t'asseyais et que tu imagines la femme parfaite qui t'attend dehors, lui dis-je. Tu l'as probablement fait souvent, mais tu as renoncé à chaque fois. Eh bien, je crois que tu vas rencontrer cette femme et cela arrivera au moment où tu pourras te défaire de cette image. Cela peut sembler un paradoxe, mais pour trouver quelqu'un qui va t'aimer, tu dois d'abord te dépouiller de cette image, car l'amour n'est jamais une image. L'amour est complètement indépendant de toute référence extérieure.

—Je le sais, répondit Delaney avec une douceur soudaine et surprenante. Il me semblait que j'avais besoin de m'inspirer d'une sorte d'image. Sinon, ç'aurait été comme de regarder dans le noir.

—La plupart des gens ressentent cette inquiétude. Elle reflète leur propre croyance intérieure (la crainte de n'être pas très désirables eux-mêmes) et aussi leur peur de la solitude. Au moins, ils ont cette image pour leur tenir compagnie. Mais cette attitude soulève une question plus profonde. L'amour nous est-il offert de l'extérieur ?

—Bien sûr que oui, dit-il.

—Approfondis un peu, insistai-je. Nous croyons tous en une dualité qui induit la perception que les êtres sont séparés. Toi et moi, assis ici dans cette pièce, semblons séparés. Nous avons des corps séparés, des esprits séparés, des mémoires et des cultures différentes. Cette séparation est le fondement de toute notre existence. Mais une part de toi déteste vivre séparée, elle déteste la peur, la solitude, le soupçon et l'aliénation qu'accompagne cet isolement total. Cette part réclame l'amour pour résoudre sa douleur. Si seulement tu pouvais trouver quelqu'un qui t'aime, peut-être cette séparation s'effacerait-elle.

—À t'écouter, ma vie n'est pas très attrayante.

—Non, poursuivis-je. Mais tout au fond de leur cœur, la plupart des gens ressentent les tiraillements de la séparation dont je parle, ce n'est pas un secret. Laisse-moi te poser une question : Crois-tu vraiment que cet être parfait dont tu rêves t'attend, quelque part dans le monde ? Cette utopie a beau être la plus répandue, la réalité ne cesse de la contredire. La personne qui t'attend est toujours un reflet de toi-même. Nous cherchons tous une source d'amour qui brisera notre solitude et comblera le manque que nous ressentons au fond de nous, et c'est exactement ce qui arrive, ni plus, ni moins.

— Je ne sais que répondre à cela, fit Delaney.

— Si tu t'examines assez attentivement, tu reconnaîtras les mêmes schémas. La plupart des hommes, par exemple, ressentent un manque de tendresse, tendresse qu'ils espèrent trouver chez une femme. La plupart des femmes, un manque de force, qu'elles espèrent trouver chez un homme. Quel que soit le besoin, la personne qui le comble devient une source d'amour.

La question devient alors la suivante : comment maintenir cet état de choses ? La personne qui correspond à nos besoins peut-elle durablement nous donner le sentiment que nous sommes aimés ? Je ne le crois pas. Trop de vérités honteuses sont cachées au fond de nous. Le travail de guérison est trop considérable. Donc au bout d'un moment la source extérieure d'amour perd de sa force, elle cesse d'agir. Et certaines vérités commencent à poindre :

On ne peut jamais recevoir plus d'amour qu'on n'est prêt à en recevoir.

On ne peut donner plus d'amour qu'on n'en a en soi.

L'amour que vous renvoie l'Autre puise sa source dans votre propre cœur.

Avant cela, tu n'as pas résolu la séparation, tu l'as seulement masquée.

— Et alors ? demanda-t-il.

— Tu es à la croisée des chemins. Tu peux continuer à chercher l'amour ici ou là, au hasard, tu peux te contenter de ce que tu as, tu peux chercher des satisfactions ailleurs que dans l'amour, mais tu peux aussi être totalement honnête et renoncer à chercher au-dehors.

Nous avions atteint un point critique. Le chemin vers l'amour commence quand on comprend que la séparation, la solitude et la douleur de l'isolement sont réelles. Peu de gens veulent affronter cet état de fait et ils se résignent donc à une dose d'amour tristement limitée. En tant que guérisseur, l'amour ne connaît pas de limites, mais il faut accepter d'y engager tout son être. C'est la condition nécessaire pour que le baume de l'amour agisse.

—Il y a quelque chose que j'admire vraiment chez toi, dis-je à Delaney. Je pense que tu seras surpris de savoir ce que c'est. Tu ne t'es pas contenté de vulgaires ersatz. Tu attends toujours une histoire authentique. Delaney me regarda dans les yeux et acquiesça imperceptiblement. C'est un sujet si difficile à aborder, cette attente sans nom que seul l'amour peut apaiser. Qu'attendons-nous? Qu'est-ce que cette histoire authentique sinon ce déluge d'images sur l'amour, le sexe, et le plaisir sans fin que celui ou celle que nous aimons est censé nous donner? En réalité, nous sommes à la fois le don et celui qui donne. La dualité est et a toujours été une illusion. Personne ne nous attend. Il n'y a que toi et l'amour que tu te portes à toi-même. En esprit tu es uni à toutes les autres âmes et le seul but de la séparation est pour toi de rejoindre cette unité.

—C'est pourquoi l'amour est l'unique bénédiction, répondit Delaney calmement.

Nous restâmes silencieux quelques instants pour nous imprégner de ces paroles. Puis je repris :

—Oui, l'amour est la seule bénédiction et cela signifie tout l'amour. S'il est l'ultime réalité, comme les grands maîtres nous l'ont appris, alors la moindre ébauche de communication est un geste d'amour.

Percer le mur de la séparation, que ce soit avec un ami, l'être aimé, des parents, ou un étranger, c'est agir au nom de l'amour, que nous en prenions conscience ou non.

Nous étions dans le bureau de Delaney, dans la banlieue de Boston, une pièce tout ordinaire, soudain emplie d'une atmosphère particulière. Le chemin de l'amour s'ouvre toujours de façon inattendue. Notre monde est si empli de chaos et de confusion que c'est déjà un miracle qu'un chemin se profile. Aussi long-temps qu'existera une séparation, il y aura une pas-serelle.

— Je crois que tu as percé l'un de mes secrets, répondit finalement Delaney. J'avais fini par ne plus croire possible qu'une femme puisse m'aimer autant que je le voudrais. J'avais perdu la foi.

— L'amour n'a pas besoin de foi, répondis-je. Parce que la séparation est une illusion, c'est notre croyance en elle qui réclame de la foi. L'amour est réel. Nous l'éprouvons, nous le cultivons, nous apprenons en aimant, nous comptons sur l'amour. Laisse tomber ta foi. Cesse de souhaiter et d'espérer, applique tes efforts à ce qui est réel. La dualité est si inconsistante qu'elle peut se désagréger à tout moment. Notre ima-gination nous fait croire que l'amour est séparé de nous. En fait, il n'y a rien d'autre que lui, une fois que nous sommes prêts à l'accepter.

2

LE CHEMIN

En Occident, quand nous parlons d'amour, nous pensons la plupart du temps à un sentiment, pas à un pouvoir. Ce sentiment peut être délicieux, voire extatique, mais il y a beaucoup de choses que l'amour est censé réaliser dont les sentiments sont pourtant incapables.

> Quand l'amour et l'esprit se conjuguent, leur pouvoir peut accomplir n'importe quoi. Alors amour, pouvoir et esprit sont un.

Tous les maîtres spirituels, Bouddha, Krishna, le Christ ou Mahomet, ont été des messagers de l'amour, et le pouvoir de leur message a toujours été impressionnant : il a changé le monde. Peut-être l'immensité même de tels maîtres a-t-elle rendu le commun des mortels réfractaire à ce message. Nous n'acceptons pas le pouvoir que l'amour peut créer en nous et par conséquent nous tournons le dos à notre statut divin.

L'Inde est une société ou chaque personne est divine, mais ceux qui le comprennent sont peu nombreux. Bizarrement, on pourrait dire la même chose de l'Occident. La seule différence est qu'on peut voir des saints hommes se baigner dans les fleuves sacrés de l'Inde sans que personne les remarque, alors que nos saints hommes passent inaperçus et se retirent dans des monastères, invisibles au commun des mortels jusqu'à la tombe.

« Ils sont peut-être riches en Occident, mais là-bas les saints doivent attendre la mort pour devenir des saints. Les nôtres, eux, se promènent dans la rue ! », disait mon ami Lakshman de sa voix sonore.

Ils se promènent peut-être dans la rue mais ils ne sont pas si faciles à dénicher. Combien de chercheurs ont traversé l'Inde sans rencontrer de saints authentiques ? Peut-être n'ont-ils pas su reconnaître la sainteté de ceux qu'ils ont croisés… Grâce à Lakshman, un homme qui allie une exubérance bruyante à une profonde vénération, j'ai eu l'occasion d'approcher des yogis et des sages dans leurs grottes de l'Himalaya ou leurs ashrams délabrés des bords du Gange. Lakshman m'a raconté l'histoire de sa première rencontre impressionnante avec les saints. Nous étions assis dans un café de La Jolla en Californie à des années-lumière de nos origines et regardions les eaux bleues du Pacifique moutonner au soleil.

« Pendant longtemps, Deepak, je n'étais pas croyant et ces prétendus saints me laissaient indifférent. La moitié d'entre eux sont des vauriens, des mendiants oisifs qui exploitent la crédulité de gens naïfs pour en obtenir de l'aide, et quant aux autres, ils donnent l'impression d'être plutôt dérangés. Du moins c'est ce que je pensais. Ma famille, à Bangalore, est très occidentalisée. Nous avons créé une société de logiciels informatiques dix ans avant l'explosion de la technologie en Inde du Sud. Nous continuons à faire nos prières tous les jours devant l'autel de la salle à manger, mais c'est une formalité.

J'habite dans un vieux quartier de la ville. De ma fenêtre je vois des temples médiévaux dédiés à Shiva noircis par les gaz d'échappement de centaines de scooters et de camions cabossés. L'Inde ancienne et la nouvelle s'affrontent dans un charivari agressif et grinçant, c'est à ce spectacle que je m'éveille chaque jour.

Un matin, je ne supportais plus de lutter contre la circulation, j'ai donc décidé de marcher jusqu'à mon travail. L'usine de mes parents n'est pas très loin du centre-ville. Tu sais comment sont les trottoirs en Inde – impossibles ! Je marchais depuis une dizaine de minutes, j'étais complètement excédé, je me frayais un chemin à travers une marée de colporteurs, de mendiants, de désœuvrés, et de milliers d'autres travailleurs qui essayaient de se rendre dans la même direction que moi. Je ne pouvais m'empêcher de penser à une sorte de fleuve, de Gange humain. Mais cette image me vint plus tard. Sur le moment, tout ce que je ressentais, c'était de l'irritation et de l'épuisement.

À un coin de rue, j'aperçus un groupe de gens rassemblés autour de quelque chose. Bien sûr, ils bloquaient tout le trottoir et comme il s'agit de l'Inde, la circulation était arrêtée parce que les taxis et les chauffeurs de camion avaient aussi coupé leur moteur pour jeter un coup d'œil. Tout d'un coup j'ai craqué et je me suis mis à pousser furieusement ceux qui me barraient la route en leur criant de dégager le passage. Sans aucun effet. En quelques secondes, je me suis retrouvé enlisé dans une foule compacte de gens qui se pressaient les uns contre les autres. Impossible de fuir.

Tu ne peux pas imaginer ce que j'ai ressenti. Enfin si, tu as vécu là-bas toi aussi. J'étais donc sur le point de hurler, quand j'ai soudain senti quelque chose s'arrêter dans mon esprit. Ma colère et mon agitation, mes soucis, toutes mes pensées du moment se sont évanouis, mon esprit s'est vidé. Je ne suis pas complètement idiot, j'avais lu toutes ces histoires sur l'esprit vide qui correspond au silence de Dieu. Mais dans les rues de Bangalore ! En tout cas, j'ai réussi à avancer un peu et au milieu de cette foule, j'ai découvert une petite femme en sari blanc, assise les yeux fermés. Elle devait avoir environ trente ans, et semblait venir de la campagne.

Je ne sais toujours pas aujourd'hui pourquoi elle s'était arrêtée comme ça au milieu du trottoir. Elle était complètement immobile, sans prêter la moindre attention à la bousculade autour d'elle. D'ailleurs les passants se montraient très respectueux dans l'ensemble ; elle était entourée d'un cercle de gens agenouillés. Je m'approchai un peu et il se produisit une chose très étonnante. Une pensée, ou plutôt une sensation s'insinua dans mon esprit vide. *La mère*. C'est la seule façon dont je puisse la décrire. C'était comme si tous les sentiments maternels que les femmes prodiguent à leurs proches m'habitaient mais avec une pureté et une clarté bien plus grandes.

Je ne pensais pas à ma propre mère. Seule existait cette sensation. Elle s'amplifia et, comme une vérité révélée, je vis cette femme sur le trottoir dégager l'énergie de la mère, comme si elle en était la source même. Je découvris aussi avec une clarté parfaite que ma propre mère avait essayé d'exprimer cette même énergie. Et que, même d'une manière imparfaite, elle était reliée à cette réalité qui transcende telle ou telle mère particulière : c'est simplement « la mère », l'amour infini de la femme pour tout ce qui est en création.

La seconde suivante, j'étais à genoux moi aussi, à un ou deux mètres de cette sainte sur le trottoir. Elle avait ouvert les yeux et nous souriait. Ce sourire rendit mon expérience beaucoup plus intense encore. J'entrevis des milliers et des milliers d'âmes qui voulaient être là, sur terre, pour faire l'expérience inestimable de la maternité.

À ce moment j'éprouvai un intense sentiment de pardon : je compris que tous ceux qui ne peuvent aimer, même les plus méchants et les plus criminels, essaient d'exprimer cette énergie divine. Nous sommes tous sur le chemin et malgré nos différences, partager ce chemin nous rapproche beaucoup plus que nous n'en avons conscience. »

Lakshman se tut. Bien que sa rencontre avec cette femme n'ait duré que quelques minutes, son effet ne s'était pas dissipé. Il restait sous le charme de la révélation qu'on appelle *darshan* en sanskrit : la seule présence d'un saint élève la conscience ordinaire. Plus important, grâce à cette rencontre il avait été persuadé de la réalité d'un chemin vers le divin.

Je peux parler de mon expérience aussi. Je n'ai jamais connu de révélation analogue à celle de Lakshman, mais mes parents étaient très croyants et mon grand-père passait ses après-midi sur la véranda, absorbé dans ses méditations sur le darshan des maîtres et des saints.

Un enfant ne comprend guère le sens profond de telles expériences. Cette compréhension n'est intervenue qu'une fois adulte avec des ermites étranges, détachés des contingences matérielles, et je me souviens m'être senti extrêmement aimé en leur compagnie. Ils vivaient parfois dans un environnement désolant, n'ayant rien à manger ni à boire sauf un seau d'eau verdâtre. La plupart du temps on ne m'encourageait pas, on ne me souriait pas, on ne reconnaissait pas mon effort vers la sainteté. Mais dès le moment où je fermais les yeux, je pénétrais dans un espace extraordinaire. J'étais entraîné dans une danse, le jeu de l'univers, pas un espace empli d'étoiles et de galaxies, mais le pur silence. Une merveilleuse fraîcheur s'insinuait dans mon corps, je cessais de sentir le tissu moite de la chemise plaquée sur mon dos et la chape d'air étouffant qui pesait sur nous. J'éprouvais une sensation de paix accompagnée d'une extraordinaire vibration, comme si des décharges d'énergie invisible me parcouraient. Par moments c'était presque plus que je ne pouvais en supporter. J'avais l'impression que mon espace intérieur implosait. J'étais suspendu dans un vide qui n'était pas vide mais débordant de vie, de créatures vivantes ou à naître. *Et tout cela se passait au fond de moi.*

Ces souvenirs me donnent la certitude que notre concept ordinaire de l'amour n'est pas adéquat. Nous utilisons tous le mot « amour » pour signifier beaucoup de choses alors que l'état amoureux est souvent complexe et confus. Pourtant ce que j'ai éprouvé alors était incroyablement simple :

L'amour est esprit et l'esprit est le Moi.

Le Moi et l'esprit sont une seule et même chose. Demander : « Qu'est-ce que l'esprit ? » n'est qu'une manière de demander : « Qui suis-je ? » L'esprit n'est pas extérieur à vous, vous êtes l'esprit. Pourquoi n'en êtes-vous pas conscient ? Vous l'êtes, mais seulement d'une manière limitée, comme quelqu'un qui a vu un verre d'eau mais pas l'océan. Vos yeux voient parce que en esprit vous êtes le témoin de tout. Vous avez des pensées parce que en esprit vous savez tout. Vous éprouvez de l'amour envers une autre personne parce que en esprit vous êtes l'amour infini.

Rendre à l'amour sa dimension spirituelle implique d'abandonner la notion d'un moi limité pourvu d'une aptitude limitée à l'amour et de retrouver le Moi avec son aptitude illimitée à l'amour. Le « Je » qui est vraiment vous est fait de conscience pure, de créativité pure, d'esprit pur. Sa version de l'amour est dégagée de tous les souvenirs et de toutes les images du passé. Derrière toutes les illusions se trouve la source de l'amour, un champ de pur potentiel.

Ce potentiel, c'est vous.

QU'EST-CE QUE LE CHEMIN ?

Dans n'importe quelle relation, votre apport le plus valable, c'est votre potentiel spirituel. C'est ce que vous avez à offrir de plus profond quand vous commencez à vivre votre histoire d'amour. Comme la semence nécessaire au début de la vie d'un arbre, votre potentiel spirituel est la semence de votre maturation en amour. Rien n'est plus précieux. À force de vous voir avec les yeux de l'amour, vous prendrez l'habitude de voir les autres de la même manière. Vous deviendrez capables de dire de votre bien-aimé(e) ce que dit le poète Rumi :

> *Tu es le secret du secret de Dieu.*
> *Tu es le miroir de la beauté divine.*

Le chemin vers l'amour est une voie que vous choisissez consciemment d'emprunter et tous ceux qui sont déjà tombés amoureux ont fait le premier pas sur ce chemin. Le développement du potentiel spirituel a été la préoccupation essentielle de tous les grands prophètes, saints, maîtres spirituels et sages de l'histoire humaine. Ce développement consistait en une quête du Moi soigneusement préparée, à l'opposé de notre notion de l'amour compris comme une aventure passionnelle et un chaos émotionnel.

En Inde, comme je l'ai mentionné, le chemin spirituel se nomme *Sadhana* et bien qu'une petite minorité de gens renonce à mener une vie normale pour parcourir le monde en quête de la connaissance (ce sont les moines ou *sadhus*), tous les chercheurs spirituels, ceux de la très ancienne civilisation de l'Inde védique comme ceux d'aujourd'hui considèrent leur vie comme un sadhana, un chemin vers le Moi. Bien que le Moi semble séparé de nous, il se mêle en fait à tout ce qu'une personne pense, sent ou fait. Le fait que vous ne connaissiez pas intimement votre Moi est étonnant, pour peu que vous vous donniez la peine d'y penser. Chercher votre Moi, disaient les sages védiques, vous fait ressembler à un poisson assoiffé qui cherche de l'eau. Mais aussi longtemps que le Moi reste à découvrir, le sadhana demeure le passage obligé.

Le but du chemin est de mener votre conscience de la séparation vers l'unité. Dans l'unité nous ne percevons que l'amour, n'exprimons que l'amour, ne sommes qu'amour.

Pendant que se déroule la transformation intérieure, chaque chemin doit trouver sa forme extérieure appropriée. En Inde, chaque personnalité se forge un style de cheminement qui l'amène vers l'accomplissement de soi. Certains êtres sont naturellement intellectuels et le *Gyana*, le chemin de la connaissance, leur convient mieux. D'autres ont un tempérament plus religieux et le chemin de l'adoration ou *Bhakti* leur est réservé. D'autres enfin sont extravertis, et c'est le chemin de l'action ou *Karma* qui leur convient.

Ces trois chemins ne sont pas exclusifs les uns des autres. L'idéal serait que chacun partage ses journées entre des phases d'étude, de méditation et d'action. Ces trois approches seraient alors intégrées en un seul chemin. Mais il est évidemment possible aussi que votre existence soit tellement absorbée par une seule approche que vous ne vous consacriez qu'à elle. Même dans les secteurs les plus traditionnels de l'Inde d'aujourd'hui, ces chemins ont été abandonnés au profit de modes de vie modernes dans lesquels l'étude et le travail n'ont que peu ou rien à voir avec des aspirations spirituelles.

Que signifie tout cela pour un Occidental qui n'a jamais été exposé au sadhana ? Il me semble qu'avancer sur un chemin spirituel est un besoin si naturel et si puissant que la vie de chacun, indépendamment de sa culture, y tend. Un chemin n'est qu'un moyen de s'ouvrir à l'esprit, à Dieu, à l'amour. Ces buts, peut-être les poursuivons-nous tous, mais notre culture n'a pas su se doter d'un cadre solide organisé pour les atteindre. Et l'on peut affirmer que jamais dans l'histoire les hommes en quête de spiritualité n'ont été confrontés à une situation spirituelle aussi désorganisée et chaotique que celle d'aujourd'hui.

Ce qui nous reste, ce sont les relations affectives. Le désir d'aimer et d'être aimé est trop puissant pour être étouffé, et il existe un chemin spirituel basé sur ce désir inextinguible. L'expression *chemin vers l'amour* n'est pas simplement une métaphore ; elle réapparaît sous de nombreuses formes au cours de l'histoire. La plus ancienne version en est le bhakti, la tradition pieuse de l'Inde védique dans laquelle toutes les formes de l'amour sont, en dernière instance, au service de la quête de Dieu. Les Soufis de l'Islam ont leur propre tradition pieuse. Rumi, que je cite si souvent, fut plus qu'un poète, il fut un grand maître de ce chemin. Pour lui, Dieu était l'amant le plus délicieux, le plus désirable, dont il sentait la caresse sur sa peau :

> *Quand il fait froid et qu'il pleut,*
> *Tu es plus beau.*
> *Et la neige me rapproche*
> *encore plus près de tes lèvres.*
> *Le Secret Intérieur, l'Éternel, tu es cette fraîcheur, et je suis à tes côtés maintenant.*

Dans sa parole majeure : « Aime ton prochain comme toi-même », le Christ est à l'origine d'une autre version du chemin. Jésus a toujours parlé de Dieu comme d'un père aimant. La version chrétienne du chemin ne concerne pas tant la relation amoureuse que celle qui lie parents et enfants ou le pasteur à son troupeau (n'oublions pas, cependant, que le Christ est représenté comme l'époux de l'âme du croyant).

Ce n'est donc pas la tradition qui est défaillante. Il est sans doute plus juste de dire que dans la plupart des religions, la doctrine initiale de l'amour semble avoir progressivement perdu de sa force et qu'elle a fini par devenir plutôt un idéal qu'une réalité pratique. Mais malgré la débâcle de la doctrine traditionnelle, malgré la confusion qui l'entoure, la lueur qui fait que deux êtres s'unissent, cette lueur de l'amour brille encore, et elle nous ouvre un chemin.

Comme la minuscule étincelle qui va réduire une forêt en cendres, l'étincelle de l'amour suffit pour vous faire éprouver l'amour dans toute sa puissance et sa gloire, sous tous ses aspects, terrestres et divins. L'amour est l'esprit, et toutes les expériences de l'amour, si insignifiantes soient-elles, sont en fait des invitations à la danse cosmique. Dans toute histoire d'amour se dissimule le jeu amoureux des dieux et des déesses.

Ou, comme l'écrit plus poétiquement Walt Whitman :

Je suis le camarade et le compagnon des gens,
tous exactement aussi immortels et insondables
que moi,
(Ils ne savent pas combien immortels, mais je
le sais.)

Le sentiment de vivre un moment exceptionnel et sacré, la délectation qu'éprouvent les amants a sa réalité propre, mais il faut la chercher en eux-mêmes. La passion amoureuse et l'esprit sont tous deux des états de vérité intérieure. Dans ce livre, je propose de relier ces deux états. Le bouleversement psychologique spectaculaire qui se produit quand nous tombons amoureux est en fait *un état temporaire de libération spirituelle, une vision passagère de celui que vous êtes vraiment*. Le sentiment extatique que les amants s'inspirent mutuellement, l'impression qu'ils sont l'objet de toutes les attentions, que cet amour les protège, qu'il est intemporel, tous ces sentiments sont des réalités spirituelles. Dans la tradition orientale l'aspect spirituel de la passion amoureuse, même la plus exacerbée, a sans doute été mieux préservé ainsi qu'en témoigne ce vers de Rumi :

L'amour est la façon dont les messagers
Du mystère nous parlent.

Dans cette vision qui dépasse de loin l'engouement que peuvent éprouver deux personnes l'une pour l'autre, l'amour nous renvoie à une réalité à laquelle nous aspirons mais que nous ne savons pas comment atteindre : le « mystère ».

Dans ce livre, j'utiliserai l'expression « maître spirituel » pour désigner un être qui a acquis une certaine maîtrise de la réalité spirituelle. Malgré les énormes différences entre un maître soufi, un yogi, un saint chrétien et un virtuose chinois des arts martiaux, tous perçoivent l'esprit aussi clairement que vous ou moi voyons la terre et le ciel. Les maîtres spirituels ne se sont pas contentés d'énoncer de façon oiseuse des « idéaux » abstraits quand ils ont dispensé leur enseignement sur le chemin de l'amour. Dans un sens très pratique, ce chemin permet à deux personnes d'échapper au piège de la séparation et de la souffrance. À sa place ils découvrent la paix et le ravissement. Toute la fraîcheur de la vie réside dans l'amour. Quand deux êtres progressent dans ce savoir, la promesse d'un bonheur durable devient réalité.

AMOUR, PLAISIR ET BONHEUR

Naturellement vous vous posez la question : « Pourquoi devrais-je choisir un chemin, après tout ? » Les relations d'amour avec ou sans passion existent depuis très longtemps. Insister sur la dimension spirituelle de l'amour peut paraître désagréablement exalté à certains pour qui le bonheur et la sécurité qu'ils trouvent dans une relation de couple sont suffisants. C'est pourquoi il vaut la peine de se demander quel degré de bonheur est effectivement atteint et si nous pouvons vraiment parvenir à cette sécurité sans nous engager dans un itinéraire spirituel.

D'un point de vue superficiel, l'absence de spiritualité semble faire peu de différence dans la perception que les gens ont du bonheur. Je fus surpris de découvrir récemment que le bonheur n'est pas une denrée rare. Dans les sondages d'opinion, quand on demande aux gens s'ils sont heureux, environ soixante-dix pour cent répondent oui. C'est une réponse étonnamment massive : dans toutes les tranches d'âge, des plus jeunes aux plus vieux, le pourcentage est le même. Il ne varie pas sensiblement d'un pays à l'autre et d'année en année. La seule exception, frappante, concerne les pays pauvres. Les très pauvres se disent moins heureux et en Asie où les besoins élémentaires de beaucoup de gens ne sont pas satisfaits, un silence éloquent répond souvent à la question « êtes-vous heureux ? ».

D'un point de vue superficiel, donc, le défaut d'amour ne semble pas si flagrant, vu le nombre d'êtres humains qui se prétendent heureux. Je pense que c'est l'exemple même d'un mot dont le sens paraît aller de soi, alors que ce n'est pas le cas. Le mot « bonheur », ce mot est aussi fuyant que le mot « amour » et aussi insaisissable.

Nous assimilons trop facilement le « bonheur » à « une réaction de plaisir ». Toute réaction dépend d'un stimulus, comme le plaisir sexuel qui a besoin d'être éveillé et stimulé. Ce fait indéniable conduit un nombre incalculable de gens à paniquer quand leur source de plaisir disparaît. Ceux d'entre nous qui sont ballottés d'un mariage raté à l'autre trahissent sous une forme extrême ce besoin irrésistible de stimulus. Mais tout désir de contrôler le cours des choses afin qu'il reste fluide, prévisible et rassurant vit sous la perpétuelle menace d'une épée de Damoclès. Les modifications de la réalité sont par définition imprévisibles, et donc incontrôlables : comment pourriez-vous sentir votre existence en sécurité alors que cette sécurité dépend de facteurs extérieurs ?

La solution consiste à trouver une source de bonheur au-delà du plaisir, puisque la recherche du plaisir ne peut jamais s'émanciper des stimuli extérieurs. Tant que l'amour se réduit au plaisir, son aboutissement – un triste avachissement dans l'indifférence et l'inertie – est prévisible. Cette position a récemment trouvé un renfort inattendu dans certaines découvertes scientifiques. Des biochimistes ont isolé certaines molécules chimiques associées au plaisir présentes dans le cerveau, et notamment un neurotransmetteur appelé sérotonine. Un haut niveau de sérotonine indique une sensation de bien-être élevé. Des niveaux insuffisants de sérotonine ont longtemps été associés à la dépression. Des études similaires ont montré que la sensation de bonheur est liée à une intense activité dans le lobe frontal gauche du cortex.

Conclusion évidente : le bonheur se résume à un stimulus cérébral. Malheureusement, cette définition est floue car les stimuli s'épuisent progressivement. Si un même stimulus est répété indéfiniment, nos réactions décroissent. La saveur que nous trouvions si délicieuse devient fade et écœurante. Le visage qui nous enchantait autrefois nous laisse indifférent. La vision la plus excitante finit par se fondre dans la grisaille ambiante.

Il est capital de fonder notre notion de bonheur sur une base stable. Comparé au plaisir, l'amour est abstrait. Si vous écartiez les sensations agréables qui lui sont associées, la plupart des gens auraient beaucoup de mal à définir l'expérience de l'amour. Mais l'amour a le pouvoir de guérir, de révéler l'essence divine, de restaurer la foi de chacun de nous dans son être, de mettre en harmonie tous les domaines de l'existence et tous ces effets vont bien au-delà des sentiments. Ce sont des résultats tangibles produits par l'esprit.

Dans notre société, plus quelque chose est tangible, plus nous avons tendance à y croire. Heureusement, la recherche scientifique confirme que l'amour, si abstrait soit-il, est aussi spectaculaire et puissant qu'un remède.

L'amour aide à guérir. Des études menées dans des services de cardiologie ont montré que les patients masculins qui répondaient affirmativement à la question : « Vous sentez-vous aimé ? » ont de meilleures chances de guérison que ceux qui répondent par la négative. D'autre part la corrélation entre la guérison et cette réponse peut avoir plus d'importance que d'autres paramètres, y compris la forme physique avant l'hospitalisation. En d'autres termes, un homme victime d'une crise cardiaque de gravité moyenne, en bonne condition physique mais souffrant d'un déficit d'amour, récupérera peut-être plus difficilement qu'un autre homme ayant subi une crise cardiaque grave mais qui se sent aimé. Pour les pensionnaires des maisons de retraite, la présence d'un animal familier à aimer réduit les risques de maladie et de dépression. L'amour permet aux personnes âgées de redonner un sens à leur vie.

L'amour active la croissance. Les très jeunes enfants qui ont subi de mauvais traitements peuvent présenter des retards de croissance ou même un syndrome rachitique. En plus de leur taille et de leur poids inférieurs à la moyenne, ces enfants présentent souvent des déficiences émotionnelles et des capacités d'apprentissage amoindries. Une amélioration rapide de cet état est souvent possible à condition de procurer à ces enfants un environnement aimant.

Une étude apporte une indication sur la capacité de l'amour à restaurer un bon équilibre physiologique : on a demandé à des sujets de regarder un film dans lequel on suit Mère Teresa dans ses activités quotidiennes en Inde. Dans le film elle embrasse des enfants dont l'état physique est extrêmement détérioré, la plupart atteints de la lèpre. La simple vue de cet acte d'amour augmente, chez les sujets en question, le taux de certaines molécules chimiques qui indiquent un renforcement des défenses immunitaires. Cet effet spectaculaire s'est produit également chez les spectateurs qui ne sont pas d'accord avec l'engagement de Mère Teresa. On ne mesure donc pas seulement un sentiment subjectif de bien-être.

Enfin une étude de pointe de l'université de Stanford sur le processus de guérison du cancer du sein a montré que, parmi les patientes atteintes de la maladie à un stade avancé, celles qui participaient à des séances de thérapie de groupe une fois par semaine vivaient plus longtemps que celles qui n'étaient traitées que par interventions chirurgicales et chimiothérapie. La psychothérapie n'avait rien de très extraordinaire : les membres du groupe échangeaient simplement leurs expériences et se soutenaient les unes les autres dans leur lutte contre le cancer. L'efficacité de ces simples actes d'amour a été démontrée, bien que l'étude en question souligne qu'une thérapie d'une heure par semaine ne peut donner que des résultats limités. Ne peut-on penser qu'un échange d'amour plus intensif produirait des résultats encore plus spectaculaires ?

Dans la vie, l'amour n'est séparé de rien. Il ne se divise pas en moments, en niveaux ou en sommes. L'absence d'amour n'existe pas. Tous ces termes sont relatifs, ils ne permettent que d'entrevoir une force qui reste intacte et entière. Sur le chemin spirituel ou sadhana, l'expérience de l'amour amène une guérison qui ne vise aucune maladie particulière mais l'état général d'une personne. C'est pourquoi chacun de nous éprouvera différemment ses effets.

Parce que le sadhana peut paraître très « élevé » et abstrait, il est plus facile pour la science d'examiner les gens qui sont esseulés, déprimés et malades que d'entreprendre des analyses plus subtiles du Moi. Mais si nous examinons les caractéristiques suivantes des êtres qui s'engagent dans une histoire d'amour, nous découvrons à quel point ils s'éloignent des normes :

> Ils ont appris à séparer leurs actions de leur croyance qu'ils sont aimables.

Comme nous avons tous été des enfants, plus faibles que les adultes et démunis de leur pouvoir, il était tout naturel pour nous d'essayer d'agir de manière à ne pas être blessés. Les faibles ne sont pas en mesure d'offenser ou de provoquer les puissants.

Cette réalité, nous l'avons tous apprise dans la cour de récréation et depuis, nous nous efforçons de nous montrer gentils. En étant gentil, nous attendons de la gentillesse en retour. En apaisant quelqu'un qui nous menace, nous espérons éviter l'agression. Au nom de notre volonté de ne pas être blessé, nous restons sur une posture défensive.

Les gens qui construisent leur vie sur l'amour, eux, ont appris à séparer tout ce schéma comportemental de l'amour. L'amour ne découle pas de l'apaisement de menaces potentielles. Être gentil tout le temps n'incitera pas les autres à vous aimer. En les lisant imprimées noir sur blanc de cette façon, la plupart d'entre nous se montreront d'accord avec ces affirmations. Pourtant l'empreinte du passé est profonde et inconsciemment nous continuons à agir comme des enfants sans pouvoir. Apprendre à sortir de ce schéma est un trait commun des gens qui vivent leur propre histoire d'amour.

Leur capacité à donner est illimitée.

C'est devenu un truisme de dire que pour recevoir de l'amour, nous devons en donner. Cet échange réciproque maintient en vie le flux de l'amour. Sans lui, l'amour stagnerait. Apprendre à donner contrarie pourtant un conditionnement très profond, commun à tous les individus. Nous avons tous appris à nous cramponner aux choses que nous jugeons précieuses et il nous est difficile de nous en séparer. Les gens aimants ont appris par eux-mêmes que le fait de se cramponner dans les relations affectives s'appelle possessivité. Quiconque a été coincé dans une relation possessive connaît la sensation d'étouffement qui en découle. Quand l'être que vous aimez vous refuse l'espace vital indispensable, ce n'est plus de l'amour.

Donner de l'espace n'est pas simple. Vous devez permettre à l'autre d'être pleinement lui-même. Vous devez lui permettre d'exprimer ses idées, ses sentiments, ses réactions, et sa volonté librement. Ceux qui ont appris par eux-mêmes à donner à tous les niveaux ont découvert un élément décisif pour réussir leur histoire d'amour.

Ils n'attendent rien en retour pour leur bonté.

Nous établissons tous un rapport entre l'amour et la bonté. Nous sommes attirés par celui (celle) dont nous supposons qu'il (elle) a quelque chose de bon à apporter à notre vie. Notre définition de cette bonté peut être creuse ou profonde. Quelques hommes croiront toujours qu'une femme est bonne tant qu'elle est belle et docile. Pourvu que l'élu de leur cœur soit fiable et qu'il gagne bien sa vie, certaines femmes fermeront les yeux sur beaucoup de défauts pourtant redoutables dans une relation de couple. Comprendre la bonté comme une valeur plus profonde suppose une évolution intérieure.

Enfin les gens sont bons à cause de leur nature : la bonté est une qualité de leur être. Une fois que nous avons fait cette découverte, nous cessons d'évaluer les autres à l'aune de leurs réussites. Nous attendons de la bonté parce qu'elle appartient à leur essence et à la nôtre. Quand cela arrive, nous n'attendons plus de récompense pour nos bonnes actions. Nous n'accordons plus l'amour à ceux qui sont bons avec nous pour le leur retirer quand ils sont méchants. Parce que l'amour devient une constante de notre vie. Il est, tout simplement. Ceux qui ont atteint ce stade sont véritablement en possession de leur histoire d'amour.

Ils ne jugent pas et ne vivent pas dans la peur d'être jugés.

Le jugement est ce qui vous apprend qu'il y a quelque chose qui cloche à votre sujet ou au sujet d'autrui. Parce que chacun de nous a ses secrets, nous avons tous tendance à vivre dans la peur des jugements. Une voix intérieure nous avertit que d'autres personnes vont juger nos transgressions aussi durement que nous le faisons. Cette autocondamnation a un autre aspect : pour nous protéger contre ces jugements, nous traquons d'emblée les fautes chez les autres. Les êtres aimants ont appris par eux-mêmes la fausseté de ce processus. Vous ne vous sentirez jamais mieux vous-mêmes en vous efforçant d'enfoncer les autres. L'habitude de la critique ne fait que retarder le jour où vous vous avouerez vos jugements secrets sur vous-mêmes. Prendre conscience de ces jugements négatifs est le seul moyen d'extérioriser votre culpabilité et votre honte. En réalité, il n'y a rien qui cloche chez vous ni chez personne : voilà ce que dit vraiment la voix de l'amour. Le progrès intérieur consiste à entendre cette voix et à en tenir compte, démarche essentielle pour vivre votre propre histoire d'amour.

> Ils n'attendent pas des autres qu'ils les aident à se sentir aimés.

Nous ne faisons l'expérience de l'amour que dans une relation. Sans un être qui nous aime, les différents aspects de l'amour, la chaleur d'un cœur de mère, la joie de l'amitié, l'excitation de l'intimité sexuelle, sont privés de stimulus. C'est pourquoi nous éprouvons le plus souvent le manque d'amour comme une solitude. Quand nous sommes seuls, c'est comme si les relations affectives et sociales avaient disparu, et comme si la stimulation pour explorer le véritable amour s'affaiblissait. Selon les cas, on attend passivement le contact avec l'autre ou on les recherche frénétiquement. C'est ainsi que nous devenons dépendants d'autres personnes pour nous sentir aimés totalement et en permanence.

Cet espoir sera pourtant toujours déçu et bien que nous en voulions à ceux qui n'ont pas répondu à cette attente, ou ont répondu mais nous ont quittés, ou encore sont restés puis ont changé d'avis, aucun d'eux n'est finalement la cause de notre problème. Sa cause réside dans notre incapacité à développer une relation inébranlable à nous-même. Le Moi est la source de l'amour. Les gens qui vivent leurs propres histoires d'amour ont compris cette leçon avant toute autre.

L'ABSENCE D'AMOUR

L'absence d'amour est aussi désastreuse que sa présence est bénéfique. Nous devrons malheureusement supposer que la plupart des êtres ne vivent pas une histoire d'amour en ce moment même. Même ceux qui disent qu'ils sont très profondément amoureux peuvent se leurrer eux-mêmes, au moins partiellement. Le mot amour s'applique à tant de situations différentes – de l'affection intime aux insultes, de la dépendance au contrôle, du plaisir à l'extase, que la réponse à la question : vous sentez-vous aimé ? n'est jamais fiable.

Le manque d'amour est moins insaisissable, cependant, et nous pouvons décrire cet état de façon plus sûre. Les caractéristiques suivantes concernent les gens qui ne vivent pas les histoires d'amour qu'ils devraient vivre.

Ils se sentent engourdis et traumatisés.

Une fois qu'il a atteint la plénitude, un amour fondé sur l'esprit ne craint pas d'être blessé. Des formes d'amour imparfaites sont beaucoup plus vulnérables. Presque tout le monde a vécu la situation où sa demande d'amour se voit opposer un rejet. Nous avons exposé nos fragiles images de nous-même dans des situations où elles ont été mises à mal, nos espoirs annihilés et nos pires appréhensions confirmées. L'effet du rejet, l'échec, l'humiliation et les autres traumatismes engourdissent les sentiments.

L'amour exige de la sensibilité. Il requiert une certaine ouverture. À cause de la part de vous qui s'est engourdie, il vous est beaucoup plus difficile d'éprouver de l'amour. C'est pourquoi les gens qui sont émotionnellement engourdis ne peuvent pas vivre les histoires d'amour qu'ils devraient vivre.

> Ils se sentent estimés pour ce qu'ils font et non pour ce qu'ils sont.

S'estimer soi-même, c'est s'aimer soi-même. Là est la vraie source de votre amour des autres. Cette estimation ou cette valeur ressemble à une monnaie qu'on peut retirer sur un compte en banque. Si vous vous estimez vous-même beaucoup, vous avez vraiment quelque chose à offrir aux autres. Si vous ne vous estimez pas vous-même, vous n'avez rien à retirer à la banque. Mais qu'y a-t-il à estimer ? Si vous vous regardez et vous demandez : « Qu'est-ce qu'une autre personne pourrait aimer chez moi ? », la seule réponse durable est : moi-même. Les seuls êtres à pouvoir donner cette réponse estiment ce qu'ils sont et non ce qu'ils font.

La liste des réussites de chacun est limitée. Nos bonnes actions ne remplissent pas toute notre vie. Les qualités que notre entourage nous reconnaît sont souvent occultées dans notre esprit par les défauts que nous dissimulons soigneusement. Si nous nous estimons à cause de ce que nous faisons – nos réussites, nos bonnes actions, la reconnaissance sociale que nous obtenons –, la portée de notre amour reste limitée. Les gens qui s'estiment eux-mêmes presque exclusivement pour ce qu'ils font n'ont pas d'histoire d'amour à eux.

> Ils vivent avec des opinions fausses.

La valeur de l'amour que vous obtenez dans votre vie est fonction de votre perception et la clef de la perception est l'opinion. Il n'existe pas de rencontres neutres. Nous voyons toujours les autres à la lumière de nos propres opinions. Nous nous sentons toujours perçus à la lumière de leurs opinions. J'ai connu des gens qui, en entrant dans une pièce pleine d'étrangers, se sentaient accueillis par une vague d'hostilité. D'autres, en entrant dans la même pièce sentiront immédiatement de la bienveillance. La différence réside entièrement dans la perception, puisque ce jugement précède toute manifestation extérieure. Je dirai que les premiers croient qu'ils ne sont pas désirés dans ce monde alors que les autres croient qu'ils le sont.

Toute opinion qui entame notre aptitude à nous estimer nous-mêmes est une distorsion. Par essence, le Moi est de la plus haute valeur. Il mérite toujours de l'amour. Les êtres qui ne peuvent pas vivre leurs histoires d'amour sont victimes d'opinions fausses qui leur masquent la réalité de leur dignité infinie.

Ils ont échoué en amour et sont trop fatigués pour réessayer.

Quand vous êtes confrontés à un échec, il est bien naturel que vous finissiez par renoncer. Quand nous étions plus jeunes, nous avions tous la capacité de rechercher l'amour avec une certaine dose d'espoir et d'optimisme – d'énergie aussi, et toute passion requiert une bonne dose d'énergie. Or certains êtres ont l'impression d'en manquer. Ils prétendent n'avoir pas de temps pour l'amour, ils ont l'impression de ne pas en avoir besoin dans leur vie. Ils éprouvent en fait un déficit d'énergie, une perte d'enthousiasme qui découlent d'échecs répétés.

Mais l'énergie est une denrée qui se renouvelle sans cesse. Comme l'eau d'une fontaine, son abondance n'est pas diminuée par la quantité que vous prélevez.

Les gens qui ne peuvent pas vivre leurs histoires d'amour n'ont pas trouvé le moyen de renouveler leur énergie, de puiser dans la source de leur passion.

Ces différentes caractéristiques ne s'appliquent pas toutes à une seule personne. À des degrés variés, certaines s'appliquent à nous tous. Mais nous pouvons certainement découvrir quelques causes communes : l'ignorance du chemin de l'amour, de la façon d'y pénétrer, d'avancer sur ce chemin, et même de ce qu'est ce chemin.

Notre vision matérialiste du monde a réduit l'amour à des décharges aléatoires d'hormones couplées à des fantasmes psychologiques. La vérité spirituelle est très différente. Une fois que les murs seront tombés, nous découvrirons que notre problème réel est qu'il y a trop d'amour autour de nous, et non trop peu. L'amour est éternel et illimité. C'est nous qui nous contentons de prélever de petites gorgées dans cet océan immense. Rumi expose ce mystère, le plus naturel et le plus secret, avec une extrême simplicité :

Je regarde dans ton moi le plus intime et je vois l'univers encore incréé.

Le mystère de l'amour n'a pas changé au cours des siècles, c'est nous qui ne nous sommes pas montrés à la hauteur. Quand le cœur d'une personne se dessèche, on peut avoir l'impression que l'amour s'est évaporé d'elle. En fait, cette personne a construit une digue pour enfermer une force qui est toujours à marée montante. Si l'on n'a pas parcouru le chemin de l'amour jusqu'au bout, avec une dévotion totale, cette force fait peur.

Pratique de l'amour
Purifier le cœur

Si bien intentionné que vous soyez, vous ne suivrez pas un chemin très longtemps et il ne vous apportera pas les progrès que vous en attendez s'il ne vous semble pas naturel. Il existe dans le corps un centre où l'amour et l'esprit se rejoignent : le cœur. C'est votre cœur qui souffre ou se dilate d'amour, qui éprouve de la compassion et de la confiance, qui semble vide ou plein. À l'intérieur du cœur se trouve un centre plus subtil qui communique avec l'esprit, mais nous ne ressentons pas l'esprit comme une émotion ou une sensation physique. Comment, alors, pouvez-vous entrer en contact avec lui ? Selon les maîtres spirituels, l'esprit est d'abord expérimenté comme absence de ce qui n'est pas esprit.

En Inde, on nomme cela *Netti, netti*, ce qui signifie : « Pas ceci, pas cela. » L'esprit n'est pas suscité. Il n'est pas limité dans l'espace ou le temps. Il n'est pas une sensation : il ne peut pas être vu, touché, goûté ou senti. Voilà sans doute une façon déroutante de définir quelque chose, mais imaginez que vous n'ayez jamais vu la couleur blanche, que le monde entier se compose de rouge, de vert, de bleu et de toutes les autres teintes sauf le blanc. Puis un jour, un maître vient vers vous vêtu d'une chemise noire et dit : « Si tu la laves suffisamment, tu verras qu'elle est blanche. » Si vous demandez à voir du blanc avant d'avoir lavé la chemise, vous demandez l'impossible. Le noir est la somme de toutes les couleurs et ce n'est qu'en les lavant toutes que le blanc pourra apparaître.

De la même façon, votre vie actuelle est pleine de sensations, pas seulement colorées, mais de tous les stimuli qui affectent les sens. Certaines de ces sensations peuvent être très plaisantes, mais aucune n'est capable de vous dire ce qu'est l'esprit. L'esprit se trouve en deçà des sensations. Pour l'expérimenter vous devez plonger dans votre cœur et méditer sur lui jusqu'à ce que tout ce qui obscurcit l'esprit soit purifié.

Le but de l'exercice suivant est de vous donner l'expérience d'une purification suffisante du cœur pour que vous puissiez rencontrer l'esprit. Pur, ici, ne veut pas dire bon et vertueux, mais débarrassé des impuretés, sans jugement de valeur associé. Pour parler comme William Blake, nous purifions les « portes de la perception ».

Méditer sur le cœur

Asseyez-vous confortablement dans une pièce chez vous, en choisissant un moment où vous vous sentez détendu, où rien ne vous presse. Un matin de bonne heure de préférence, parce que votre esprit est alerte et vif. Essayez d'éviter le soir tard, quand votre conscience anticipe l'heure du sommeil. Fermez les yeux et fixez votre attention sur le milieu de votre poitrine, l'endroit où se trouve votre cœur. (Le fait que le cœur-organe se trouve à gauche est sans importance ici. Votre cœur spirituel se trouve directement sous votre sternum.)

Prenez conscience de votre cœur comme d'un espace. N'essayez pas d'écouter ses battements. Le centre du cœur que vous voulez trouver est un point de conscience où entrent les sentiments. Sous sa forme pure, il est vide, empli d'apesanteur, d'insouciance, de paix et d'une subtile lumière. Cette lumière pourra vous apparaître blanche, dorée, rose pâle ou bleue. Mais encore une fois, ne vous efforcez pas de trouver une lumière quelle qu'elle soit. Vous n'essayez pas de sentir la pureté du centre du cœur pour l'instant. Il suffit que vous sentiez ce qui se trouve là.

Toujours détendu et attentif, respirez doucement et sentez votre respiration traverser le centre de votre cœur. Peut-être, à ce moment, verrez-vous une douce lueur pastel ou sentirez-vous une fraîcheur vous traverser la poitrine. Laissez votre souffle entrer et sortir et en même temps demandez à votre cœur de vous parler. Il ne s'agit pas de le lui ordonner, disposez-vous simplement à l'entendre s'exprimer.

Pendant les cinq ou dix minutes suivantes, restez immobile et écoutez. Votre cœur va commencer à épancher des émotions, des souvenirs, des souhaits, des peurs et des rêves emmagasinés depuis longtemps ; pendant ce temps, restez attentif.

Peut-être aurez-vous immédiatement une bouffée d'émotions fortes, positives ou négatives, ou revivrez-vous un souvenir oublié. Votre respiration peut se modifier. Il se peut que vous haletiez ou soupiriez. Laissez l'expérience être ce qu'elle doit être. Si vous rêvez éveillé ou que vous glissiez dans le sommeil, ce n'est pas grave. Ramenez simplement votre attention au centre du cœur spirituel. Qu'il exprime tristesse, angoisse, joie ou plaisir, son message est tout aussi bienfaisant.

Prêter attention à votre cœur, tel est l'objet de cette méditation.

Vous remarquerez en poursuivant cet exercice que trois postures intérieures se rejoignent naturellement : la méditation, la purification et l'attention. Apprendre à accompagner son cœur afin de devenir attentif à son expression spirituelle, c'est la purification. Écouter son cœur sans jugement ou manipulation, c'est l'attention.

Parce que cette démarche ressemble aux lavages répétés d'une chemise pour faire apparaître sa blancheur, ne vous sentez pas dérangé si de fortes émotions négatives ou même des malaises physiques commencent à apparaître. Dites-vous que ces sensations vont se dissiper. Invitez-les simplement à s'exhaler doucement, paisiblement. Si des émotions d'angoisse, de colère ou de doute se font entendre, invitez-les à disparaître aussi calmement qu'elles le voudront bien. (En cas de douleurs persistantes à la poitrine, surtout si des membres de votre famille souffrent de maladies cardiaques, vous devriez naturellement consulter votre médecin.)

Méditation avancée

Après quelques jours, ou quelques semaines de pratique de cette méditation, vous saurez si vous souhaitez en faire une habitude quotidienne. Je crois que prêter attention au cœur complète très bien n'importe quel programme spirituel. Vivre au centre de l'esprit est un but constant pour quiconque est engagé sur le chemin.

Au fur et à mesure de vos progrès, vous allez remarquer que les sensations, les pensées, les souvenirs, les rêves éveillés et les symptômes physiques subjectifs commencent à décroître. Le centre du cœur va peu à peu se révéler pour ce qu'il est vraiment : silence, paix, rayonnement tiède, ou lueur subtile. Même si ces intuitions sont fugaces, vous découvrirez que vous changez imperceptiblement : vous vous mettrez à marcher d'un pas plus allègre ; vous éprouverez une sensation de dilatation dans votre poitrine à des moments inattendus ; des bouffées d'euphorie et de bien-être vous submergeront à l'improviste.

La contraction que la plupart des êtres éprouvent dans la zone du cœur se relâche, voilà ce qu'indiquent tous ces phénomènes. Le centre du cœur doit se sentir ouvert et relaxé. Avant de pouvoir accueillir de profondes idées spirituelles, cette ouverture doit être accomplie. La crispation, la peur, les tensions empêcheront l'esprit d'entrer en vous. En vérité, l'esprit n'entre pas, puisqu'il est toujours là. Mais nous vivons la rencontre avec lui comme une pénétration par une lumière ou par un regard. C'est ce que j'appelle le « flux » de l'amour.

L'amour et l'esprit se connectent chaque fois que vous méditez sur le cœur et cela commence dès le premier exercice. La méditation avancée approfondit cette expérience et la rend plus consciente. À mesure que vous poursuivrez cette pratique, vous trouverez de plus en plus facile de vous replonger dans votre cœur pour y puiser conseils et sagesse, ou simplement sentir que vous êtes aimé. Il n'est pas nécessaire que vous vous adressiez à votre cœur avec des mots. Votre cœur non plus n'a pas à vous parler avec des mots. L'esprit nous dispense son message sous forme d'assurance silencieuse, d'auto-acceptation, de patience, de simple appréciation de l'être. À mesure que ces aptitudes se développeront en vous, vous mûrirez dans votre expérience du cœur spirituel.

Dans la vie
« Qui va venir à mon secours ? »

Elle s'appelait Nina. Elle présentait tous les signes extérieurs de quelqu'un qui contrôle parfaitement sa vie. C'était une femme intelligente et douée, financièrement indépendante et qui utilisait ses revenus pour venir en aide aux autres. Elle avait une vie spirituelle intense. Elle m'appelait régulièrement, tard le soir, pour me parler avec enthousiasme de ses dernières découvertes. Elle lisait avec voracité les textes sacrés, les maîtres de sagesse, et les « messages » de toutes sortes. J'avais rencontré Nina pendant mes études de médecine à Boston et j'avais assisté à son dernier mariage un peu plus tôt cette année-là.

Les vœux échangés par les mariés étaient inhabituels. Outre les éléments tirés de la liturgie chrétienne familière, nous entendîmes une prière bouddhiste et des vers New Age sur les âmes sœurs qui se trouvent l'une l'autre à travers l'univers. La joie ambiante évoquait une pluie tiède et nourrissante tombant dans le ciel crépusculaire.

Pour Nina, cette cérémonie correspondait à une date très importante. « Je vais m'y prendre comme il faut cette fois ! » avait-elle déclaré. À quarante-cinq ans, elle avait déjà été mariée et avait élevé deux enfants aujourd'hui adultes. Son divorce avait été la conséquence d'une transformation profonde de sa personnalité. Sa vieille image d'elle-même, beaucoup plus conventionnelle que spirituelle, avait éclaté : « Je me conformais à ce que ma mère m'avait appris – ne pense pas à toi, rends ton mari et tes enfants heureux. Si ton amour est assez désintéressé, les choses iront d'elles-mêmes », nous rapportait-elle avec un sourire entendu.

Mais après dix-neuf ans de mariage, Nina avait eu l'impression que personne ne prenait soin d'elle. Son amour avait soutenu les autres mais pas elle. Elle décida de se prendre en main et de mûrir : thérapie, méditation, retraites suivirent rapidement. Quand elle sentit la résistance de son mari à ces changements, Nina eut peur mais poursuivit quand même résolument sa quête. La porte de l'exploration de soi était ouverte et elle voulait que ses relations sentimentales reflètent la nouvelle personne qu'elle essayait de devenir.

Elle expliquait : « Si mon premier mari essayait de me garder enfermée dans une boîte dans laquelle je ne voulais plus rester, alors il n'était pas l'être qui m'aimait le plus. Ça m'avait pris longtemps mais j'avais compris ce que j'attendais du mariage : vivre avec une personne qui m'accepterait et m'autoriserait à mûrir. C'est mon idée de l'être qui est censé m'aimer le plus. » Nina avait l'impression d'avoir trouvé ce compagnon dans la personne de Gregory. Après une passion tumultueuse née chez leur thérapeute commun à Los Angeles, Nina, quelques mois après son divorce, avait précipité le mariage.

Dix mois plus tard, je la rencontrai dans une réception et lui demandai :

— Comment va Gregory ?

Le regard de Nina se fit évasif.

— Oh, nous avons des problèmes. Nous avons tous les deux pensé que ça nous ferait du bien de nous séparer quelque temps. Je ne sais pas... les choses ne sont plus comme au début.

Elle se tut, elle avait l'air épuisée. Je reconnus à peine la femme qui avait placé de si grands espoirs dans son mariage.

Nina me confia plus tard que même si Gregory n'était pas autoritaire ou exigeant comme son premier mari, elle était devenue peu à peu irritable et s'était mise à douter des raisons pour lesquelles il l'avait épousée. Ils partageaient un même amour pour le domaine spirituel, mais Gregory n'incarnait pas l'âme sœur qu'elle avait espéré rencontrer. Nina finit par m'avouer :

— Tu veux que je te dise quelque chose ? Chaque matin, en me levant, je me répète la même question : qui va venir à mon secours ?

— Et qui, d'après toi ? demandai-je.

Elle haussa les épaules.

— Peut-être personne, je ne sais pas.

Je connaissais assez bien Nina pour être sûr qu'elle ne se voyait pas simplement comme une victime ou une pauvre femme en détresse. Cette question surgissait pour une raison plus profonde. Nina exprimait la peur fondamentale qui la tenaillait, celle de la solitude. « Qui va venir à mon secours ? » signifie « Vais-je être capable de survivre toute seule ? » Cette peur trahit un énorme besoin de sécurité, un besoin si tyrannique qu'il inhibe souvent la pensée, le courage et la liberté dont nous avons vraiment besoin mais que nous ne savons pas comment trouver.

Quand nous eûmes l'occasion de nous revoir en tête à tête, je fis part à Nina de mon opinion : pour moi, la brièveté de ses « fiançailles » et la rapidité avec laquelle elle avait décidé de se remarier en disaient long sur son insécurité après son divorce.

— Quand nous optons pour un chemin spirituel, nous entreprenons un voyage solitaire, mais nous rencontrons la résistance interne d'un vieux conditionnement, surtout vous, les femmes : il n'est pas sûr de cheminer seul, vous avez l'impression que vous n'y arriverez pas sans un soutien extérieur. En d'autres termes, l'engagement envers soi-même s'oppose à l'engagement avec un éventuel compagnon. La société change et l'indépendance pour les deux sexes est mieux acceptée qu'avant, mais le sentiment de solitude qui vous assaille quand vous laissez tomber les vieilles conventions, les vieux modèles, les vieux schémas sociaux n'en est pas allégé pour autant.

— Alors il faut que je choisisse entre le mariage et l'indépendance ? demanda Nina.

— Non, répondis-je. C'est ton angoisse qui te fait dire ça. Ton amour pour Gregory peut être le point de départ pour te trouver toi-même ; les deux ne sont pas incompatibles.

La spiritualité commence par une vision, mais la réalité ne « colle » pas à cette vision. C'est le chemin qui les rapproche peu à peu. La plupart des êtres qui veulent faire l'expérience de la maturation intérieure commencent, comme Nina, par lire des essais sur la spiritualité. Ils deviennent insatisfaits de la distance qui se creuse entre leurs propres vies et l'existence rayonnante qu'ils découvrent dans leurs lectures. La rupture avec leur ancienne vie apparaît. Inévitablement, il y a des gens dans leur entourage – comme le premier mari de Nina, des parents ou de vieux amis – qui ne s'intègrent pas dans leur vision spirituelle. Après cette rupture pourtant, rien ne semble avoir vraiment changé. L'insécurité, la solitude minante, le sentiment de confusion et de conflit sont toujours là.

Mais au lieu de vous sentir découragé par cet échec, vous devez comprendre que c'est vous qui accomplissez tout le travail spirituel avec vous-même et pour vous-même. Personne d'autre, en dehors de vous, n'en prendra la responsabilité.

Nous avançons tous sur le chemin vers l'amour mus par le besoin, mais à un certain point le besoin peut être destructeur, parce qu'il naît du manque et de la peur. Ce besoin peut être compensé par deux autres ingrédients, la volonté sincère de se laisser transformer et le soutien qu'on apporte à cette transformation.

Il n'est pas facile de satisfaire à toutes ces exigences et c'est presque impossible si l'on ne connaît pas leur existence. Une personne hautement motivée comme Nina trouvait particulièrement difficile d'exposer sa vulnérabilité et d'exprimer ses besoins directement.

Sa volonté de changer semblait sincère, puisqu'elle avait motivé son divorce, mais cette volonté était-elle réellement profonde ? En choisissant Gregory, qui avait une grande expérience des problèmes spirituels, elle avait choisi l'antithèse de son premier mari, mais peut-être Gregory avait-il percé à jour son insécurité. Finalement le soutien dépend de notre capacité à être capable de le recevoir quand il est offert et il n'était pas évident que Nina fût entièrement d'accord pour s'ouvrir à un homme qu'elle ne connaissait que depuis quelques mois quand ils avaient commencé à vivre ensemble.

Besoin, volonté et soutien. Ces trois facteurs sont nécessaires quand on s'engage sur le chemin de l'amour. Ils servent de signaux à l'esprit, ils lui annoncent que vous êtes prêts à renoncer à votre ancienne manière de vivre et qu'une nouvelle existence peut commencer.

J'ai expliqué à Nina que sa question «Qui va venir à mon secours ? » avait une signification plus profonde. Elle exprimait l'intuition que quelqu'un allait se porter à son secours. Mais pas un mari : c'était son propre esprit qui l'exhortait à s'engager sur le chemin.

J'ai demandé à Nina de pratiquer la méditation sur son propre cœur et voici ce qu'elle m'a dit avoir ressenti : elle respirait par à-coups, elle haletait par moments, elle était prise de sanglots soudains suivis de soupirs de détente, elle a ressenti des élancements à la poitrine, des contractions dans la gorge et dans l'abdomen, des envies soudaines d'interrompre la méditation et de bondir de sa chaise. Quand je lui ai demandé de me décrire ce qui se passait dans sa tête, elle a parlé d'anciens souvenirs qui remontaient par flashes, de bouffées de tristesse, de fantasmes, de soucis quotidiens obsessionnellement ressassés et de quelques fugitifs moments de silence.

Voilà la description typique d'une personne qui vient de s'ouvrir à l'esprit.

À un moment de notre conversation, Nina a sursauté après un commentaire que j'ai fait.

— Si ça ne t'ennuie pas que je te le dise, je t'aime bien comme ça.

— Quoi ? En pleine déconfiture ?

— Tu te trompes. Quelque chose commence à fermenter et ça fait une grosse différence. Ton chaos intérieur t'a rendue plus ouverte.

— Tu veux dire que ma vie est sens dessus dessous, corrigea-t-elle.

— Peut-être, et alors ? Nous pouvons être blessés, tous autant que nous sommes. Ceux qui essayent de le nier sont obligés de s'enfermer dans une bulle de dénégation. Et ce n'est pas ce que tu veux.

Elle eut soudain l'air fatigué.

— Je veux seulement être heureuse.

— Tout le monde veut ça ; ton ambition à toi est beaucoup plus haute : tu veux être réelle. Et tu veux affronter les efforts que suppose cette transformation. C'est cela que ton esprit exprime en ce moment précis.

— Ça m'aiderait si j'avais un corps chaud à serrer contre moi.

Il n'y a rien d'évidemment « naturel » dans la situation de Nina, mais en fait le chemin vers l'amour commence à nous attirer beaucoup plus fortement quand les vieux comportements et les vieilles croyances perdent de leur sens. L'effervescence intérieure, l'impatience et l'insatisfaction signalent toujours le commencement du chemin.

Avant de nous séparer, Nina et moi nous embrassâmes.

— Tu ne te sens pas aimée en ce moment, et tu n'es pas sûre d'être aimable. Au contraire tu as l'impression d'avoir échoué ou d'être abandonnée. Laisse ces sentiments t'envahir. N'essaye pas de les esquiver. Mais sache que le véritable problème est ailleurs : tu es enfermée dans une définition bien trop limitée de l'amour. Élargis ta définition, laisse ta conception de l'amour s'émanciper des seuls besoins émotionnels et tu considéreras les choses autrement. Tu ne verras plus l'échec et la défaite. Au contraire, tu verras la perfection. À chaque instant, depuis la seconde où tu as été conçue, la grande question de ta vie a été l'amour. Ton existence est une expression de l'amour, la seule expression réelle qu'elle puisse avoir. Tout le reste n'est qu'illusion.

3

L'ESPRIT DE LA PASSION AMOUREUSE

Dans notre culture on ne nous apprend pas à voir l'état amoureux comme un événement spirituel. Pourtant, pendant des siècles, c'est ainsi qu'on le comprenait. Quand on posait la question : « D'où vient l'amour ? », la réponse universelle était : de Dieu.

Selon le Nouveau Testament :

> *Celui qui aime ne peut pas ne pas connaître Dieu ; car Dieu est amour.*

La vie des saints de toutes les religions illustre la dimension spirituelle de l'amour. Et même la plus humble personne qui tombait amoureuse comprenait qu'elle foulait un sol sacré. À travers les siècles, surtout en Occident, le lien avec le divin s'est perdu et la passion amoureuse est devenue une affaire plus terrestre, plus centrée sur les charmes enchanteurs d'un autre individu.

En termes spirituels, le fait de tomber amoureux est une ouverture, une occasion d'entrer dans l'intemporel et d'y demeurer, d'apprendre les voies de l'esprit et de les révéler au monde. Toutes les ouvertures sont temporaires – cette limite ne concerne pas le seul fait de tomber amoureux. La vraie question est : « Que devrions-nous faire de cette ouverture ? » Les plus hautes qualités spirituelles – celles de la vérité, de la foi, de la confiance et de la compassion –

croissent à partir des plus minuscules semences de l'expérience quotidienne. Leurs premières pousses sont extrêmement vulnérables et on n'a pas de garantie qu'elles ne vont pas s'étioler et mourir. Comment pouvons-nous veiller sur cette fragile éclosion du cœur, l'entretenir jusqu'à ce qu'elle se développe et qu'une croissance plus consistante puisse s'ensuivre ?

Pour y parvenir, nous devons considérer la passion amoureuse, la première étape du voyage de l'amour, comme appartenant à un cycle intemporel qui apporte un savoir toujours plus grand de la réalité spirituelle. Les notions clés de cette première étape sont assez naturellement celles qui sont liées à une nouvelle naissance :

> L'amour sait que vous existez et se soucie de votre existence.
>
> L'esprit intemporel peut vous atteindre dans ce monde temporel.
>
> Grâce à une nouvelle naissance du cœur vous verrez un nouveau monde.
>
> L'amour n'est jamais vieux, il se renouvelle avec chaque nouvelle rencontre amoureuse.
>
> La chair et l'esprit peuvent éprouver les mêmes joies.
>
> Tous les êtres humains sont innocents dans la lumière de l'amour.

Quand vous tombez amoureux, ces notions s'insinuent en vous comme une eau fraîche, pourtant elles sont aussi anciennes que le chemin de l'amour lui-même.

La passion amoureuse comporte quatre phases distinctes :

L'attraction ;
L'engouement ;
La séduction active ;
Les rapports sexuels.

L'attraction commence quand une personne choisit, de manière généralement tout à fait inconsciente, de tomber sous le charme d'une autre personne. Suit bientôt l'engouement, dans lequel la personne aimée, dont l'aura nous enveloppe, focalise toute notre capacité de désirer. Dans les profondeurs de cet engouement, la vie fantasmatique des amants peut devenir à la fois sauvage et extrême. Si des obstacles insurmontables ne viennent pas s'interposer, la phase de la séduction active survient bientôt. On courtise l'être qu'on aime afin de susciter en lui la même attraction que celle à laquelle on a soi-même irrésistiblement succombé.

Si cette séduction réussit, survient le stade de l'intimité sexuelle. L'excitation sexuelle sous-jacente qui joue un rôle si important dans la passion amoureuse et qui est d'abord limitée par l'exubérance de l'imagination est maintenant autorisée à s'épanouir. Dans le rapport sexuel, l'union de deux personnes commence à se produire dans la réalité plutôt que dans l'isolement de la psyché. La réalité éclipse peu à peu les visions idylliques des amants qui sont mises à l'épreuve des faits. Pour le meilleur ou pour le pire, la réalité remplace l'imagination et la voie est dégagée pour la prochaine étape du voyage dans l'amour, celle de la relation amoureuse.

Ces quatre étapes de la passion amoureuse se déroulent selon un ordre naturel, linéaire mais en même temps elles décrivent un cercle complet. Pendant un certain temps, les amants sont exemptés de la réalité quotidienne. Les extraordinaires états d'émotion et d'attraction qu'ils éprouvent les installent sur un plan privilégié. Quand l'imagination perd son pouvoir, soit les amants font l'expérience d'une dégringolade brutale, soit ils sont enrichis par l'expérience et prêts à intégrer ce qu'ils ont appris dans une nouvelle phase de leur progrès amoureux.

On ne tombe pas amoureux par accident, bien que l'événement soit inattendu. Il n'existe pas d'accidents dans la vie de l'esprit, mais seulement des schémas que nous n'avons pas encore identifiés.

Tout amour est fondé sur la quête de l'esprit.

Telle est la première notion capitale que nous trouvons dans la passion amoureuse : en fait elle ne concerne pas deux êtres qui sont tombés amoureux fous l'un de l'autre, mais deux êtres qui voient l'esprit se refléter dans l'âme sœur.

On trouve une expression de cette idée dans l'Inde ancienne. Voici comment le roi légendaire Yajnaval-kya parle d'amour à sa reine :

> *En vérité, ce n'est pas pour l'amour de l'époux que l'époux est cher, mais pour l'amour du Moi. Et ce n'est pas pour l'amour de l'épouse que l'épouse est chère, mais pour l'amour du Moi. Et ce n'est pas pour l'amour des fils que les fils sont chers, mais pour l'amour du Moi.*
> *En vérité, ma bien-aimée, c'est le Moi qui devrait être vu, le Moi qui devrait être entendu, le Moi qui devrait se refléter, le Moi qui devrait être connu.*

Ce passage de la « Leçon de la grande forêt » (*Brihadaranyaka Upanishad*) date de plusieurs milliers d'années. Si ce qu'il proclame est vrai, alors tomber amoureux est indéniablement un acte de l'âme. Tomber amoureux vous conduit à une fusion passionnelle avec l'être aimé, mais la passion la plus profonde s'adresse au Moi, la source de tout amour.

Le secret de l'attraction

Toute créature capable de se reproduire avec une créature de son espèce doit éprouver une certaine attraction, mais les êtres humains sont seuls à pouvoir projeter un *sens* dans cette attraction. C'est pourquoi il y a une énorme différence entre tomber amoureux inconsciemment, comme frappé par un coup de foudre, et embrasser consciemment le don de l'amour en sachant parfaitement que c'est ce que votre âme désire ardemment, votre raison de vivre, ce à quoi vous attachez le plus d'importance dans votre vie.

Dans l'Inde ancienne, on appelait l'extase amoureuse *ananda*, la félicité de la conscience. Les anciens visionnaires pensaient que les êtres humains sont destinés à participer à cet ananda à tout moment de leur vie. L'ananda est beaucoup plus que du plaisir, même le plus intense plaisir érotique. Il est l'un des trois éléments de la formule qui définit la vraie nature de l'esprit, le *Sat Chit Ananda* décrit par les Veda, l'éternelle félicité de la conscience.

Comme nous le verrons, le chemin vers l'amour s'achève par la réalisation complète de cette simple phrase. *Sat* est la vérité éternelle qui maintient tout en vie. Quand le Sat est complètement établi, il ne reste ni mal ni souffrance parce que rien n'est séparé de l'unité. *Chit* est la conscience de cette unité. C'est la plénitude de la paix qui ne saurait être troublée par la peur. Ananda représente la joie suprême que dispense cette conscience. C'est la félicité immuable vers laquelle tend la moindre bouffée d'extase. Le chemin de l'amour nous mène à une parfaite connaissance de ces trois aspects, débarrassée de tout doute. Mais celui que nous savourons le plus souvent, ici-bas, est le dernier, ananda, dans la joie de tomber amoureux.

La passion amoureuse se distingue de toutes les autres formes d'amour par l'intensité de la félicité.

Deux personnes qui s'éprennent l'une de l'autre éprouvent une révolution de leur être le plus profond dès l'éveil soudain de la félicité. Les maîtres de sagesse nous expliquent que nous sommes nés dans la félicité, mais cette situation est obscurcie par l'activité chaotique de la vie de tous les jours. Sous le chaos, cependant, nous essayons encore de trouver l'ananda. Toutes les joies de moindre importance sont de petites gouttes, tandis que l'ananda est un océan.

Les réflexions qui s'appliquent à cette phase découlent de notre désir de trouver la félicité :

La félicité appartient à toute vie, mais si nous nous masquons la nôtre, nous sommes contraints de la chercher chez les autres.

La douleur du désir est un masque qui dissimule l'extase de la félicité.

La félicité n'est pas un sentiment mais un état. En état de félicité, tout est aimé.

Notre soif de félicité est une des raisons pour lesquelles tomber amoureux n'est jamais accidentel. Nous avons tous un savoir subconscient de ce que l'amour peut apporter à la psyché. Une personne isolée, pleine de frustration et de solitude, est soudain transformée sans que la raison puisse rien expliquer à ce phénomène. L'extase prend la place de l'angoisse et du doute. Selon le Nouveau Testament :

Il n'y a pas de peur dans l'amour ; l'amour parfait chasse la peur.

Ce sentiment de félicité de l'être en un lieu paisible et sûr perdure à travers les phases initiales de la passion amoureuse, malgré les hauts et bas émotionnels qui l'accompagnent inévitablement.

Pourtant l'ananda est souvent la dernière chose que nous pensons devoir trouver, parce que avant de tomber amoureux, nous passons par une période d'attente intense et d'angoisse. Cet état qui s'oppose à la passion représente aussi un vrai commencement, dans la mesure où sans le préalable de la séparation et d'un désir ardent, il ne pourrait y avoir d'attraction. Pour trouver la félicité nous devons partir d'un lieu où la félicité est absente. Dans notre société, il n'est pas difficile de trouver un tel lieu.

LA QUÊTE ANGOISSÉE

L'attraction dépend de notre capacité à rencontrer quelqu'un ou de la capacité d'un autre à nous rencontrer, et c'est là que les difficultés commencent. Si rien n'est plus exalté que l'état amoureux, rien ne suscite apparemment plus d'anxiété que de tomber amoureux. Une quête constante et angoissée de relations amoureuses semble hanter la société actuelle. Nous sommes submergés d'images de séduction amoureuse et pourtant cette expérience sous sa forme réelle nous semble très insaisissable.

La sensation de l'état amoureux n'est pas difficile à décrire. Elle a été comparée à toutes sortes de délices, à la douceur du miel et au parfum de la rose. Ces images sont légion et elles aussi nous cernent, comme si cette immersion quasi totale allait résoudre notre insécurité sous-jacente. Mais quand la passion amoureuse surgit vraiment, elle dépasse toutes ces images conditionnées.

Tout cela nous le savons, pourtant cette connaissance reste presque impuissante à dissiper le sentiment angoissé que l'amour ne va jamais arriver, qu'il y a quelque chose qui cloche chez nous et que par conséquent nous ne méritons pas ce don stupéfiant : tomber amoureux. Chez la plupart d'entre nous, la quête d'amour est influencée par deux puissantes forces psychologiques : la représentation de la passion amoureuse idéale et la crainte de laisser passer sa chance et de ne jamais parvenir à être aimé. Toutes deux sont, différemment, des conduites d'échec. Être obsédé par l'image idéale de ce à quoi doit ressembler l'amour est le meilleur moyen de le laisser échapper quand il croise votre route. L'amour réel commence par une dialectique qui contient en germe la promesse de l'extase, il ne commence pas par une extase totale. Il est facile de passer à côté de cette promesse et rien ne nous aveugle plus que des images mentales rigides.

D'une manière très similaire, si vous êtes hanté par l'angoisse que quelqu'un vous choisisse comme objet d'amour, vous ne vous rendrez jamais séduisant pour personne, car rien ne tue la passion plus vite que la peur. S'efforcer à tout prix d'être séduisant n'est qu'une autre forme de désespoir, que les autres décèlent, quelle que soit l'âpreté de vos efforts pour le dissimuler. Notre conditionnement social est si fort qu'on dépense beaucoup plus de milliards de dollars en cosmétiques, vêtements, chirurgie esthétique qu'en psychothérapie, par exemple, et pourtant un travail sur leurs névroses rendrait les gens beaucoup plus séduisants qu'une silhouette svelte ou la griffe d'un styliste sur leurs vêtements.

Ces deux motivations, l'imagination et la peur, traduisent des conduites d'échec et sont celles sur lesquelles la plupart d'entre nous se rabattent quand ils recherchent l'amour. Elles incitent hommes et femmes à aborder la passion amoureuse avec des comportements totalement incapables de leur apporter ce qu'ils espèrent obtenir. Ces tactiques sont inspirées par un discours intérieur obsédant sur l'amour, auquel nous cédons et qui oriente notre quête même si cette voix est passablement dénuée d'amour. La plupart de ces comportements futiles vous paraîtront extrêmement familiers :

• Nous nous comparons constamment à un idéal inaccessible. La voix intérieure dénuée d'amour qui nous dirige, nous dit : « Tu n'es pas assez bon, mince, joli, heureux, serein. »

• Nous recherchons l'approbation des autres. À travers ce comportement nous projetons au fond notre insatisfaction vis-à-vis de nous-mêmes dans l'espoir qu'une autorité extérieure viendra en délivrer notre âme. Là, la voix intérieure dénuée d'amour dit : « Attends la bonne personne sans rien faire. » (La « bonne » personne est, dans ce cas, un personnage de conte de fées qui va changer le vilain canard en cygne splendide d'un coup de baguette magique.) Étant un personnage de fiction abstrait, cette « bonne » personne ne se montre jamais.

• Nous supposons que tomber amoureux est totalement magique, comme un coup de tonnerre dans un ciel bleu qui surgira n'importe quand, si possible au moment le plus inattendu. Beaucoup de gens attendent passivement cet événement magique. Bien qu'elle dissimule un espoir, cette passivité est en fait une forme de désespoir, car la voix intérieure dénuée d'amour dit : « Il n'y a rien que tu puisses faire sauf d'attendre pour voir si quelqu'un va t'aimer. » La croyance sous-jacente ici est que nous ne pouvons mériter l'amour, l'amour passionné épanouissant de nos rêves. L'espoir que quelqu'un va venir nous tendre la main et exaucer nos vœux traduit un renoncement de notre capacité à créer notre propre vie.

• Finalement nous nous en remettons à l'amour pour écarter les obstacles qui le tiennent à distance. Nous nous autorisons toutes sortes de comportements hostiles sous prétexte que nous deviendrons affectueux, ouvert, confiant et proche une fois que la baguette magique de l'amour nous aura touchés. La voix intérieure sans amour nous maintient dans une inertie totale en disant : « Peu importe la façon dont tu traites tous ces gens. Après tout, ils ne t'aiment pas et quand la personne idéale viendra, ces gens compteront encore moins. » La croyance sous-jacente dans ce cas est que nous pouvons choisir qui aimer, et rejeter les autres dans les limbes de l'indifférence.

Pour aimer, soyez aimables

Pour commencer, nous devons cesser de réduire la passion amoureuse à un simple état émotionnel. Nous devons la redéfinir comme l'acte de s'abandonner au mystère de notre propre esprit – *sat chit ananda* – car derrière le tumulte des émotions se cache l'essence de la passion. C'est un état dans lequel votre relation primaire ne se noue pas avec l'être aimé mais avec votre Moi. L'amour commence quand vous pouvez montrer votre âme à une autre personne.

Le secret de la séduction, si l'on consulte les annales de l'histoire humaine, est remarquablement simple. Il est résumé dans cet aphorisme du poète latin Ovide : « Pour aimer, soyez aimables. » Une personne aimable est quelqu'un de naturel, à l'aise avec lui- (ou elle-) même, rayonnant de cette humanité simple et sans affectation qui rend n'importe qui vraiment séduisant.

Parfois, pourtant, les solutions les plus simples sont les plus difficiles à atteindre. Les gens s'enfoncent dans une quête anxieuse de l'amour précisément parce qu'ils ne se sentent pas aimables. La seule condition nécessaire et suffisante de l'amour est absente. C'est triste à dire mais beaucoup parmi nous ne se sont jamais sentis aimables, même pendant leur enfance, quand nous avions encore érigé très peu de défenses contre l'amour et étions donc capables de l'aborder avec l'innocence la plus spontanée. Un enfant qui ne demande pas spontanément de l'affection et de l'attention, qui ne s'épanouit pas quand on lui en prodigue ou dont les appels ne sont pas entendus est privé de l'essence même de l'enfance. Même ceux d'entre nous qui ont reçu tout leur content d'amour quand ils étaient enfants restent la plupart du temps sur la défensive, vu le climat qui régit habituellement les relations sociales.

Être aimable n'est pas une qualité superficielle. C'est une qualité de l'esprit. L'ananda ne peut pas être détruit, seulement masqué. Finalement quand vous serez capables de vous voir comme esprit, peu importe quel aura été votre conditionnement passé, si vous avez eu la chance d'être élevé dans une atmosphère aimante ou au contraire la malchance d'être découragé et conduit à vous sentir affreux et indigne d'amour. Rappelez-vous, tout au fond de vous-même, nous sommes tous complètement aimables parce que l'esprit est amour. Rien ne peut ternir ce rayonnement.

Si être aimable est le véritable secret de la séduction, alors il n'est nul besoin d'une « quête » anxieuse. Cette démarche futile pour vous rendre séduisant, cette manière de toujours guetter la réaction des autres, de vous comparer désespérément avec une image idéale, tout cela peut enfin cesser. La seule exigence est une transformation de la perception, car ceux qui ne peuvent trouver l'amour se perçoivent eux-mêmes comme indignes de le recevoir. Ce n'est pas vrai, mais ils s'en persuadent en soumettant leur perception à un puissant système de croyances.

> C'est l'aptitude à vous voir vous-même comme aimable qui rend possible la passion.

Cette modification de la perception ne suppose pas que vous vous transformiez mais que vous vous voyiez tel que vous êtes et le projetiez vers l'extérieur. Si vous étiez capable de montrer toute la grandeur de votre être, votre vie entière serait une passion amoureuse, une longue histoire d'amour consacrée à l'extase et à la joie.

Rien n'est plus beau que le naturel. À lui seul il contient tout le mystère et le charme qui enflamment la passion. Ne recherchez que l'authenticité.

Plus vous êtes éloigné de l'image désirée, plus grands seront vos efforts pour supprimer celui que vous êtes vraiment. La tendance sera de vous rendre de plus en plus inauthentique, jusqu'à ce que, si vous «réussissez» à devenir aussi désirable que votre image, vous ayez évacué tout ce qui est le plus désirable en vous-même, votre être unique avec les multiples facettes de votre personnalité. Votre être ne coïncide jamais avec aucune image particulière, affreuse ou belle, désirable ou indésirable, parce qu'il reflète la lumière mobile et changeante de la vie. Ce que cette lumière fait apparaître est extrêmement complexe car votre être mystérieux recèle indices et ombres.

Pour être authentique, vous devez vous efforcer d'être tout ce que vous êtes, sans rien omettre. En chacun de nous il y a des ombres et de la lumière, du bien et du mal, de l'amour et de la haine. Le jeu de ces opposés est le moteur même de la vie. La rivière de la vie s'exprime dans toutes ses nuances. Si vous parvenez à accepter cela, vous retrouverez votre authenticité originelle et votre acceptation de vous-même grandira jusqu'à ce que vous n'ayez plus honte de rien, plus rien à cacher. Alors votre vie sera imprégnée de la générosité et de la chaleur qui caractérisent les êtres les plus doués pour l'amour.

Être désirable signifie se sentir à l'aise avec sa propre ambiguïté.

L'ambiguïté suprême que chacun de nous exprime n'est pas que nous puissions être à la fois bon et mauvais, aimant et non aimant, mais que nous soyons simultanément esprit et chair.

Pratique amoureuse
Accepter l'ambiguïté

La plupart d'entre nous gaspillent leur temps à essayer de devenir plus séduisants, et se concentrent de préférence sur l'aspect le plus superficiel de la séduction, le physique. Non seulement la beauté physique est temporaire, ce qui signifie que tout miser sur l'apparence s'avérera de plus en plus décevant avec le temps, mais de toute façon l'image idéale n'est jamais atteinte.

Si vous êtes obsédé par des images physiques, vous êtes certain, tout au fond de vous-même, que vous ne serez jamais assez séduisant. Cette certitude amène les femmes à corriger obsessionnellement leurs inévitables points faibles. Bien que les hommes aient tendance à associer automatiquement la question de la beauté et la coquetterie féminine, leurs énormes dépenses en voitures de sport, en élégants clubs de golf et en costumes chics témoignent de la même insécurité. Il n'existe qu'un moyen de se défaire du syndrome de conduite d'échec caractérisé par la phrase : « Je n'aurai jamais l'air assez beau. »

> Accepter vos points faibles vous rendra séduisant.

Accepter vos faiblesses revient à vous accepter vous-même. Les points faibles ne concernent pas seulement l'apparence physique – toute caractéristique dont vous pensez qu'elle fait obstacle à la séduction entre dans cette catégorie : les faiblesses psychologiques, le manque d'argent ou de réussite professionnelle, un standing social « inférieur » ou des actions passées que vous avez l'impression de devoir occulter.

Une personne qui exprime à la fois ses aspects positifs et négatifs, ses forces et ses faiblesses n'est pas imparfaite mais complète. Nos comportements ne sont jamais exempts de tout reproche. Rien n'est jamais tout blanc ou tout noir. Ce jeu d'ombres et de lumières chez tout être forme ce que j'appelle l'attrait de l'ambiguïté. L'exercice qui suit a pour objet de le développer. Abordez-le comme une activité ludique en vous laissant guider par l'esprit de l'ambiguïté.

REMPLIR LES OMBRES

Le but de l'exercice suivant est de choisir au hasard une des qualités que vous pensez posséder et de vous démontrer que vous possédez aussi son contraire, ainsi que toutes les nuances intermédiaires. Vous pouvez accomplir cet exercice de tête, mais je vous conseille de vous munir d'une feuille de papier et d'un crayon.

Écrivez ou pensez à une chose en particulier qui fait obstacle à la séduction que vous pouvez exercer sur les autres. Ce peut être une caractéristique physique ou psychologique, peu importe, ce qui vous vient en premier à l'esprit. Disons que c'est : « Je suis trop égoïste. »

Demandez-vous si vous avez aussi la qualité inverse, à savoir : « Je suis attentif aux besoins des autres personnes. » Ou si cette phrase vous semble trop altruiste, essayez : « Je ne suis pas égoïste tout le temps. » (Ce doit être vrai car personne ne peut être égoïste tout le temps.) Quand vous avez écrit ceci, remarquez que l'attention aux autres n'élimine pas l'égoïsme, mais le nuance. Tous les traits de caractère, bons ou mauvais, sont relatifs. Ils ne peuvent jamais rendre compte de toute votre personnalité.

La personne que vous êtes n'est pas une addition de parties mais un tout. Vous envisager vous-même comme un tout est la première étape pour arriver à vous voir comme vraiment attirant.

Maintenant passez à une autre caractéristique indésirable. Cette fois choisissez-en une qui soit banale au point que vous ayez honte d'admettre que vous vous en souciez vraiment, par exemple : « Mes hanches sont trop larges. »

À présent, prenez le parti inverse de cette honte, que vous pourrez exprimer de différentes façons, par exemple : « Marilyn Monroe avait des hanches larges et elle était belle », ou bien : « La dernière fois que je me suis sentie bien dans ma peau, je ne pensais pas à mes hanches. » Ou bien : « Quelqu'un qui m'aime vraiment m'a assuré qu'il ne faisait pas attention à mes hanches. »

Si vos amis vous disent qu'ils ne remarquent pas vos hanches, le problème peut devenir alors celui de savoir non s'ils ont raison mais si vous leur faites confiance. En découvrant l'ambiguïté que recèle cette situation, vous saisissez à quel point toutes ces questions d'image de soi sont complexes et entremêlées. En brisant l'étau de votre conditionnement antérieur, en modifiant le regard que vous portez sur vos défauts, vous libérez votre esprit et vous enrichissez votre représentation de vous-même.

Vous pouvez transformer cet essai en un exercice très créatif. Supposons que vous écriviez : « Je médis de mes meilleurs amis » (perspective peu attirante !). La qualité qui compenserait ce défaut pourrait s'exprimer ainsi : « J'aime sans réserve mes meilleurs amis. » Quelle relation y a-t-il entre ces deux traits opposés ? Peut-être le fait de dire à votre meilleur ami ce qui vous irrite ou vous déçoit chez lui vous met-il mal à l'aise ? Peut-être vous en prenez-vous aux autres sans discernement quand vous êtes en conflit avec vous-même ? Peut-être recherchez-vous tellement l'amour des autres que vous êtes prêt à critiquer vos amis pour vous attirer les faveurs de quelqu'un ?

Toutes ces interprétations trahissent une vérité toute simple : vous êtes seulement humain. Quand vous comprendrez que cela est vrai pour toutes les personnes que vous avez rencontrées dans votre vie, vous vous sentirez plus à l'aise avec les êtres qui vous attirent le plus mais aussi avec ceux qui vous attirent le moins. Plus vous parvenez à voir le charme des autres, plus vous vous rapprochez du point de vue de Dieu.

> L'égalité est la première étape vers l'acceptation et l'acceptation est l'amour.

Essayez d'énoncer certains autres de vos pires défauts puis passez à vos plus grandes qualités. Qu'est ce que vous avez de plus attirant ? « J'ai de très beaux yeux. » « J'adore mes enfants. » « Je consacre une partie de mon temps à aider des personnes atteintes du cancer. » Quelle que soit la phrase que vous écrivez, tâchez de voir si l'inverse n'est pas vrai. « Mes yeux ne sont pas si beaux quand je suis jaloux ou méchant. » « Mes enfants me donnent parfois envie de fuir. » « Les malades me dépriment tellement que je préférerais ne jamais en voir. » Quoi que vous trouviez en vous-même qui soit sympathique ou bon, il est inévitable que vous trouviez aussi son contraire.

L'étape finale de cet exercice consiste dans la lecture de la liste suivante :

Il est humain d'être à la fois bon et méchant.

J'aime me sentir ambivalent à propos des êtres qui me sont les plus proches.

La gentillesse peut être parfois un peu piquante. Les sarcasmes peuvent être amusants.

Mon meilleur ami ne serait pas choqué de me voir dans mes pires moments.

Mon pire ennemi serait heureusement surpris de me voir dans mes meilleurs moments.

Essayer de ressembler à cette image idéale de moi est plus fatigant que je ne veux bien le reconnaître.

Je ne serai jamais parfait. Je peux vivre avec cette constatation.

Un ange veille sur les gens qui sont capables de rire en face du malheur d'autrui.

Il n'y a rien de mal à trouver le méchant sexy et le héros ennuyeux.

Donner libre cours à ses pulsions négatives peut être parfois très instructif.

La pire chose que quelqu'un dit de moi contient une part de vérité – sur lui.

Vous serez sans doute d'accord avec certains de ces jugements et les autres vous paraîtront peut-être absurdes ou sans intérêt. Mais quelle que soit votre réaction, la prochaine fois que vous reprendrez cet exercice, regardez à nouveau cette liste. Vous serez sans doute surpris de découvrir qu'elle vous semble plus acceptable. Accepter votre propre ambiguïté vous aide à comprendre que l'ambiguïté appartient à la vie elle-même.

Dans la vie
Qu'est-ce qui est un peu gris ?

Quand elle trouva un flacon de teinture capillaire brune dans le tiroir d'Alan, Jeanne pensa que son mari faisait une petite crise de coquetterie d'homme mûr. Elle l'avait toujours trouvé extrêmement attirant. En fait compte tenu de leur différence d'âge – il avait sept ans et demi de moins qu'elle – Jeanne avait été secrètement flattée d'arriver à le séduire. En se regardant dans le miroir, elle se découvrit des cheveux blancs qu'elle n'avait pas remarqués jusque-là.

Jeanne avait trouvé le flacon de teinture un soir tard, alors qu'elle cherchait de l'aspirine. Il se trouvait dans le tiroir d'un placard de la salle de bains qu'elle n'ouvrait en principe jamais. Le lendemain matin, elle demanda à Alan ce que ce flacon faisait là. Il eut l'air surpris et affirma que la teinture n'était pas à lui.

Jeanne ne savait pas si elle devait le croire ou non. Elle fut surprise de douter de lui, parce qu'elle avait toujours considéré qu'elle pouvait lui faire confiance. Jeanne avait un peu de temps à tuer avant de partir à son travail. Il n'y avait pas de bébé à garder, puisque le couple, marié depuis juste trois ans, avait décidé de ne pas avoir d'enfant. Elle entreprit de ranger et de nettoyer la salle de bains. Plus de flacon.

Jeanne relata cet incident sur un ton anecdotique pendant qu'elle déjeunait avec sa meilleure amie Cécile. Celle-ci eut l'air soucieuse :

— Je ne sais pas comment te dire ça, mais à ta place je serais vigilante.

— À propos de quoi ? lui demanda Jeanne.

— Il ne t'est jamais venu à l'esprit que ton mari pouvait avoir une liaison ?

Bien sûr que non. Jeanne devint rouge comme une pivoine. Elle n'aimait pas qu'on l'incite à soupçonner ses proches, mais au lieu de le dire à Cécile, elle lui demanda de développer sa pensée. « Tu ne dois pas te laisser aller une seule minute, l'avertit sa meilleure amie. Dès l'âge de trois ans, on enseigne aux petits garçons que quand ils seront grands ils auront le pouvoir. Ils veulent diriger leur monde à peine arrivés dans le bac à sable. On éduque au contraire les petites filles à se montrer dignes des hommes qui ont le pouvoir, ce qui signifie être assez belle pour les séduire. Si elle n'est pas capable de retenir un homme, quel pouvoir reste-t-il à une femme ? » Avec une impressionnante gravité, Cécile conseilla à Jeanne de s'acheter une crème pour le visage à cinq cents francs et des dessous sexy.

Jeanne ne savait que penser du petit discours de son amie, elle éprouvait des sentiments mêlés. La fascination, le doute et l'effroi se combattaient en elle. Mais pourquoi Alan mentirait-il à propos de quelque chose d'aussi banal qu'un flacon de teinture s'il ne cachait pas quelque chose d'autre ? Jeanne décida qu'acheter une chemise de nuit transparente ne serait peut-être pas une si mauvaise idée et quand elle la rapporta à la maison, son mari parut content. Mais il avait beaucoup de travail à finir ce soir-là et la soirée amoureuse qu'elle avait projetée tourna court. Alan avait l'air complètement ailleurs en faisant l'amour. Il s'endormit immédiatement après, sans dire un mot.

Elle commença à se dire qu'Alan avait probablement une liaison. Il était encore très jeune, contrairement à elle. Personne ne lui avait jamais lancé au visage leur différence d'âge, mais Jeanne était certaine que ses amis, surtout les femmes, faisaient tous des remarques dans son dos sur ce sujet. Elle se prit à se demander qui pouvait bien être cette femme, la maîtresse de son mari. La spirale dépressive aurait pu être rapide, mais l'arrivée opportune du courrier mit un terme provisoire aux affres de Jeanne. Une semaine plus tard, un flacon de teinture capillaire identique au premier arriva dans la boîte aux lettres. Jeanne retourna dans la salle de bains, ouvrit le tiroir, retrouva le premier sur l'étiquette duquel elle lut la mention « échantillon gratuit ». Elle se rappela vaguement l'avoir jeté dans le tiroir quelque temps auparavant sans vraiment regarder ce que c'était. Jeanne ne sut pas si elle devait rire ou pleurer.

Selon moi, cet incident est révélateur de ce qu'une femme croit mériter en amont. Nous faisons tous dépendre notre estime de nous de paramètres extérieurs. Le statut social, l'argent, une grande maison, tout cela reflète dans une certaine mesure ce que je suis. Nous procédons de la même façon avec les autres. Être attaché à quelqu'un de jeune et de séduisant devient une part importante de « moi » si j'ai l'impression que ces autres atouts me font défaut. Tous les manques que nous ressentons, nous pouvons les combler de cette façon, par projection, mais dès que le lien est rompu, la projection s'effondre.

Le problème de la beauté masque donc ce sentiment qui est la grande question sous-jacente : mériter ou ne pas mériter l'amour.

Celui ou celle qui se sent digne d'être aimé peut être ouvert à l'amour dans toute sa signification spirituelle. Celui qui ne s'en sent pas digne éprouvera un amour plein de peur car ce que vous ne méritez pas peut vous être ôté à tout instant.

Cette question de ce qu'on mérite n'éveille un sentiment d'insécurité que si on envisage qualités et défauts en les isolant. Spirituellement, nous sommes tous totalement méritants parce que nous sommes tous complets. Si votre être englobe tout ce qui fait un être humain, comment seriez-vous moins digne qu'un autre de quoi que ce soit ? Ce sens de la complétude n'est pas matériel, il n'équivaut pas à être absolument beau, infiniment riche ou impeccablement vertueux. Le miracle de l'amour signifie que vous pouvez être imparfait et que cela ne menace en rien votre complétude

Ce dernier point n'est pas facile à comprendre. Mais si vous examinez l'amour qu'une mère éprouve pour son enfant, il est aussitôt évident que les imperfections de l'enfant ne comptent pas à ses yeux. Ce n'est pas de l'aveuglement mais un regard aimant qui s'exprime alors. L'amour est extrêmement sensible aux faiblesses. Il réagit en s'efforçant de soutenir et de communiquer sa force de toutes les façons possibles. Mais cette attitude ne recèle aucun jugement contre les faiblesses ou les imperfections, une mère qui aide son bambin à marcher ne pense pas : « Si tu étais adroit, tu marcherais tout seul maintenant. » Elle accepte que la croissance comporte des étapes et elle est heureuse d'accompagner son enfant à travers ces étapes successives. La question qui se pose à présent est celle-ci : Comment parvenir au même amour vis-à-vis de soi-même ?

Jeanne aurait pu, dans ce cas, laisser son anxiété se dissiper, c'était toujours une possibilité, mais sa sagesse naissante la poussait à saisir l'occasion d'apprendre à reconsidérer cette anxiété. Chaque fois qu'elle pense : « Je suis trop vieille », elle devrait ajouter : « Ce doute n'est pas moi. » Chaque fois qu'elle pense : « Alan est trop jeune pour moi », elle devrait ajouter : « Cette insécurité n'est pas moi. » Chaque fois qu'elle pense : « Une autre femme s'intéresse à mon mari », elle devrait ajouter : « Ce soupçon n'est pas moi. » Ramener la question à elle-même au lieu de la projeter sur un objet extérieur l'aidera à affronter sa responsabilité dans la fabrication de toutes ces fausses croyances.

« Les situations reflètent nos croyances, lui dis-je. Le meilleur moyen de rester concentré sur la vérité consiste à ôter les autres personnes du tableau et à ramener tous les moments de doute de soi à leur véritable source, qui est toujours en nous. »

Ayant découvert la vérité, Jeanne peut commencer le travail sur ses problèmes intérieurs refoulés. Être une « femme plus âgée » n'a jamais été très facile pour elle et sentir au quotidien la désinvolture d'Alan à l'égard de cette différence d'âge ne l'a pas vraiment aidée. « Tu devrais dire clairement à Alan que tu as besoin d'être rassurée. C'est à lui que tu dois le demander, pas à ta meilleure amie. »

Il est évident que Jeanne attend désespérément que son mari lui dise parfois « Je t'aime », bien qu'elle se refuse à le lui demander. Mais en s'interdisant de lui demander ce qu'elle veut, elle s'enfonce dans un doute encore plus profond sur elle-même. Cet autodénigrement est un résultat de la honte, une émotion très liée au sentiment de dignité évoqué plus haut. « Tu dois comprendre que non seulement demander à être aimée n'est pas honteux, mais c'est exactement ce qu'on devrait faire pour obtenir de l'amour. La honte nous dit que l'amour est une petite marchandise précieuse que nous devons mendier, comme Olivier Twist mendie un bol de soupe supplémentaire. Mais l'amour est infini et en demander traduit seulement ce fait que tu le perçois toujours comme déjà tien. »

Quand Alan lui dit qu'il l'aime, Jeanne a aussi besoin de croire en sa parole et si cela s'avère difficile, elle devrait résister à la tentation de demander immédiatement plus de réconfort : ce sera plus productif de travailler sur la façon dont elle pourra apprendre à mieux faire confiance.

Ici notre histoire suscite deux interprétations différentes, une psychologique et une spirituelle : en termes psychologiques, le manque d'estime de soi de Jeanne résulte d'expériences qui lui ont laissé l'impression qu'elle n'était pas assez « bien ». Nous avons tous des souvenirs douloureux du même ordre. Des années plus tard ces expériences continuent à déterminer le rapport qu'elle entretient avec son charme, son âge, sa séduction physique. Jeanne ne s'est jamais acceptée elle-même tant qu'elle était attirée par des hommes qu'elle croyait plus désirables qu'elle, parce que toute comparaison lui était défavorable. Être avec Alan était une « solution » résultant d'un conditionnement passé qui devait être supprimé.

À ce point de l'analyse, j'expliquai à Jeanne qu'elle pourrait soulever le masque qui voile tant de blessures secrètes et de peurs indéfinies. Affronter sa honte secrète et sa culpabilité est une très bonne approche psychologique de son genre de problème. La question qui reste cependant sans réponse est celle de savoir s'il est possible de libérer tous les démons et les doutes, tous les souvenirs douloureux et les énergies négatives.

— Je pense que c'est une bonne idée pour toi de résoudre tes problèmes personnels, confiai-je à Jeanne. Mais la solution durable sur le point de savoir si tu es digne d'être aimée ne pourra venir que d'une démarche spirituelle. Voici deux phrases utiles à retenir pour t'aider à avancer dans cette voie :

> L'esprit est toujours avec moi. Il veut soulager ma douleur. Il arrive à ce résultat non en abolissant les souvenirs douloureux mais en m'intégrant totalement dans le présent, là où le passé n'existe pas.

— La réponse spirituelle à n'importe quel problème est immédiate, dis-je. C'est notre propre perception qui est lente. La capacité de Dieu à nous aimer n'est limitée que par notre aptitude à recevoir cet amour ici et maintenant. Dans la mesure où ceux que nous aimons représentent des parties incarnées de Dieu dans nos vies, nous pourrions dire la même chose d'eux. Pour recevoir l'amour de Dieu, il nous faut seulement accroître notre capacité à recevoir l'amour qui s'exprime dans notre intimité.

La source des problèmes de Jeanne, qui est aussi celle de beaucoup de gens, était une tendance à se rejeter elle-même d'avance. Au lieu de ressasser ses inévitables imperfections, elle aurait pu commencer par se demander ce que son mari ressentait vraiment. Selon mon expérience, si vous restez enfermé dans la négativité, vous aurez probablement l'impression que les autres vous voient de la même façon, ce qui la plupart du temps n'est pas vrai. Les gens qui vous aiment vraiment continuent à vous aimer, même quand vous ne vous aimez pas vous-même.

À un niveau inconscient, le fait que Jeanne se rejette elle-même la contraint à guetter la moindre raison pour laquelle quelqu'un pourrait à son tour la rejeter. Plus les autres sont bienveillants, plus elle se dit qu'elle doit rester vigilante. La croyance sous-jacente est alors celle-ci : plus son mari est aimant, plus le faux pas qui pourrait anéantir cet amour est probable. En réalité, l'amour ne fonctionne pas de cette façon. L'amour profond d'Alan pour sa femme lui ferait accepter et pardonner les nombreuses faiblesses qui nuisent à son estime d'elle-même. Ce qui confirme la vérité spirituelle : l'amour que vous obtenez n'est limité que par votre aptitude à le recevoir.

— Il est étonnamment facile d'inhiber quelqu'un, dis-je. Sans y penser, nous laissons passer un nombre incalculable d'occasions pendant la journée, quand l'amour fait une apparition timide – en d'autres termes nous tournons le dos à l'esprit. L'être que tu aimes peut commencer à dire quelque chose de gentil ou ébaucher un geste affectueux ou te demander comment tu te sens. Tu remarqueras comme il est fréquent que tu coupes court ou que tu accueilles ces marques d'attention avec indifférence. De cette façon tu limites l'amour que tu reçois, au lieu d'encourager ses légères manifestations.

— Mais je veux qu'Alan m'aime, fit Jeanne. Pourquoi couperais-je court à la chose même que je veux ?

— Parce que la négativité qui t'habite dit non quand l'amour s'offre. Le langage de ton corps compte autant que tes mots. Car tu n'as pas besoin de prononcer le mot « non » pour repousser Alan. Est-ce qu'il t'arrive d'esquisser un geste de recul, une crispation, de tourner la tête ou de te détourner quand il se montre aimant ? Garde la pensée suivante présente à l'esprit dans ce genre de situation :

> Quand on vous adresse un geste aimant, on vous offre une part de Dieu.

Regarde celui que tu aimes dans les yeux et apprends à croire que l'amour est vraiment là. L'ego avec toutes ses peurs et ses intérêts personnels bloque ta capacité à percevoir la part de Dieu que t'offre ton bien-aimé. Finalement, tu t'attires ce que tu redoutais : plus tu coupes court aux gestes d'amour, moins ton compagnon aura envie de te montrer de l'affection.

Il n'est pas facile d'arrêter d'envoyer ces signaux négatifs, mais tu peux commencer en t'interdisant de croire le « non » que tu entends quand quelqu'un te voit comme aimable. Dès que tu arrêteras de couper court aux démonstrations d'amour, il deviendra plus facile de remplacer ce « non » par un « oui ». Ce changement ne doit pas être forcé. Laisse Alan te prodiguer toute l'attention qu'il veut sans le manipuler ni le rejeter. Commence à parler plus souvent de l'amour en général avec tous ceux qui sont aimants à ton égard – ils apprécieront ce sujet plus que tu ne peux l'imaginer.

La fin de notre entretien approchait, mais Jeanne n'était plus la même personne que la femme qui était entrée dans la pièce, elle semblait beaucoup plus en harmonie avec elle-même. Au moment de nous séparer, je lui dis :

—Quand tu trouveras une personne authentiquement aimante, comme c'est le cas d'Alan, tu verras que tu es accueillie dans son cœur non parce que tu as un certain charme ou que tu agis d'une certaine façon, mais parce qu'il suit sa propre nature – aimer les autres n'est que la manière d'être la plus facile pour lui. Quand tu auras compris cela, la question : être ou ne pas être digne d'amour t'apparaîtra comme la fausse question qu'elle est en réalité.

L'engouement

Quand l'attirance est à son comble, commence la phase de l'engouement. C'est la phase la plus délirante de l'amour – immortalisée par Roméo et Juliette, Cyrano de Bergerac et des centaines de héros de films –, mais c'est aussi la plus controversée. C'est un moment d'émotions extravagantes et d'optimisme échevelé. La conscience des bornes et des limites cède la place à un idéalisme utopique, du moins au regard d'un observateur extérieur. Pour sa famille, Juliette n'était pas le soleil ni la lune, et l'obsession de Roméo à son égard représentait un danger pour la vertu et la sécurité de la jeune fille.

Mais les conventions extérieures n'ont aucune valeur dans cette phase. Les amoureux transis se cantonnent si obsessionnellement dans leurs émotions et leur ivresse qu'ils arrivent à peine à manger ou à dormir et leur travail devient une distraction importune de leur passion dévorante.

Si l'engouement peut être si extrême, c'est parce qu'il dénoue l'état de frustration chronique que nous appelons normal. En termes spirituels s'éprendre de quelqu'un signifie qu'on le considère comme Dieu, comme un être divin à adorer. Dans l'Inde ancienne on appelait *bhakti*, ou piété le fait de voir vraiment le divin et d'être baigné par son rayonnement. Depuis les hymnes religieux du Rig Veda, le texte sacré le plus ancien de l'histoire de l'humanité, jusqu'à aujourd'hui, bhakti est resté de loin le moyen le plus populaire d'aborder Dieu. La dévotion religieuse, sous la forme des prières, des offrandes et des célébrations, est une occupation totalement absorbante pour le vrai *bhakta* qui ne demande rien d'autre que l'ivresse de Dieu.

Dans l'Ancien Testament, quand le poète du Cantique des cantiques s'extasie sur son amour pour Dieu, ses paroles jaillissent de façon aussi exaltée que s'il épanchait son amour pour une femme :

> *Tu m'as déchiré, tu m'as ouvert le cœur*
> *en deux, tu m'as empli d'amour.*
> *Tu as déversé ton esprit en moi ;*
> *je t'ai connu comme je me connais moi-même.*

Le parallèle entre ivresses amoureuse et sacrée est évident. C'est dans cette phase d'engouement que les amants se déclarent leur flamme l'un à l'autre. « J'étais amoureux de l'amour », déclare saint Augustin, parlant de sa jeunesse et faisant écho à la passion de millions d'amants à travers les siècles.

C'est ce sentiment de fusion qui donne un caractère si religieux à la passion amoureuse. L'épanchement d'un esprit dans un autre esprit entraîne dans ses moments les plus intenses un ravissement, une extase paroxystique. Peut-être aucun mot ne revient-il pas aussi souvent durant ce délire de l'engouement que le terme « nouveau ». L'émancipation des anciennes limites ressemble à une naissance qui donne à toute chose l'aspect de la nouveauté.

La source de cette nouveauté n'est pas une personne nouvelle, cependant, mais une modification de la perception. La sensation de fusionner avec une autre personne est cérébrale. À ce jour, nous ne disposons d'aucune explication biochimique pour expliquer la soudaineté et la force de cette modification. Pourtant des chercheurs ont montré que les niveaux des neuropeptides, notamment la sérotonine, associés à un plaisir intense, sont élevés chez les amoureux. Le renforcement de leurs défenses immunitaires est aussi bien connu des chercheurs. Pourtant, le paradigme scientifique a bien du mal à rendre compte de la façon dont la passion amoureuse peut abolir les « cloisons » qui délimitent le moi. Il y a une tendance irréversible depuis la petite enfance à créer une distinction de plus en plus forte entre les entités « moi » et « toi ». Normalement nous n'identifions pas cette séparation naturelle entre « moi » et « toi » comme une source de souffrance. Cependant aucune souffrance n'est pire pour le bhakta, pour l'homme pieux que l'éloignement de Dieu. Dans la passion amoureuse aussi, l'abolition de la séparation est si libératrice qu'elle a la puissance d'une illumination religieuse.

Cela ne signifie pas que tous ceux qui tombent amoureux font une expérience aussi violente. Parfois l'attirance se développe lentement et il arrive aussi que l'engouement soit unilatéral. Quand l'être aimé ne répond pas, l'engouement devient une préoccupation autarcique où l'imagination a le beau rôle. Des maîtres spirituels ont déclaré, toutefois, que même quand l'amour est partagé, c'est leur moi le plus élevé qui est la véritable source d'inspiration des amants. Le mot « moi » est plus approprié que le mot âme parce que le voyage de l'amour se déroule complètement à l'intérieur de la personnalité d'un être.

Les principes de cette étape sont centrés sur la fusion extatique du moi particulier et du Moi :

> La fusion avec une autre personne est une illusion ; la fusion avec le Moi est la réalité suprême.
>
> Si l'engouement est une folie, la santé fait pâle figure à côté de lui.
>
> La vision des amants est comparable à la vision sacrée des saints.

Curieusement, le moment où l'on tombe amoureux a une piètre réputation auprès des psychologues, si l'on remonte à Freud qui a férocement tourné en ridicule la signification spirituelle de la passion amoureuse. Il la comprenait comme une régression primitive – son expression pour caractériser tous les retours de l'état adulte vers des instincts et des comportements infantiles. Autrefois cette régression avait été exaltée comme un état sacré, au moins dans les cercles littéraires. Le plus grand poète romantique anglais, William Wordsworth, a repris cette opinion commune selon laquelle l'enfance est l'époque la plus sacrée de la vie. Wordsworth décrit l'enfance comme un état d'inspiration divine – il s'agit du moment où nous sommes encore baignés de la lumière d'un monde céleste, avant la naissance :

> *Non en totale nudité*
> *Mais traînant des nuages de gloire nous venons*
> *de Dieu qui est notre maison.*

À la naissance, pense Wordsworth, le nourrisson tombe dans un monde plus sombre, mais pendant un certain temps sa perception de la sainteté persiste. Comme il l'ajoute, « Le paradis se trouve en nous, dans notre enfance », voulant signifier par là que l'état d'innocence lui-même transforme la terre en un paradis. Par un heureux hasard, Wordsworth lui-même se rappelait encore de l'époque de sa vie où son entourage lui était apparu « nimbé d'une lumière céleste ». Mais la perte de cette innocence radieuse était comme pour nous tous, inévitable :

> *Très lentement, l'Homme la voit s'éteindre*
> *Et s'évanouir dans la lumière du jour commun.*

La condition décrite ici s'applique de la même façon aux nouveau-nés. Ordinairement une forme d'amnésie spirituelle éclipse le souvenir de la lumière dans laquelle nous avons baigné. Cet oubli va de pair avec la formation d'une sorte de carapace qu'on appelle l'ego et qui éclipse la connaissance qui ne peut être validée par les cinq sens. Jusqu'à l'engouement amoureux, cette renaissance de l'innocence. Comme un enfant nouveau-né, l'amoureux transi voit le monde avec des yeux qui le sanctifient.

La psychologie moderne de l'enfant est d'accord avec cette idée. Les neurophysiologistes disent que les nourrissons se sentent immergés dans une mer d'unité. Sans les limites ou les contraintes de l'ego, ils sont de petits dieux dans leur monde, qui satisfont leurs besoins en pleurant et en tendant les bras, et leur égocentrisme est si parfait que toute autre personne ou chose n'est qu'une extension d'une conscience d'eux-mêmes qui englobe tout.

Ce sentiment d'immersion totale dans un environnement ne serait apparemment d'aucune utilité dans la perspective de l'évolution de l'espèce dans la mesure où il interdit la possibilité de se défendre. On a récemment découvert cependant que les humains naissent avec un cerveau beaucoup plus complet que celui que nous possédons à l'âge adulte. Les connexions filamenteuses appelées dendrites qui se ramifient à partir de chaque neurone sont beaucoup plus nombreuses juste après la naissance qu'à n'importe quelle autre époque de la vie. Les dendrites sont des filaments de communication entre les cellules du cerveau et l'on suppose que leur surnombre contribue au sentiment qu'a le nourrisson d'être enveloppé dans une mer de sensations, de sons, de goûts, de textures et d'odeurs. À partir de ces millions de bits de données sensorielles, le nourrisson commence à sélectionner, à faire le tri. Au fur et à mesure que la gamme des sensations du réel s'amenuise, comme une bande radio qui remplace peu à peu un grand bain sonore, les multitudes de dendrites sont de moins en moins nécessaires.

Bref, nous simplifions la réalité jusqu'à ce que nous puissions l'appréhender rationnellement sous forme de fines tranches de données sensorielles.

Mais cela n'explique pas pourquoi les amants – et les saints – reviennent à une perception si « primitive ». Ce qui rend l'engouement si suspect pour un rationaliste (beaucoup de psychologues refusent même de parler d'amour à son sujet) est que les amoureux reviennent à un stade moins riche en distinctions utiles. Mais ce qui semble une régression primitive devrait plutôt s'appeler, du point de vue spirituel, un retour au primordial. Le don de l'amour consiste à débarrasser la psyché de toutes les empreintes accumulées durant une vie – empreintes qui nous conditionnent à croire en la séparation – et à nous ramener à la réalité dans laquelle nous sommes nés, laquelle ne contient que de l'amour.

Nous avons tous été conditionnés depuis l'enfance à croire en un monde matériel vérifiable par les sens. Les amoureux, qui ne sont pas différents du reste des hommes à cet égard, racontent souvent qu'ils vivent dans deux mondes, submergés par un sentiment de fusion et la refusant en même temps d'un point de vue rationnel. L'être aimé n'est pas un être enchanté, le monde ne baigne pas dans une lumière parfaite, tout cela doit se ramener à une crise de folie passagère. Arrive maintenant le moment le plus délicat de tous, car deux perceptions opposées se combattent l'une l'autre et une seule survivra.

Le problème est que toutes deux sont vraies. Comment deux perceptions contraires du même événement peuvent-elles être vraies simultanément ? C'est un problème spirituel majeur, parce que *la perception est un choix.*

La description psychologique du moment où l'on tombe amoureux est si contraire à la description spirituelle qu'elles ne semblent pas appréhender le même phénomène :

Tomber amoureux est :

Psychologique	Spirituel
Temporaire	Intemporel
Illusoire	Transcendant
Excité	Paisible
Attaché	Libérateur
D'origine hormonale	D'origine spirituelle
Une unité imaginaire	Une unité réelle
Une régression infantile	Un progrès décisif

Vous n'avez pas besoin d'aller beaucoup plus loin pour comprendre pourquoi même la plus intemporelle des expériences, une expérience qui expose l'âme et ouvre le cœur à la félicité, est condamnée à court terme : elle voit se dresser contre elle toute une vision du monde dans laquelle de tels états ne sont pas reconnus comme réels. Non seulement la plupart des gens ne sont pas préparés à l'ouverture de l'esprit mais ils ont été activement conditionnés contre lui par le matérialisme qui a donné naissance à la psychologie moderne, dépouillant l'amour de toute signification « supérieure ».

L'amour, cependant, a le pouvoir d'unir nos deux mondes. La métaphysique explique que le monde est à la fois immanent et transcendant. Immanent signifie : « Matériel, changeant, soumis au temps. » Transcendant signifie : « Éternel, intemporel et en deçà du matériel ». L'amoureux voit un monde plus réel parce qu'il ou elle regarde les choses ordinaires et découvre la lumière spirituelle qu'elles recèlent vraiment. Le reste d'entre nous passe à côté de la transcendance et déclare par conséquent qu'elle n'existe pas. Quelle que soit notre perspicacité, nous ne pouvons pourtant pas prétendre détenir toute la vérité.

Le mystère ne consiste pas dans le fait de savoir si vous allez commencer à transcender votre vieille réalité quand vous tomberez amoureux, car cela se produira certainement. Ce qui est mystérieux, c'est qu'il soit aussi divin d'être englouti dans l'être aimé. Mais la visitation de l'esprit est un phénomène subtil et très capricieux. Soit l'esprit vous emporte avec lui, soit il s'enfuit rapidement.

La transcendance peut prendre de multiples formes. Les astronautes saisis par la vue de la terre, une perle bleue flottant dans la nuit de l'univers, communient avec la transcendance. Les premiers alpinistes à escalader les Alpes ont laissé un récit de l'exaltation transcendante de cette expérience. En d'autres termes, tomber amoureux n'est pas aussi rare qu'on pourrait le croire. En fait c'est la plus commune des expériences transcendantes, compte tenu du petit nombre d'êtres humains qui sont envoyés dans l'espace ou accomplissent l'ascension du Matterhorn. Des sentiments communs relient toutes ces expériences suprêmes : la vie est ressentie comme une bénédiction, la peur devient irréelle parce que la mort n'est pas une extinction mais simplement une transition, l'amour nous entoure et nous nourrit tous, et une part de nous est projetée du monde du conflit et des soucis dans la sphère de l'existence pure.

D'un point de vue spirituel, l'engouement nous ouvre aux mêmes points de vue – l'être aimé sert de catalyseur, comme la montagne, la promenade dans l'espace, l'expérience d'approche de la mort. Ces comparaisons ne visent pas à amoindrir la séduction de l'être aimé, car la merveille transcendante de l'engouement rayonne tout naturellement à travers la joie amoureuse : dans l'amour, l'immanent et le transcendant sont un.

Pratique amoureuse
Voir au-delà

Les amoureux transis ne sont pas les seuls à avoir le sentiment de vivre dans deux mondes. La signification littérale de *transcender* est « aller au-delà » et tout un chacun peut, dans ses moments de vraie lucidité, s'apercevoir que la réalité ne se limite pas aux cinq sens. Ce genre d'expériences de conscience aiguë ouvre des fenêtres sur l'esprit. Pourtant « aller au-delà » n'est pas une description exacte de l'expérience de la transcendance, car il ne s'agit pas de franchir une certaine distance. L'esprit ne s'éloigne jamais de nous. Il est là mais nous le méconnaissons.

Cet exercice pratique vous apprend à cesser de négliger l'esprit et l'amour qui vous entourent et attendent que vous les remarquiez.

Bien que le mot signifie « aller au-delà », on comprend mieux le sens de ce terme en le traduisant par « voir au-delà ». Que pouvez-vous voir au-delà de la façade apparemment solide de la vie, du flux perpétuel du temps, des limitations spatiales et des lois de la causalité ? Si la réponse est très ténue, la raison en est que votre perception n'a pas été exercée pour une telle vision. Pourtant, chaque jour apporte des indices de la seconde réalité que nous habitons tous, laquelle est intemporelle, illimitée, sans cause et étroitement liée à nos besoins sur le chemin vers l'amour.

Commencez par examiner la liste suivante pour déterminer si vous avez déjà perçu ce genre d'indices :

1. En plein milieu d'un danger ou d'une crise, avez-vous eu soudain le sentiment d'être complètement protégé et en sûreté ?

2. Au moment de la mort d'un être à côté duquel vous vous trouviez, avez-vous ressenti un sentiment de paix ou un souffle d'air frais au moment où il s'éteignait ?

3. Avez-vous connu quelqu'un qui s'est remis d'une maladie « incurable » ?

4. Vous est-il arrivé de prier et de voir votre prière exaucée ?

5. Avez-vous déjà vu une légère aura lumineuse autour d'une autre personne ou de vous-même ?

6. Avez-vous déjà demandé, en silence, un conseil ou la réponse à un dilemme et l'avez-vous reçue ?

7. En regardant un coucher de soleil, la pleine lune, ou un spectacle naturel d'une grande beauté, avez-vous eu l'impression de vous dilater comme si vous n'étiez plus enfermé dans les limites physiques de votre corps ?

8. Avez-vous déjà fait l'expérience d'un silence dans votre esprit, peut-être juste avant d'aller dormir ou au premier réveil ?

9. Avez-vous déjà senti une présence aimante juste au moment où vous en aviez le plus besoin ?

10. Vous arrive-t-il d'entendre une voix intérieure à laquelle vous sentez que vous pouvez faire totalement confiance ? (Il n'est pas nécessaire que cette voix s'exprime par des mots. Elle peut aussi être un sentiment intense ou une intuition.)

11. Avez-vous été saisi d'émerveillement en voyant un enfant nouveau-né ?

Il ne s'agit pas d'un jeu. Je ne vous demande pas de répondre oui au plus grand nombre de questions possible, mais si vous avez dit oui à une ou plusieurs d'entre elles, choisissez celle qui a éveillé le plus d'écho en vous. Supposons que c'était la première : éprouver un sentiment soudain de sécurité et de protection au milieu d'une situation critique ou d'un danger quelconque. Fermez les yeux et reportez-vous mentalement à cette situation. Visualisez tous les détails de l'endroit où vous étiez, des personnes avec qui vous étiez, du moment, etc. Essayez de revivre ce moment, mais au lieu d'être la personne qui a réagi à ce moment, demandez à ce que vous soit donnée une perspective plus large. Demandez à voir la signification de ce qui est arrivé et exigez que ce sens soit aussi détaillé que possible. Prenez une profonde inspiration et écoutez la réponse qui vient, quelle qu'elle soit.

Si vous n'obtenez pas de réponse explicite, demandez à tout ce qui empêche la vérité d'apparaître de se dissiper et respirez à nouveau profondément. Une image, une histoire, une phrase vous vient-elle à l'esprit ? Quelle que soit la pensée qui vient, considérez-la comme votre réponse. Si vous sentez une grande confusion ou une résistance, détendez-vous et attendez un moment.

Maintenant, interprétez votre réponse. Est-ce que l'une des phrases suivantes s'impose ?

Je suis aimé.
Je suis en sécurité.
Une part de moi-même me surveille.
Je sais.
Je suis.
La lumière est avec moi.
Dieu est vrai. Dieu est.
Rien n'est faux.
Je suis en paix.
Tout va bien.
Je peux aimer.
Tout est un.

Voici les messages que l'amour essaye de vous envoyer à chaque instant. Chacun d'eux est extrêmement simple mais éternellement vrai. Il n'est pas nécessaire que vous fassiez une expérience extraordinaire ou de conscience aiguë pour recevoir de tels messages, mais les expériences de conscience aiguë entraînent des bouffées de lucidité soudaine. Les murs des vieux conditionnements, des vieilles habitudes, des attentes jamais comblées, s'effondrent dans de tels moments.

Il n'est pas utile que l'un de ces messages prenne la forme littérale de ceux énoncés plus haut. Il vous est peut-être arrivé, auprès d'un mourant, de ressentir une douce chaleur au cœur et un sentiment de paix ? Cela peut être interprété de multiples manières – choisissez celle qui correspond le plus exactement à votre expérience.

Passez en revue vos expériences les plus frappantes de l'esprit, de l'âme, de Dieu ou de l'amour et cherchez encore les messages qu'elles ont pu receler pour vous. Après avoir parcouru vos souvenirs, vous êtes maintenant prêt à appliquer la même technique au présent.

Accordez-vous à l'esprit et il vous parlera avec amour.

L'esprit n'est pas le phénomène, il est la vérité chuchotée dans le phénomène. L'esprit est discret, il agit en nous effleurant presque imperceptiblement. Les messages ne deviennent jamais plus « sonores », mais ils peuvent gagner en clarté. Si vous sentez la plus légère ébauche de communication avec l'esprit, demandez une clarification. Reportez-vous de nouveau à la liste précédente si vous en avez besoin. Au début, les liens avec l'esprit pourront vous paraître ténus et fragiles, mais plus vous gagnerez en confiance, plus vous découvrirez que votre vie est pleine de signification, que chaque moment recèle un aspect transcendant pour peu que vous sachiez « regarder au-delà ».

Dans la vie
... Mais jamais la mariée

Claire est l'une des rares personnes que je connais qui ne se soit jamais plainte de sa vie amoureuse. À la vérité, il est rare qu'elle ne soit pas amoureuse. Quand elle était adolescente, elle couvrait les murs de sa chambre de photos éblouissantes de tous les jeunes premiers hollywoodiens dont elle tombait successivement amoureuse.

Une fois adulte, elle continua à tomber facilement amoureuse et son attitude à l'égard des hommes dont elle s'éprenait – chaleureuse, admirative, un peu timide mais avide de tout savoir au sujet de celui qui l'intéressait – lui gagnait la considération attentive des heureux élus.

Mais Claire était impitoyable. À la première déception, elle arrachait les photos de toutes ses idoles et elle a gardé la même attitude aujourd'hui. Un homme doit être puissant, aisé, beau et sûr de lui pour qu'elle le remarque. Peu d'entre eux ont été capables d'égaler son idéal de l'amant « parfait ». À l'université, Claire a eu quelques liaisons discrètes avec ses professeurs, préférant les hommes âgés qui jouissaient d'une solide réputation universitaire. Elle n'avait que l'embarras du choix puisqu'elle suivait les cours d'une prestigieuse université féminine de Boston, mais après cela, elle a continué à tourner autour des hommes mariés. Au bout de quelques années, Claire a découvert que la plupart des femmes la considéraient avec méfiance et suspicion.

Elle n'y a prêté aucune attention. Plus tard, jeune journaliste parmi les politiciens et les notables influents de Boston, elle semblait baigner dans une perpétuelle aura amoureuse. Claire avait le chic pour faire ressortir les qualités des hommes dont elle était éprise, ce qui en faisait une intervieweuse hors pair. Sa subtile manière de s'offrir donnait du charme aux hommes, même à ceux qui en possédaient très peu.

Sa vie amoureuse avait un seul défaut : elle n'était pas réelle. Ces hommes puissants la raccompagnaient rarement chez elle, ses liaisons se réduisaient à de brèves entrevues dans des hôtels et ne duraient jamais plus de quelques mois. Dix ans s'écoulèrent ainsi. Toutes ses amies d'université s'étaient mariées. Claire continuait à vivre dans ses fantasmes qui se dissipaient dès qu'elle réalisait que son homme « parfait » était aussi faillible que les autres.

« Est-ce ma faute s'ils me laissent tous tomber ? » se lamentait-elle. Elle devint de plus en plus consciente d'un sentiment de solitude persistant. Après une scène en public avec un homme plus âgé dont l'épouse avait deviné leur liaison, Claire renonça à séduire autant, sauf en imagination.

Les fantasmes peuvent être excitants et distrayants, mais ils font rarement bon ménage avec la perspicacité. En fait, Claire semblait utiliser son fantasme de l'amant parfait pour exclure toutes les possibilités qu'elle aurait pu trouver en elle-même. Elle croyait que ce qui l'empêchait d'être heureuse était que tous les hommes « bien » étaient indisponibles, mais en vérité elle les choisissait pour leur indisponibilité. Une fois que vous vous êtes assuré par avance que votre partenaire recèle un défaut fatal, il vous est facile de le rejeter avant d'être rejeté vous-même. Claire était une virtuose de ce schéma.

Quand je l'ai rencontrée, au cours d'un atelier pédagogique sur la guérison, elle s'arc-boutait sur le fait que les hommes ont moins de vibrations spirituelles, sur le malaise qu'elle éprouvait en présence « d'énergies à faible chakra », etc.

— Mais alors pourquoi tomber immédiatement amoureuse de tant d'hommes ? demandai-je.

Elle eut l'air interloquée.

— Je ne crois pas que le problème réside tant dans votre rapport avec les hommes que dans votre rapport à vous-même, lui dis-je.

Claire s'engagea sincèrement dans son travail de guérison et j'eus l'impression que nous pouvions parler franchement de ses peurs et de ses blessures intérieures. Je suggérai que nous explorions le problème de la peur et de l'imagination, puisque les deux sont étroitement mêlés.

— Dans votre situation, la peur et l'engagement semblent un point délicat, particulièrement dans la mesure où vous vous plaignez surtout de ce que les hommes ne s'engagent pas avec vous, lui dis-je.

— Je ne peux pas être responsable de ça, protesta Claire. Ils viennent et ils partent, c'est leur choix.

— Mais ce choix traduit la peur que vous n'affrontez pas en vous-même. La peur de s'engager peut prendre de multiples formes. Quelle est la signification de cette peur sur un plan spirituel ?

La peur de s'engager reflète la croyance que l'esprit est inaccessible.
Dès lors, l'amour devient sans espoir.

La situation de Claire exprimait une peur et une solitude sous-jacentes. Elle me donna l'impression d'une femme prisonnière d'une contradiction : elle demandait sans cesse de l'amour mais s'arrangeait en même temps pour que ceux à qui elle le demandait ne soient pas en position de répondre, sinon de manière très superficielle. Je ne fus pas surpris d'apprendre que le père de Claire avait été extrêmement peu disponible. Né dans une famille ouvrière de San Francisco, il s'était élevé de la position de docker à celle de président de sa propre entreprise maritime. Il était devenu un héros pour quatre générations de sa famille, de ses grands-parents, des immigrants italiens, jusqu'à ses propres enfants. Mais les qualités qui en avaient fait un homme exceptionnel, son pouvoir, son dynamisme, son magnétisme et sa perspicacité en avaient aussi fait un homme très sévère. Aucune de ces qualités n'est aimable, pourtant Claire n'avait rien connu d'autre pendant son enfance et son adolescence. Elle avait donc choisi de les *rendre* aimables.

La première personne dont elle était tombée amoureuse était son père et au fond elle n'avait cessé de répéter cette histoire passionnelle, en trouvant des hommes à aimer pour leur réussite et leur statut social alors qu'en fait elle avait mortellement peur d'aborder quiconque avait réellement de l'amour à lui offrir.

— Quand un homme puissant vous remarque, lui demandai-je, comment vous sentez-vous ?

— Spéciale, importante, j'ai l'impression qu'on se préoccupe de moi, répliqua Claire sans hésitation.

— Mais cette importance et ce sentiment d'être spéciale ne s'expriment-ils pas par procuration ? demandai-je. Vous avez surtout besoin que votre « banalité » soit jugée « spéciale ».

Claire eut l'air déconcertée. Je lui demandai d'écrire cette phrase sur une page : L'esprit m'aime simplement parce que je suis là.

— Si vous commencez à croire cette simple phrase, lui dis-je, l'homme que vous attirerez et qui tombera amoureux de vous aura la même attitude.

Bizarrement, Claire a un rapport insatiable à l'amour quand s'y ajoute la stimulation du pouvoir, mais les moments de calme, de douceur, de solitude, d'intimité où l'on se murmure des choses tendres l'ennuient secrètement et lui laissent une impression de manque. D'un point de vue spirituel, ce sont les moments où chacun de nous a une chance de découvrir l'amour dans toute sa splendide simplicité. Mais le vide que ressent Claire quand le rapport s'apaise laisse le chagrin de l'enfant abandonné qu'elle a été remonter trop près de la surface.

Lire l'histoire de Claire d'un point de vue symbolique et spirituel est très fructueux. Dans son père, nous voyons un Dieu puissant et lointain qui exige d'être vénéré. Claire s'est contentée de transposer cette image dans sa vie amoureuse. Il n'est guère difficile de voir qu'elle se trouve dans une situation spirituelle difficile, qui se reflète de tous côtés dans les situations qu'elle ne cesse de créer.

Le fait que Claire saisisse toutes les occasions de tomber amoureuse indique son désir profond d'une ouverture spirituelle. Elle ne se sent désirée, prise en charge par une puissance supérieure dans ce monde que lorsqu'elle est éperdue d'amour. Tous les autres moments de sa vie sont décevants. Pourtant, cette ouverture à l'esprit ne cesse de se refermer puisque Claire, en fait, n'éprouve que ressentiment et crainte à l'égard de cette puissance supérieure. Comment peut-elle venir à bout de son vieux schéma d'échec répétitif ?

— Vous êtes ici ce week-end pour parler de guérison, lui dis-je, et dans votre cas une guérison physique et émotionnelle resterait trop superficielle. Vous avez besoin d'une guérison de vos croyances.

— Ce qui signifie ? demanda-t-elle

— Je suppose que nous pourrions dire que vous avez besoin d'une meilleure vie amoureuse avec Dieu. D'abord votre concept de puissance « supérieure » doit être réexaminé. Dieu ou l'esprit se tient à nos côtés dans tous les aspects de notre vie quotidienne. Ensuite, la croyance que Dieu est du genre masculin doit être remplacée par une image moins sexuée, compte tenu de la menace que l'énergie masculine représente pour vous. Si vous pouvez commencer à voir à quel point votre notion d'esprit a été modelée par votre première enfance, vous pourrez commencer à envisager l'amour comme un reflet du présent plutôt que du passé.

Ici nous rencontrons un principe :

> Quand vous tombez amoureux, vous tombez amoureux d'un reflet de vos besoins les plus pressants.

Ce qui rend une personne intensément désirable n'est pas une qualité innée de cette personne. Le désir est d'abord révélateur de celui qui désire. Dans le cas de Claire, puisque son image sous-jacente d'elle est celle d'une pauvre petite fille abandonnée et sans défense, toute démonstration de puissance éveille un extraordinaire désir chez elle.

Il n'y a rien de mal à cela, nous projetons tous de semblables besoins dans notre quête d'amour. Rien de mal non plus dans l'état d'engouement ébloui que Claire a si souvent cherché. Chaque histoire d'amour, réelle ou imaginaire, répète un même message : « Tu es aimée. » C'est le plus simple des messages, mais souvent le plus difficile à capter. Car l'esprit ne dit pas : « Tu es aimée tant que dure ta passion pour cet homme. » Il dit : « Tu es aimée », un point c'est tout. Si Claire commence vraiment à gagner en perspicacité et parvient à écarter les obstacles qui barrent sa vision, elle rencontrera le message de l'esprit. L'esprit recèle une patience infinie, une infinie volonté d'attendre que nous fassions attention à lui. Et un jour, quand le moment sera venu pour elle, Claire s'en apercevra.

— Je pense que chaque homme que vous avez aimé est un rappel discret de celle que vous êtes, dis-je à Claire. Rappel non dans un sens égocentrique mais entendu comme reflet naturel de vos besoins. Vous n'êtes pas jugée par la vie amoureuse que vous avez choisie puisque personne n'est au-dessus de vous pour vous juger, il n'y a que vous en tant qu'identique au Moi, qui vous regardez d'un autre point de vue.

— Je ne vois pas en quoi cela aide, fit Claire.

— Le Moi qui vous regarde est la relation primaire que vous plaquez sur toutes les situations, lui dis-je. En comprenant cela, vous commencerez à mettre un frein à votre désir d'autres relations. L'imagination joue un grand rôle dans vos attentes, mais vous pourriez retourner ces attentes vers vous-même. Qu'attendez-vous réellement des hommes ? La sécurité, le bien-être, un sentiment d'appartenance ? Tous ces sentiments, votre Moi pourra vous les prodiguer tout autant et votre guérison commencera le jour où vous tomberez amoureuse de ce Moi.

Le secret de la guérison spirituelle est que sa fondation est déjà posée. Dans sa poésie exaltée, Walt Whitman parle de la présence ininterrompue de l'amour :

> Il n'y eut jamais de commencement plus puissant que celui de maintenant,
> Ni plus de jeunesse ou d'âge qu'il n'y en a maintenant,
> Et il n'y aura jamais plus de perfection qu'il n'y en a maintenant,
> Ni plus de paradis ou d'enfer qu'il n'y en a maintenant.

Je lus ce passage à Claire qui resta silencieuse quelques instants.

— Je ne suis pas née d'hier et je ne suis pas inconsciente. Je vois bien que je suis bloquée et cela fait longtemps qu'on m'assène cette notion d'apprendre à s'aimer soi-même. Mais honnêtement, je ne sais pas comment ça fonctionne.

— La raison pour laquelle vous ne le savez pas, c'est que vous vous faites une conception fausse de ce qu'est l'amour de soi. Dans une conception dualiste, l'amour relie deux personnes séparées. Si c'est votre schéma de l'amour, vous n'aurez pas d'autre choix que de voir l'amour de soi à peu près de la même façon. C'est-à-dire que vous essaierez de séparer les parties de vous-même que vous estimez et l'appréciation que vous portez sur elles. Mais diviser le moi ne constitue pas la solution, au contraire, c'est le problème. L'amour de soi et la division de soi sont incompatibles. L'amour de soi ne se joue pas sur le plan de votre personnalité, mais de votre être. Cet être forme un tout. Quand vous l'aurez reconnu, toutes les parties de vous-même s'incorporeront en un tout, leur vrai dénominateur commun. Apprendre à aimer et à accepter la pauvre petite fille solitaire et sans pouvoir qui est en vous, lui donner la permission de faire partie de vous, l'empêchera partiellement de diriger votre vie amoureuse.

Si vous examinez l'histoire de Claire en détail, sa recherche de l'amour chez tous les êtres qui ne peuvent lui en donner traduit une situation beaucoup plus générale. L'amour entre « vous » et « moi » relève d'une conception dualiste. Les gens tombent follement amoureux depuis des siècles, mais cela n'a pas réglé le problème plus profond d'une division intérieure. Seul un changement de la perception peut le guérir.

Vous n'êtes pas réductible à une petite partie de l'essence divine créée pour exister séparément. Pour votre âme, vous êtes le tout de l'esprit. Votre relation à Dieu est complète et sans faille. Votre relation aimante à l'univers est totale. L'esprit humain ne peut concevoir que Dieu englobe tout car il reste prisonnier de son propre dualisme. Nous pensons à nous-même comme à un père *ou* une mère, un fils *ou* une fille, un homme *ou* une femme, ici *ou* là, ceci *ou* cela. La séparation découle de notre propre image de nous-même.

La pensée ne peut pas rétablir l'unité, parce que par définition elle aussi est fragmentée. Pourtant l'essence de l'esprit universel est présente dans l'esprit de chacun comme l'attestent le silence et le savoir intuitif qui nous sont si familiers. Le fait que nous ayons terriblement dévalué ces aspects de notre vie intérieure ne suffit pas à les abolir. Il existe déjà certains aspects importants de votre vie que vous ne pouvez appréhender qu'en laissant de côté vos pensées.

Vous n'avez pas besoin de penser pour savoir voir et entendre. Vous n'avez pas besoin d'un profond dialogue avec vous-même pour savoir que vous existez.

Avant toute acquisition de connaissance, la conscience est d'abord conscience de soi.

Les domaines les plus profonds de la connaissance intuitive, cependant, nous paraissent étrangers parce que notre culture ne nous a pas montré comment explorer notre monde intérieur. Quand nous nous tournons vers ces étrangers privilégiés que sont les poètes et les visionnaires par exemple, nous découvrons beaucoup de vérités que seule la voix silencieuse de l'esprit peut révéler. Si nous pouvions nous élever au-dessus de notre étroitesse de vision, nous percevrions notre Moi supérieur directement, comme Walt Whitman :

Il y a cela en moi, je ne sais pas ce que c'est, mais je sais que c'est en moi...
Voyez-vous, oh mes frères et sœurs ?
Ce n'est pas le chaos ou la mort, c'est la forme, l'union, le plan, c'est la vie éternelle, c'est le bonheur.

Le fait que nous ne puissions soutenir cette vision de Whitman signifie que notre passage de la dualité à l'unité est encore à venir, c'est la raison pour laquelle le chemin de l'amour existe. La capacité à vivre dans le Moi doit être réapprise – tel est le sens de notre parcours sur le chemin.

Une cour tendre

L'enjeu de l'étape suivante de la passion amoureuse, la séduction active, dépasse la simple conquête de l'amour d'autrui. À un niveau plus subtil, cette période rapproche les perceptions de deux personnes. Sous les émotions et les paroles des amoureux, c'est la fragile naissance de l'esprit qui est en jeu. Sa survie ne dépend pas seulement du degré d'exaltation et de transformation que l'homme et la femme pourront ressentir. Ils doivent également se montrer capables d'interpréter leur histoire et trouver les mots justes pour décrire leur expérience commune.

La séduction active est une étape timide, hésitante au cours de laquelle deux amants décident soit de tendre vers une nouvelle réalité, soit de revenir à l'ancienne. C'est la première étape dans laquelle deux futurs et non plus un seul sont en jeu.

Dans l'Inde ancienne, l'équivalent spirituel de cette phase était appelé *satsang*, un mot qui peut se traduire par « la compagnie de la vérité », ou de façon plus lâche par « le partage de l'esprit ». Quand les disciples prenaient place aux pieds de leur maître pour écouter sa sagesse, ils s'imprégnaient de satsang, mais on donne le même nom à toute communion entre chercheurs spirituels. Avant de quitter ce monde, le Christ dit à ses disciples : « Là où deux ou trois d'entre vous seront rassemblés en mon nom, je serai présent. » C'est un exemple de satsang sans la présence physique du maître. Tourner votre conversation en direction de l'esprit transforme aussi un bavardage anecdotique avec un ami en une forme de satsang. Le lien avec la séduction active est très clair, car dans celle-ci vous ouvrez votre cœur à quelqu'un d'autre et partagez votre esprit d'une manière que vous ne pourriez accomplir seul.

Le satsang des amoureux s'épanouit souvent en silence, ce qui est aussi vrai pour certains des plus grands saints. Il suffit de se trouver en leur présence pour sentir l'esprit de Dieu s'insinuer en nous. Les êtres qui se sentent sincèrement à l'aise les uns avec les autres sont capables de parler de leurs peurs, de leurs souhaits et de leurs espoirs, mais la communion des amoureux est beaucoup plus intense. La séduction active est une naissance partagée, une occasion rare d'échanger ce qui est le plus innocent chez chacun des partenaires. L'intimité physique permet à un homme de dire à une femme des choses dont il ignorait l'existence en lui et il en va de même pour la femme.

Ce qui est partagé peut ne jamais avoir existé dans le passé. Le passé se nourrit d'une mémoire purement personnelle. Jusqu'au moment où ils fusionnent, deux amoureux marchent sur des chemins distincts. Ensemble, ils créent un nouveau chemin qui n'a pas de passé, où chaque pas les engage dans l'inconnu et où leur expérience acquise n'est d'aucune aide pour éclairer le chemin.

Les observations suivantes s'appliquent à la première communion amoureuse :

> La conscience peut être partagée. Ce que l'amour de Dieu vous a prodigué, vous pouvez le donner à quelqu'un que vous aimez.
> La communion est la base de la confiance.
> L'inconnu est le territoire des amants.

LA LUTTE ENTRE L'AMOUR ET L'EGO

Quand deux êtres se rejoignent ainsi, ils peuvent atteindre la plénitude de leur moi supérieur, même si ce que la plupart d'entre nous apportent dans la séduction active n'est pas la plénitude mais le besoin. Quand le besoin l'emporte sur l'amour, le fragile fil de l'esprit est brisé. Le besoin suppose un manque chez quelqu'un, une pièce manquante qu'un autre doit fournir. À la femme, on demande généralement d'être celle qui nourrit, qui apporte la douceur, le réconfort, la beauté et l'affection que les hommes seraient incapables de trouver en eux-mêmes. À l'homme la force, la protection, le pouvoir et la volonté que les femmes ne pourraient trouver sans eux. L'homme et la femme ont tous deux l'impression d'être complet grâce à l'autre.

Le besoin est un sentiment puissant capable de générer de puissantes illusions.

Personne ne peut réellement pénétrer en vous pour y remplacer une pièce manquante. La douceur, la tendresse et le réconfort qu'un homme trouve chez une femme n'est qu'emprunté jusqu'à ce qu'il apprenne à développer ces mêmes qualités. Une femme peut profiter du pouvoir, de la volonté et de la force qu'elle trouve chez un homme mais ça ne garantit en rien sa possibilité de s'approprier ces qualités.

Dans la phase de séduction active nous décidons soit d'emprunter à un autre, soit de devenir ce qu'il représente pour nous. Dans la communion vous pouvez devenir ce que vous percevez, si votre satsang est assez profond. Tout est ici question d'intention. Allez-vous « panser » vos besoins ou les soigner vraiment ? Seul le long voyage qui vous attend pourra apporter une réponse à cette question, mais la séduction active prépare le chemin.

Étant donné notre conditionnement culturel, la plupart des couples, au cours de cette phase, laissent échapper le fragile fil qui les relie à l'esprit. Quand l'exaltation de l'état amoureux commence à s'apaiser, elle est remplacée par l'ego, le composant principal du faux moi. Nous nous laissons tous guider à travers le monde connu par notre ego. « Je » n'est pas une entité fixe mais une série d'expériences qui ne cessent de s'accumuler.

L'ego semble toujours savoir ce dont il a besoin. Le besoin d'un ego peut être défini comme un besoin de soutenir son « moi ». En alimentant votre identité isolée, vous prolongez le mode d'existence le plus familier que vous ayez connu, la poursuite de l'image de soi. Le fait que la passion amoureuse puisse amener un être à transcender son ego n'annule pas pour autant les besoins de celui-ci.

C'est, typiquement, au cours de la phase de séduction active que la plupart des amoureux commencent à avoir des doutes. La question du degré de l'engagement se pose et les premiers signes fâcheux d'incompatibilité font leur apparition. La phase de séduction active s'interrompt généralement quand l'un ou l'autre des partenaires a l'impression que son ou ses besoins ne seront pas comblés.

L'homme peut avoir l'impression que la femme ne montre pas suffisamment de respect pour son image de soi et ne la flatte pas assez. La femme peut avoir l'impression que l'homme n'est pas assez sensible ou attentif et le développement de son amour va s'en trouver contrarié.

Bien qu'il soit typique de cette période que l'homme et la femme donnent libre cours à leur imagination à propos de l'autre avant de devenir intimes, une fois qu'ils commencent à passer du temps ensemble leur imagination n'est pas assez forte pour restreindre l'ego. Il se constitue alors un équilibre précaire entre l'amour qui rend la communion possible et le besoin qui ne veut pas faire le sacrifice de son égoïsme à moins d'y être contraint.

Nous avons tous été conditionnés à obéir aveuglément aux besoins de notre ego. La société dans laquelle nous vivons est devenue méfiante à l'égard des contacts intimes. Il existe des intrusions dans l'espace personnel qui sont terrifiantes comme le viol ou le meurtre, mais la trahison de cet espace est extrêmement perturbante, même quand aucune violence n'est infligée. Deux êtres qui s'engagent dans une bataille juridique autour d'une pension alimentaire ou d'un problème de garde d'enfants ne font qu'utiliser la connaissance intime qu'ils ont acquise l'un de l'autre au cours de leur mariage et transforment la confiance en agression. Il n'est pas étonnant que vous résistiez vigoureusement avant de permettre à une autre personne de franchir vos défenses bien gardées, car l'être qui pourrait vous délivrer de la peur de l'intrusion pourrait bien aussi s'avérer un jour un ennemi au cœur de votre royaume.

Être amoureux ne va pas abolir le crime, la guerre, la pauvreté, les conflits raciaux et toutes les autres menaces qui nous cernent. L'ego utilise ces dangers extérieurs pour vous convaincre que le monde est hostile et indifférent. Or en vérité, regarder le monde sans amour, c'est le regarder craintivement. La menace ne surgit pas « du dehors ». Ses origines se trouvent « au-dedans », là où se constituent nos croyances intimes. Nous érigeons des défenses pour tenir les menaces à distance. Elles constituent une sorte de système d'alarme très ancien qui peut être rendu si sensible que personne ne sera assez inoffensif pour le désactiver.

La question réelle devient alors : comment conjurer ce sentiment de menace de sorte que l'amour puisse inspirer la confiance de celui à qui il s'adresse ? Qu'est-ce qui alimente la peur et la perpétue ? Les réponses sont nombreuses, mais on peut les simplifier :

Toute menace est une ombre du passé.

> En réalité, il n'y a rien à craindre dans le présent. La peur est une projection de la mémoire sur le présent.

Les nouveau-nés, parce qu'ils n'ont pas de passé, sont dénués de défenses. Un bébé est complètement vulnérable à tout intrus, à toute influence nuisible, sa survie est entièrement dépendante d'une protection extérieure. Pourtant, paradoxalement, personne n'est plus invulnérable qu'un nouveau-né, parce qu'il n'a pas peur. L'expérience doit d'abord imprimer sa marque sur le système nerveux et sans un cadre de référence, aucune menace ne peut surgir.

La peur est une interprétation subjective et cette interprétation résulte d'un apprentissage. Elle a souvent peu de rapports avec le véritable danger qui nous menace. C'est pourquoi un sport comme l'alpinisme peut transformer une peur instinctive tel le vertige en une expérience heureuse. Tout est question d'interprétation.

Il nous faut longtemps pour apprendre à nous défendre dans le monde. Nos facultés de survie sont continuellement en éveil car cela fait bien longtemps que nous avons oublié la confiance absolue du nourrisson. Quand la question se pose de s'engager avec une autre personne, nous sentons inconsciemment que cette décision pourrait affecter notre survie – qu'il nous faut plus ou moins abandonner nos défenses. Le doute et la méfiance que nous éprouvons alors à l'égard de la personne que nous aimons ne font que refléter notre propre croyance que la peur est nécessaire, que la survie n'est pas possible sans défense.

SÉPARER LE VRAI DU FAUX

La séduction active permet à la confiance de croître malgré les vieilles défenses. Vu le nombre d'années que nous avons passées à construire nos défenses, cette guérison n'arrive pas rapidement. En fait, la première phase de la guérison réveille ces anciennes blessures. Il faut que vous recommenciez à vous sentir en sécurité pour que votre psyché vous permette de regarder en face des peurs qui étaient si intenses que vous ne pourriez supporter de vous y confronter. Il arrive fréquemment que chacun des partenaires revive à travers des situations actuelles les traumatismes et les peurs mortelles de l'enfance. Il n'est donc pas surprenant qu'un homme et une femme puissent s'interdire, au début, un rapport de guérison. Ils ont besoin de courage pour comprendre que les peurs et les doutes éventuels surgissent pour être examinés et évacués, et non pour qu'on s'y soumette aveuglément.

L'effet le plus destructeur du sentiment de menace est d'interrompre le flux de l'amour. Si on ne vous a pas appris depuis l'enfance ce qu'est l'amour, vous aurez le plus grand mal à vous montrer sans défenses avec un autre être. Les parents aimants doivent apprendre à leurs enfants que la réalité n'est pas seulement rugueuse.

> Quand nous étions enfants, on a inculqué à certains d'entre nous que le monde est en général dangereux avec quelques moments de sûreté, et à d'autres qu'il est sûr malgré quelques moments de danger.

Quel que soit le degré d'hostilité que le monde recèle pour nous, une famille aimante reste sûre : c'est le lieu où l'on est nourri et protégé. Les enfants ne doivent pas faire confiance à tout le monde mais seulement à quelqu'un qui ne les laissera jamais tomber – c'est ainsi que s'établit l'équilibre original entre amour et besoin. Une empreinte claire et forte reçue dans l'enfance peut vous marquer une vie entière. Même si ses parents sont les seuls à apprendre l'amour à un enfant, c'est comme si le monde entier aimait cet enfant et ce sentiment persistera en lui comme aspect de sa réalité. Quand vous avez la conviction inébranlable que vous êtes aimé, vos besoins sont moins dévorants et vous êtes capable de faire une place à quelqu'un d'autre dans votre espace intérieur.

La pire empreinte que vous puissiez avoir gardée de l'enfance est que vos modèles d'amour soient aussi ceux qui vous ont trahi. Cela peut arriver dans des cas de mauvais traitements – physiques, sexuels ou émotionnels. Ce souvenir de mauvais traitements passés quels qu'ils soient vous conduira à considérer inconsciemment tout partenaire amoureux comme un ennemi. Les soins et les attentions les plus aimants seront associés à une menace de violence. La tendresse et les mots doux annonceront des moments pénibles.

L'ironie du sort veut que précisément ces enfants qui grandissent avec un immense besoin d'amour, à cause de leur sentiment d'insécurité, ressentent un besoin de défense démesuré et sont aussi ceux qui fuient le plus vite les possibilités de relations affectives. De tels êtres ne sont pas certains au fond d'eux-mêmes de pouvoir ressentir de l'amour, malgré leur violent désir d'amour. Même l'histoire d'amour la plus enivrante ne sera pas capable de triompher d'une histoire personnelle qui a donné beaucoup plus d'importance aux besoins de l'ego qu'à ceux de la relation affective.

Parvenir au véritable amour est un processus lent dans lequel la première des exigences consiste à prendre conscience des moments où vous n'êtes pas authentique. La séduction amoureuse fournit l'occasion de forger cette conscience, car c'est le moment où un couple élabore sa propre définition de ce qu'être amoureux signifie. Beaucoup de comportements et de sentiments nous paraissent aimants alors qu'ils ne le sont pas. Ces formes de faux amour peuvent être des attitudes, des croyances, des espoirs, ou des conditionnements hérités du passé. Nous avons tous tendance à accepter les versions de « l'amour » auxquelles nous sommes habitués, sans jamais prendre le temps d'examiner leur pertinence. Beaucoup de comportements qui ne sont pas aimants nous échappent à cause de ce manque de lucidité.

En français, aucune phrase ne recèle autant de significations cachées que « je t'aime ». Très souvent nous disons ces mots en ajoutant silencieusement des restrictions. Ce que nous sommes réellement en train de dire peut être :

> *Je t'aime tant que tu restes comme tu es aujourd'hui.*
> *Je t'aime si tu m'aimes.*
> *Je t'aime si tu ne m'effraies pas trop.*
> *Je t'aime tant que tu fais ce que je te dis.*

Bien que toutes ces phrases soient porteuses d'espoir, elles ne parlent pas vraiment d'amour. La phrase « je t'aime » n'est, souvent, pas une déclaration simple, elle comporte des conditions inexprimées : je t'aime si... Les gens qui font des promesses conditionnelles n'ont pas « tort » à proprement parler, ils font généralement de leur mieux. Il est évident que quelqu'un autrefois leur a dit « je t'aime », alors que ce qu'il voulait réellement dire était : « je t'aime si... » À un degré plus ou moins élevé, nous fondons tous certains espoirs sur les gens que nous aimons. Mais ces espoirs, quelque raisonnables qu'ils puissent nous paraître, introduisent un élément de fausseté qu'exclut le véritable amour.

Le faux amour peut aussi prendre la forme d'un manque de réalisme. Quelqu'un qui attend d'être emporté par un mystérieux étranger et délivré de tous les problèmes se complaît dans un rêve éveillé.

Cet irréalisme peut revêtir de nombreux masques, parmi lesquels le fantasme et la projection sont les plus fréquents. Le fantasme crée une fausse image avec laquelle l'amour est censé rivaliser. Nous fantasmons sur un partenaire idéal et tous ceux qui ne correspondent pas exactement à cette image ne nous semblent pas dignes de notre amour. On est trop vieux ou trop jeune, trop grand ou trop petit, trop bête, trop pauvre, pas assez carriériste – bref, en dessous des exigences du jury – et c'est ainsi que les autres nous apparaissent comme indignes d'être aimés. La racine de cet irréalisme réside manifestement dans celui qui observe et non dans celui qui est observé. Le fantasme qui représente soi-disant notre idéal n'est qu'une paire d'œillères dont nous nous affublons.

La projection déforme notre perception d'une autre manière : elle transfère nos croyances sur d'autres êtres. Quelqu'un qui croit que personne ne l'aimera jamais projette son propre refus de lui-même sur les autres. La croyance profonde « Je ne suis pas aimable » est si douloureuse que nous ne sommes pas capables de l'affronter, et une façon d'atténuer cette douleur consiste à cesser de l'assumer comme nôtre. Et de décider que ce sont les autres qui sont fautifs. *Ils* nous ont laissés tomber, *ils* ne pensent pas que nous sommes assez bons, *ils* n'ont aucun désir de nous aimer. En réalité, ce *ils* n'est qu'une projection.

Le faux amour peut prendre plus de formes que le fantasme actif ou la projection. On peut le définir simplement comme quelque chose qui manque dans l'expérience de quelqu'un. Si le comportement de vos parents n'était pas aimant, vous n'auriez pas d'images positives à puiser dans votre cœur. L'impression la plus cruelle qu'on puisse produire sur un enfant est l'indifférence – et c'est peut-être la plus courante. En ignorant le besoin d'amour d'un enfant, on insinue en lui l'idée que ce besoin n'est pas essentiel. En grandissant, cet enfant aura toutes les peines du monde à exprimer un véritable amour. Au lieu d'un chaleureux afflux de sentiments, il ou elle éprouvera une émotion plus froide, plus retenue, qui vacillera et s'éteindra facilement. On met longtemps à se remettre des séquelles de l'indifférence.

Toutes ces variantes du faux amour sont très banales. Nous montrons un faux amour quand nous mimons un degré d'amour que nous ne ressentons pas vraiment, quand nous n'arrivons pas à faire confiance ou à être honnête, quand nous repoussons les épanchements émotionnels de quelqu'un. Comme une hydre ou un serpent à mille têtes, le faux amour à trop de têtes pour qu'on puisse les nommer toutes. Pour l'abattre, nous devons découvrir ce qu'est le vrai amour. Seul le réel peut venir à bout de l'irréel. Reconnaître un fantasme ou une projection introduit une distance entre vous et eux. Et une fois que vous avez instauré cette distance, vous pouvez commencer à combattre le pouvoir du faux.

Si dans le passé vous n'avez pas expérimenté la pureté de l'amour et compris son innocence, les fondations d'une relation affective restent à établir. Longfellow a énoncé une vérité profonde quand il a dit : « L'amour se donne de lui-même, on ne peut pas l'acheter. » Si un homme ou une femme sent qu'il y a un prix à payer pour être aimé, tout son rapport à l'amour est altéré. L'amour se réduit à une transaction entre gagnants et perdants dans un jeu où les besoins rivalisent à qui mieux mieux…

Notre société aggrave le problème en affirmant que l'égoïsme est justifié, car il est le refuge le plus commode contre la peur et le doute. Quel bien des valeurs « supérieures » m'apportent-elles, à moi qui ai déjà eu assez de mal à m'en sortir comme ça ? Un cynique pourrait dire : « Quand les gens tombent amoureux, ils se réfugient dans leur imagination pour fuir la réalité. Mais il existe une force beaucoup plus puissante que l'amour : le désir. Le désir se ramène à la poursuite du sexe, de l'argent, du pouvoir, de la sécurité et du confort. Voilà ce que les gens *veulent vraiment*. »

En apparence, le cynique a absolument raison. La vie ne ment pas. Cela signifie que même si nous sommes tous capables d'embrasser l'amour, l'égoïsme revendique impérieusement ses droits. La phase de la séduction amoureuse vise trop souvent à poser les bases de l'égoïsme mutuel. L'homme et la femme évitent l'aveu douloureux de leurs peurs les plus profondes et de leur insécurité. Au lieu de poursuivre le travail délicat consistant à tisser les fils de l'amour en une trame assez solide pour résister au temps, chacun se focalise sur ce que la relation amoureuse apportera à « moi ».

> La phase de la séduction active réussit dans la mesure où l'homme et la femme parviennent à abattre leurs défenses. Elle échoue s'ils parviennent à construire de nouvelles défenses ensemble.

Combien de couples se forment en créant un « nous » qui n'est qu'une version plus forte et plus dure du moi individuel ? Nous ne pouvons être surpris quand cela se produit. Si la survie est cruciale dans un monde dangereux, deux personnes y parviennent mieux qu'une seule. Un couple peut, tout comme un individu isolé, se donner comme but le pouvoir et l'argent, ou au minimum la sécurité et le confort. L'amour est laissé de côté parce qu'il n'apporte pas de récompenses matérielles. L'argent et le pouvoir exigent de la dureté, la volonté de lutter pour ce que vous voulez. Si vous poursuivez ces buts, il vaut mieux avoir un instinct de tueur qu'un cœur aimant. La sécurité et le confort supposent aussi qu'on cherche le meilleur partenaire possible. Et dans ce cas il vaut mieux être deux. Hormis cette addition, rien ne change.

Il est indéniable que les besoins mutuels des ego ont une place dans toutes les relations. Le véritable problème survient quand ils empêchent la croissance spirituelle de l'amour. Longtemps avant de tomber amoureux, nous en savons plus qu'assez sur nos besoins. Acquérir un allié pour les satisfaire ne revient pas au même que de s'en libérer. Seul l'amour peut nous libérer parce que sa vérité constitue un antidote à la peur. L'affirmation cynique selon laquelle ce que veulent réellement les gens se nomme argent, pouvoir et sécurité se détruit d'elle-même quand on y regarde de plus près. L'euphorie amoureuse est une évasion hors de l'ego, de sa peur et de son égoïsme. Cette évasion est ce que nous voulons réellement. Quelles que soient les gratifications qu'il apporte, il est deux choses que l'ego ne peut accomplir : il ne peut pas abolir la peur puisqu'il est fondé sur elle, et il ne peut pas créer l'amour, puisque par définition, il le refuse.

La raison pour laquelle l'ego et l'amour sont incompatibles se ramène à cette pensée : vous ne pouvez mener votre ego dans l'inconnu, là où l'amour veut être le guide. Si vous suivez l'amour, votre vie deviendra aléatoire et l'ego ne supporte pas l'incertitude. Vous devrez vous abandonner à une autre personne, or l'ego place sa volonté au-dessus de toute autre volonté. L'amour rendra vos sentiments ambigus et l'ego veut une opposition tranchée entre bien et mal.

Le voyage de l'amour serait terrifiant si la passion n'était pas là pour nous donner du courage, « le courage aveugle des amants », comme l'on dit. Il serait plus juste de l'appeler la sagesse aveugle des amants, parce que c'est la certitude de l'ego qui est une illusion. L'incertitude est la base même de la vie.

Pratique amoureuse
« Éplucher » les différentes significations du mot amour

Que voulez-vous signifier en disant : « Je t'aime » ? Une des informations les plus valables que vous puissiez apprendre sur vous-même réside dans la réponse à cette question. Le message que vous exprimez est complexe parce que c'est *vous* qu'il contient. Tout ce que vous avez depuis toujours associé à l'amour, vos impressions d'enfance, vos attentes et vos croyances inexprimées, tout ce vécu est présent dans les mots que vous utilisez. « Je t'aime » peut donc signifier :

« Je t'aime comme mon père aimait ma mère avant qu'ils divorcent. »

« Je t'aime tant que tu ne t'approches pas trop près. »

« Je t'aime plus que Roméo aimait Juliette, mais s'il te plaît, ne me demande pas de mourir. »

Plus les mots deviennent émotionnels, plus ils nous touchent intimement. Comme « je t'aime » est la phrase enfermant le plus fort contenu émotionnel de notre langue, elle recèle toute une palette de sentiments dont il se peut que vous ne preniez jamais conscience, surtout ceux qui sont douloureux. Les significations que nous omettons dans le langage de tous les jours peuvent être libérées par la technique de l'association qui est à la base de cet exercice.

Première partie

Asseyez-vous, prenez un stylo et une feuille de papier et notez vos réponses à cette question :

Quel est le premier nom qui vous vient à l'esprit quand vous pensez à chacun des mots suivants?

Saint
Passionné
Gentil
Aventureux
Beau
Courageux
Tendre
Loyal
Séduisant
Désintéressé
Fort
Drôle
Génial
Innocent
Admirable
Talentueux
Généreux
Adorable.

Naturellement, il n'existe pas deux personnes qui fournissent la même liste de réponses, mais on peut établir des profils à partir des catégories de réponses fournies.

Sur les dix-huit choix possibles,

• Si vous avez donné plus de huit noms empruntés à la fiction, l'imagination joue un rôle très actif dans votre définition de l'amour. C'est aussi vrai si l'on trouve beaucoup de vedettes de la télévision et du cinéma dans vos réponses. Vous voyez probablement l'amant(e) « parfait(e) » comme inaccessible mais intensément désirable. Vous placez la beauté extérieure au-dessus des qualités intimes de l'être. Vous ne vous trouvez probablement ni beau ni fascinant ni très digne de l'attention des êtres que vous admirez.

• Si plus de huit noms sont ceux de gens que vous n'avez jamais rencontrés, votre conception de l'amour est fortement teintée d'idéalisme. Vous avez peut-être besoin de vénérer des héros pour vous sentir fort. Vous voyez inconsciemment un amant comme un sauveur, quelqu'un qui pourra subvenir à vos besoins, une mine d'énergie, une figure paternelle ou d'autorité.

• Si plus de cinq de vos réponses concernent votre père ou votre mère, vous n'avez pas réussi à élaborer un rapport très autonome à l'amour et restez dépendant de vos modèles enfantins.

• Si plus de cinq de vos réponses sont « moi », vous ne répondez pas honnêtement au test, ce qui traduit la peur ou l'insécurité que le fait d'être aimé vous inspire.

• Si votre conjoint(e) n'apparaît pas dans vos réponses au moins trois fois, vous n'avez pas encore affronté vos doutes sur votre relation avec elle (lui). Il est temps pour vous deux d'essayer de mieux communiquer.

Deuxième partie

Les associations sont remarquablement parlantes. Dans une expérience classique menée au cours des années vingt, un réalisateur russe nommé Lev Kuleshov projeta un film constitué de quelques plans simples, un bol de soupe, un cercueil et un bébé jouant avec un ours en peluche, et après chaque plan, le regard vide d'un homme qui regarde vers la caméra. Quand ce film fut projeté, les gens lurent toutes sortes d'émotions sur le visage de cet homme. Après le bol de soupe ils lurent la faim sur son visage, après le cercueil, son angoisse devant la mort, et après le bébé, l'amour. Ces interprétations montrent bien à quel point l'association peut être puissante.

La façon dont votre esprit relie les choses entre elles en les associant est souvent tout aussi perturbante. C'est un fait que nous voyons rarement les gens pour ce qu'ils sont. Nous les voyons par association avec des êtres issus de notre passé. Par exemple, nous gardons présente à l'esprit l'image de nos parents et la confrontons à toutes les personnes que nous rencontrons. Une ressemblance trop étroite provoque des associations, bonnes et mauvaises, qui n'ont rien à voir avec ces êtres nouveaux, mais reflètent nos processus mentaux.

J'ai mentionné plus haut que le faux amour opère par projection en déplaçant vos propres sentiments sur quelqu'un d'autre. Dans l'expérimentation de Kuleshov, si un spectateur du film avait dit que l'homme sur l'écran détestait le bébé, la projection aurait été patente. Mais il existe aussi une autre espèce de projection, fondée sur vos propres désirs. Vous pourriez juger quelqu'un digne de confiance, par exemple, parce que vous avez besoin de le voir comme cela (ce qui traduit votre hantise de la trahison, récurrente depuis l'enfance) et peu importe combien de fois cette personne montre qu'on ne doit pas lui faire confiance, vous continuerez à projeter votre besoin sur elle.

Si vous avez tendance à beaucoup projeter, vous avez tendance à vous comporter ainsi :

Vous finissez les phrases des autres à leur place.

Vous vous défendez avant même d'avoir été accusé.

Vous utilisez des formules verbales comme « Il est exactement le genre de personne qui… » et « Je suis sûr qu'elle va faire… ».

Vous demandez l'opinion de quelqu'un et vous vous mettez en colère s'il n'est pas d'accord avec vous.

Vous vous sentez souvent incompris.

Vous lisez une menace sur les visages des représentants de l'autorité – comme les policiers – ou vous avez l'impression que votre patron éprouve une antipathie secrète pour vous, même s'il ou elle ne vous l'a jamais montrée.

Vous croyez que quand votre épouse regarde un autre homme elle éprouve un attrait sexuel pour lui.

Vous ressentez de violents sentiments de sympathie ou d'antipathie pour des gens que vous connaissez à peine.

Il est crucial de parvenir à vous libérer de cette tendance à la projection si vous voulez être capable de distinguer le véritable amour du faux, soit en tant que celui qui donne cet amour, soit en tant que celui qui le reçoit.

La projection cache toujours un sentiment que vous ne voulez pas regarder en face.

Vous êtes sûr d'avoir repéré un défaut chez autrui. Examinez-le attentivement, vous découvrirez le même enfoui au fond de vous. Plus vous nierez cette caractéristique, plus fortement vous aurez tendance à la projeter. Ainsi s'il vous arrive fréquemment de vous défendre avant même d'avoir été accusé, c'est que vous vous sentez coupable. Cette culpabilité, il est nécessaire que vous l'affrontiez afin de cesser cette projection. Si vous avez l'impression que l'homme ou la femme que vous aimez regarde sans cesse les autres parce qu'il est attiré sexuellement par eux, c'est votre propre penchant que vous trahissez. Si vous pensez que votre patron vous hait secrètement, cherchez en vous-même la fureur latente contre l'autorité. L'exercice suivant constitue une bonne étape vers une auto-évaluation honnête.

Faites une liste de deux personnes pour lesquelles vous éprouvez une aversion intense ou avec lesquelles vous avez eu un désaccord profond, voire des conflits violents. Notez pour chacune quatre qualificatifs que vous trouvez très dépréciatifs. Voilà à quoi pourrait ressembler une telle liste :

Beau-père : arrogant, cupide, mesquin, têtu comme une mule.

Patron : injuste, capricieux, ne rend pas justice à mon travail, inefficace.

Maintenant, regardez la liste et pour chaque caractéristique, dites : « J'ai agi comme ça quand j'ai... » Finissez la phrase avec un exemple de votre propre comportement. Quand vous êtes-vous montré arrogant ? Cupide ? Il ne s'agit pas de se complaire dans l'autocritique mais d'identifier comme vôtres des sentiments qui ont besoin d'être corrigés au lieu de les attribuer à d'autres.

Si vous avez été honnête avec votre liste, vous trouverez très difficile de finir certaines phrases. L'injustice de votre patron quand il vous a refusé une promotion, par exemple, est peut-être une blessure trop récente. Mais en persévérant, vous découvrirez que ce que vous détestez le plus chez les autres est aussi ce que vous niez le plus vigoureusement chez vous. C'est une vérité spirituelle que nous essayons d'esquiver en projetant, en critiquant, et en nous trouvant des excuses à nous-mêmes. Quand vous serez capable de vous reconnaître dans ce que vous haïssez, vous commencerez à comprendre que vous contenez tout, comme il sied à un enfant de l'esprit.

Dans la vie
Cendrillon à vendre

Dès le premier jour où Dana vint travailler pour Stephen, le courant passa entre eux. Il avait quinze ans de plus qu'elle et avait brillamment réussi comme chirurgien esthétique. Stephen n'aimait pas les rapports protocolaires. Il demanda à Dana de ne pas l'appeler « docteur », sauf en présence d'un patient et quand il lui posa des questions sur ses études, il lui montra un intérêt flatteur. Dana avait repris des études vers vingt-cinq ans, c'était son premier emploi depuis qu'elle avait obtenu son diplôme, et le fait que Stephen lui ait offert un salaire généreux accroissait encore son désir de travailler pour lui.

Au bout d'un mois, il l'invita à dîner. Dana était nerveuse, elle craignait d'avoir à affronter l'hostilité des autres femmes du bureau, mais Stephen se lança dans une cour effrénée. Après l'avoir emmenée dans un excellent restaurant français, il lui envoya des fleurs le lendemain matin. D'autres rendez-vous suivirent, et malgré les difficultés de Dana à envisager un rapport amoureux avec un partenaire plus âgé qu'elle, elle dût lui concéder que l'âge n'existe que dans notre tête. En sortant avec elle, Stephen avait l'impression de rajeunir, comme il aimait le répéter à Dana. Mais indépendamment du bien que ça lui faisait, Stephen fit en sorte que Dana se sente adulée.

Il lui envoya un bouquet de fleurs presque tous les jours et lui acheta des bijoux chers, que Dana fut d'abord embarrassée d'accepter, ce qu'elle fit quand même parce que son refus faisait trop de peine à Stephen. Le moment venu, ils firent l'amour. Stephen était un amant attentif, pourtant Dana avait l'impression qu'il était très sensible à toute critique et même à

133

toute suggestion concernant leurs rapports sexuels. Elle était donc plus passive avec lui qu'elle ne l'aurait été avec un autre homme – cela lui paraissait un sacrifice minime.

Stephen avait des enfants adultes d'un premier mariage qui remontait à l'époque de ses études de médecine. Aucun d'eux ne semblait pressé de rencontrer Dana qui avait environ dix ans de plus que le fils de Stephen, étudiant de première année à l'université. Le divorce de Stephen remontait à trois ans, mais Stephen avait peu à dire sur sa première femme, même quand on lui demandait des détails. Rien ne semblait exister pour lui à part Dana et elle ne pouvait s'empêcher de se sentir immensément flattée.

Ils s'étaient rencontrés en juin et au début de l'automne ils fixèrent la date de leur mariage à Noël. Après avoir acheté à Dana une énorme bague de fiançailles, Stephen la poussa à organiser un mariage somptueux. Ils projetèrent une splendide lune de miel à Paris – en fait, c'est Stephen qui eut cette idée et annonça la nouvelle à Dana. Elle fut un peu blessée de ne pas avoir été consultée, mais il lui était difficile d'émettre la moindre plainte étant donné la générosité débordante de Stephen.

La bulle n'éclata pas d'un seul coup. Le premier indice que quelque chose n'allait pas fut cette cassette vidéo que Stephen offrit à Dana, une cassette de gym destinée à l'aider à raffermir les muscles de ses fesses. Les femmes ont tendance à ramollir à cet endroit-là, lui dit-il, même quand elles ont une allure aussi sensationnelle que la sienne. Une semaine plus tard, il lui demanda sur un ton nonchalant si elle avait jamais envisagé de recourir à la chirurgie esthétique, pour de « petites corrections ». Dana ne put s'empêcher de lui montrer à quel point elle était choquée par cette question. Elle n'avait aucune intention de laisser Stephen la remodeler. Stephen battit en retraite mais il ne cacha pas son mécontentement. Le lendemain, au bureau de Stephen, en tournant le coin d'un couloir, Dana entendit une réceptionniste susurrer : « On dirait que Cendrillon va avoir droit à une petite liposuccion. » Dana fit semblant de ne pas avoir entendu, mais les soupçons avaient commencé à s'insinuer en elle. Leur première dispute éclata quand Dana entra dans son bureau et rapporta la remarque malveillante à Stephen qui devint furieux et menaça de renvoyer la réceptionniste sur-le-champ. « Je ne crois pas que ce soit le problème, répondit Dana. Je crains que tu ne veuilles de moi qu'à condition de pouvoir me transformer en quelque chose que je ne suis pas. » Elle ne connaissait que trop bien les défauts de son visage et de sa silhouette, mais quelle importance cela avait-il pour lui ? Stephen éluda la question et la traita avec froideur tout le reste de la journée. Quand arriva le vendredi, la nuit qu'ils passaient habituellement ensemble, il lui dit qu'il avait trop de travail, mais Dana eut la nette impression qu'il refusait de faire l'amour pour la punir.

La comparaison avec Cendrillon était juste, mais ce conte de fées-là ne devait pas connaître de fin heureuse. Une semaine avant leur mariage, Dana pressa accidentellement le mauvais bouton sur le téléphone du bureau et elle entendit Stephen parler à une autre femme. Le ton de sa voix et le sujet de la conversation ne lui laissèrent aucun doute sur l'intimité de leurs rapports. Terriblement blessée, Dana quitta le bureau et ne revint jamais. Elle refusa de répondre aux appels téléphoniques de Stephen qui d'ailleurs cessèrent rapidement. Il lui fit savoir qu'il l'aimait toujours, mais Dana pensa que ces protestations étaient surtout destinées à préserver l'image que Stephen avait de lui-même. Quand il se plaignit de la somme considérable qui allait être gaspillée s'ils annulaient la cérémonie, elle éclata en sanglots et raccrocha. Stephen ne rappela plus jamais.

À première vue, il aurait été difficile d'imaginer un rapport amoureux plus proche de l'idéal classique de la passion. Stephen, beaucoup plus que la plupart des hommes, avait les moyens et le désir de rendre sa passion captivante. Grâce à la façon dont il s'était dépensé pour elle, Dana s'était sentie quelqu'un de spécial et d'important. Mais aussi charmante qu'elle semblât, cette cour avait peu à voir avec l'amour et presque rien avec la confiance. Que s'était-il passé réellement ?

La notion clé, ici, est celle d'image. La préoccupation essentielle de Stephen était de conforter son image de magicien qui peut transformer une femme ordinaire en une déesse. Ce n'était pas seulement sa vocation professionnelle, mais dans ses relations personnelles aussi il devait s'affirmer comme une star – il aurait probablement essayé de « corriger » l'aspect des plus belles femmes du monde si on lui en avait donné l'occasion. Sa cour payante, des cadeaux aux relations sexuelles, était une performance. Dana avait eu tout à fait raison de s'abstenir de toute critique sur ses capacités d'amant, car il aurait très mal réagi. S'ils s'étaient mariés, il se serait rapidement désintéressé d'elle et n'aurait pas tardé à trouver des maîtresses. Il suffit de remarquer qu'il avait réussi à gommer complètement sa première femme de sa vie pour comprendre à quel point il avait besoin de nouvelles conquêtes pour fortifier son ego hypertrophié.

Pour Dana, la seule façon de réussir avec Stephen aurait été de se laisser acheter. Heureusement, son sens du moi n'était pas fondé sur une image mais sur ses sentiments. La phase magique de la séduction de Stephen ne lui avait jamais paru très réelle. Malgré son inexpérience, elle avait bien compris que Stephen ne s'intéressait pas à son moi intérieur et était encore moins désireux de s'ouvrir à elle.

D'une certaine façon, cette histoire décrit presque la parfaite séduction amoureuse ; il suffit d'inverser tous les éléments qui la composent. La première phase de l'amour se déploie comme une fleur où chacun des partenaires parvient de mieux en mieux à exposer à l'autre son monde intérieur. C'est une expérience partagée, où les décisions résultent d'un consentement mutuel, où les frontières sont reconnues et respectées. Aucun des deux partenaires n'essaye de pousser l'autre au-delà de ses limites, car il sait à quel point il est délicat de faire reculer ces limites, et que cela n'est possible que progressivement. L'essence de la séduction amoureuse est la communion, et cette relation en manquait totalement.

Si blessée qu'elle fût, Dana était aussi secrètement soulagée que le mariage avec Stephen n'ait pas été célébré. Sa transformation en Cendrillon n'avait pas comblé ses besoins intérieurs, ceux que l'on peut appeler spirituels. Spirituellement, nous avons tous besoin de pardon, d'amour et de compassion, mais avant qu'aucun de ces besoins puisse être assouvi, nous devons satisfaire le besoin spirituel le plus élémentaire : l'encouragement sur notre chemin. Vous ne pouvez pas attendre d'une autre personne qu'elle comprenne immédiatement vos expériences quand vous accédez à de nouvelles phases de votre spiritualité, d'autant que ces transformations sont souvent déroutantes, mais si un échange amoureux doit avoir lieu, vous devez construire une base pour le satsang. Cette base comporte trois facteurs : l'égalité, la sensibilité et la communication.

L'égalité

Être perçu comme quelqu'un d'aussi important que leur partenaire est un droit que beaucoup d'êtres s'interdisent de revendiquer. Parce que nous sommes tous inégaux en termes d'intelligence, de statut, d'argent, de compétences et de talents, ces facteurs peuvent devenir prépondérants dans une relation. Une femme peut sentir, comme Dana, que l'homme qui lui fait la cour a accumulé tant d'atouts dans la vie qu'elle devrait être reconnaissante de toute cette réussite. Le bonheur qu'elle pourrait attendre d'un tel mariage aurait cependant bien peu de consistance spirituelle.

En esprit, tout le monde est égal. Ce n'est pas seulement un concept abstrait. C'est la seule perception qui peut triompher de l'ego. Quand je me sens supérieur à vous, ce sentiment de supériorité s'enracine dans une image de moi. Une image de moi fondée sur l'argent, par exemple, me fera penser que je dois être apprécié pour tout ce que je vous donne, ce qui vous désavantage puisque votre propre droit d'être apprécié ne s'appuie pas sur une base comparable. Quand Stephen emmena Dana dans un restaurant cher, il se plaça lui-même sur un pied de supériorité, à ses yeux à lui. Il était donc a priori protégé contre toute critique qu'elle aurait pu lui adresser et se donnait le droit de lui dire : « Regarde ce que je t'offre. Comment pourrais-tu être malheureuse avec moi ? »

L'égalité ne saurait se baser sur des facteurs ou des images extérieures. Nous avons tous un droit égal d'être apprécié, respecté et compris. Certains hommes trouvent difficile d'appliquer cette notion aux émotions féminines. On ne leur a pas appris à estimer leurs propres sentiments, qu'ils n'expriment souvent qu'en dernier recours. Mais accepter une autre personne suppose d'accepter ses émotions. Rien n'est plus intime et plus profond. Si cette égalité n'existe pas, comment l'esprit peut-il vraiment grandir ? L'esprit n'est pas une émotion, mais il fournit une ouverture à notre moi intérieur. Vous devez sentir que votre partenaire veut vous comprendre, vous et vos sentiments, avant de pouvoir partager avec lui des expériences que vous comprenez à peine vous-même.

La sensibilité

Être capable de sentir ce qui se passe à l'intérieur d'une autre personne est une aptitude que nous devons développer comme n'importe quelle autre aptitude. Elle n'est pas aisée à acquérir. Vous devez vous sentir sûr de votre intuition et capable d'accepter la complexité d'autrui et ses émotions conflictuelles. La sensibilité exige que vous écartiez toute notion préconçue de ce que votre interlocuteur ressent, de ce que vous pensez qu'il devrait ressentir, et de ce que vous espérez qu'il ne ressent pas. Quand l'ego interfère, il chasse la sensibilité.

La sensibilité est facilement mise en échec : elle est en butte au préjugé répandu selon lequel d'une part les femmes sont trop sensibles, d'autre part la sensibilité chez un homme affaiblit sa virilité. Les hommes ont donc une excuse toute trouvée pour refuser d'entendre les autres en affirmant : « Je ne comprends pas pourquoi tu ressens les choses de cette façon », ou « Je n'ai pas la moindre idée de ce qui t'arrive. » Si votre mission dans la vie consiste à protéger votre image de vous-même, alors devenir réceptif aux sentiments d'autrui représente le contraire de cette mission. Pour être sensible, vous devrez abandonner votre prétention à avoir toujours raison, à tout maîtriser, à éprouver des besoins qui doivent prévaloir sur ceux des autres, etc.

Pour en revenir à l'histoire de Dana et Stephen, il était vital pour Stephen de ne pas se montrer sensible au moindre signe de malaise émis par la femme qu'il courtisait. Il ne connaissait qu'un mode de séduction amoureuse, le Prince Charmant captivant Cendrillon, et les princes charmants n'ont pas de défauts. S'il avait senti que Dana n'était pas satisfaite de sa générosité débordante, il aurait dû affronter le fait que tout ce qu'il faisait relevait d'une obsession de la performance. Une grande générosité met la plupart des gens extrêmement mal à l'aise. Le destinataire se sent presque étouffé et en décalage par rapport au donateur. Dana éprouvait tous ces sentiments, mais Stephen ne pouvait se permettre d'y être réceptif. Il n'avait pas d'autre façon de « l'aimer », et l'autoriser à dire comment elle voulait être aimée aurait été une façon de se dépouiller de son pouvoir, ce qui lui était intolérable.

Communication

Le mot communion est à la racine du mot communication, ce qui nous rappelle que communiquer avec une autre personne ne se limite pas à lui transmettre une information. Communiquer consiste à tirer un trait d'union entre vous et autrui. Les femmes ont en général une approche plus intuitive de la communication, pour des raisons positives et négatives. Pour l'aspect positif, on apprend généralement aux filles, dès l'enfance, à privilégier les liens affectifs et émotionnels alors que les garçons apprennent en général la compétition. Pour l'aspect négatif, les femmes, souvent, n'espèrent pas de pouvoir. Par conséquent elles peuvent « se permettre » de montrer leurs sentiments et leurs conflits intérieurs. Par contraste, si un homme de pouvoir communique trop ses peurs intérieures, son insécurité ou ses conflits, son droit au pouvoir risque d'être remis en question.

Ces attentes sociales ont une influence décisive sur nos relations affectives. Un homme peut sincèrement sentir qu'il n'a rien à dire sur ses sentiments, et inversement que les femmes n'ont pas un discours raisonnable sur les problèmes de la vie. Une femme peut se sentir « stupide » quand ce qu'elle a à dire est essentiellement émotionnel et elle peut, à l'inverse, sentir que l'absence de communication émotionnelle de la part des hommes signifie qu'ils sont plus forts.

Quand deux personnes sont mariées, elles connaissent toutes deux les limites de ce qu'elles peuvent attendre de l'autre en termes d'égalité, de sensibilité et de communication. En vous référant à ces valeurs dans la phase de séduction amoureuse, vous découvrirez dans quoi vous vous embarquez avant qu'il ne soit trop tard.

Si la relation que vous vivez est ancienne, remémorez-vous la période de la séduction amoureuse. Demandez-vous ce que vous attendiez de votre partenaire à l'époque et comparez-le avec ce que vous avez obtenu. Inévitablement vous découvrirez que vous et votre partenaire pouvez travailler à améliorer l'égalité, que la sensibilité peut toujours être approfondie et que la communication peut progresser tous les jours. Garder un rapport vivant à ces trois facteurs est la base du bien-être spirituel du couple, que vous veniez de sortir de la phase amoureuse ou que vous soyez ensemble depuis des années.

Intimité : l'innocence du désir

La question qui hante les rapports sexuels est celle du désir. Le désir est une force dynamique, derrière l'amour, mais elle ne se confond pas avec lui et de la divergence des deux naissent beaucoup de conflits. L'ancien mot sanskrit pour désir est *Kama*, rendu célèbre par le recueil de textes érotiques intitulé *Kama Sutra*, « Le traité du désir ». Mais le terme *Kama* a une signification beaucoup plus vaste, il s'applique aux désirs ou aux souhaits de toutes sortes.

Une formule que j'ai apprise dans mon enfance en Inde, héritée des textes sacrés anciens, explique qu'on rencontre la perfection quand on a atteint quatre « buts » dans la vie : *artha*, *kama*, *dharma* et *moksha*. *Artha* signifie la richesse, *kama* la satisfaction des désirs individuels, *dharma* représente les moyens d'existence ou le travail et *moksha* la libération de l'âme.

Le chemin vers l'amour permet d'atteindre les quatre buts de la vie et c'est là que surgissent les problèmes, car pour beaucoup de gens, accepter la légitimité du désir ne va pas toujours de soi. Le désir reste souvent perçu comme un comportement égoïste et « bas ». Le moment de la vie où la plupart d'entre nous se sentent libres d'exprimer le kama est la passion amoureuse. Le désir érotique qui fait partie de l'amour-passion inspire à tout amant le désir de s'unir intimement avec l'être aimé. Tel est l'accomplissement naturel de l'attraction entre deux êtres.

Le grand poète bengali Rabindranath Tagore a écrit des poèmes érotiques raffinés durant son adolescence. Voici ce que dit l'un d'eux :

> *Quittant leurs maisons, deux amours ont fait*
> *Un pèlerinage à la confluence des lèvres.*
> *Dans la loi de l'amour, deux vagues ont enflé, se*
> *sont brisées et se sont mêlées sur deux lèvres.*

Ce poème pourrait sembler chaste : il compare deux amants à des dévots religieux qui partent en voyage, comme les pèlerins indiens sont enclins à le faire vers le confluent sacré de deux fleuves sacrés. Si vous compreniez la langue originale de Tagore, le bengali, vous sauriez que le mot qui désigne le confluent veut aussi dire faire l'amour. Maintenant le poème semble presque sacrilège, alors qu'en fait il mêle sans honte la chair et l'esprit. En Occident nous pourrions dire que le sacré s'y mêle au profane, si ce n'est que pour Tagore, et pour quiconque est jamais tombé profondément amoureux, le profane *est* sacré.

Les réflexions sur la phase du rapport sexuel concernent l'union de la chair et de l'esprit :

> *La satisfaction du désir est naturelle et n'a rien de honteux.*

L'extase est un état de l'âme qui s'accomplit à travers le corps.
L'union consiste en ce que deux personnes s'ouvrent au même être.

Voici une approche du désir qui rejette toute culpabilité et toute inhibition. Dans les cultures traditionnelles, cependant, la consommation sexuelle n'était pas permise immédiatement après que deux personnes étaient tombées passionnément amoureuses, à cause de la conviction selon laquelle la satisfaction du désir devait être repoussée à plus tard. Les raisons d'imposer une période d'abstinence ne manquaient pas. L'une d'elles était la croyance selon laquelle l'amour et le désir ne sont pas compatibles. Soit le désir est celui de la chair et il est donc coupable, soit il est la récompense que la femme ne doit donner que le jour où l'union est signée et scellée par le mariage.

Aujourd'hui, dans la société moderne, la consommation du désir est précoce, elle relève entièrement de la volonté du couple. La période de « cour » n'est plus régie par des conventions strictes comme autrefois. Elle peut être aussi longue ou courte que les deux partenaires concernés le souhaitent. Cependant cela ne signifie pas que la question du désir soit pour autant résolue. Selon la vision traditionnelle, la virginité féminine représente une récompense sacrée. Cette vision, qui persiste ne serait-ce que dans certaines réactions passionnelles, recèle une contradiction : on ne peut pas prétendre que le désir est coupable et en même temps se représenter la satisfaction des besoins sexuels comme une récompense. Pourquoi l'amour accepterait-il le péché comme une récompense ?

La religion traditionnelle nous a caché le fait que la chair et l'esprit sont deux pôles interdépendants. La passion amoureuse est indéniablement sexuelle.

Pourtant elle contient la possibilité de grandes expériences spirituelles. La beauté de la sensualité a sa propre signification spirituelle sans nul besoin de recourir à des valeurs plus « hautes ».

La sexualité vous autorise à concilier les besoins de l'ego avec la liberté du Moi.

Le mot kama est utilisé pour décrire non seulement un désir sexuel mais le désir de s'unir à Dieu. Par conséquent il s'agit du même kama qui vous fait désirer l'union avec votre Moi. Si vous pouviez écouter la voix de l'esprit à tout instant, vous entendriez votre nature divine : elle se languit de vous comme vous vous languissez d'elle.

Une nouvelle intimité : l'intimité avec le Moi

Ce qui élève la passion amoureuse au-dessus des plaisirs inférieurs, c'est qu'elle émeut notre nature érotique profonde. Voilà une nouvelle cause d'anxiété pour les hommes et les femmes d'aujourd'hui qui sont obsédés par le sexe sans vouloir vraiment perdre le contrôle, sans être capables de s'abandonner à la vraie passion.

Pour être authentique, la passion doit comporter une part d'abandon.

Mais d'abandon à quoi ? À l'ensemble de tous les aspects de votre être qui ont besoin de s'épancher au moment où vous faites l'amour. La sensualité physique, l'extase spirituelle, l'épanouissement érotique, quand tous ces facteurs convergent, l'acte sexuel devient sacré et ce qui est sacré contient le plaisir le plus profond. Il y a quelques milliers d'années, le seigneur Shiva murmurait à son épouse : « Quand tu es caressée, douce princesse, entre dans la caresse comme dans la vie éternelle. »

Cette phrase définit encore aujourd'hui l'idéal de l'intimité sexuelle.

Parce que l'intimité est, de nos jours, si totalement assimilée à l'acte sexuel, on confond l'épanouissement avec la performance. On a longtemps supposé que les hommes étaient très anxieux sur leurs capacités d'amants, mais maintenant que les femmes frigides sont devenues plus franches et ouvertes sur leurs difficultés, on se rend compte que cette difficulté est complètement partagée.

Le rapport sexuel implique habituellement le fait d'avoir un orgasme. Mais quelle que soit l'excitation qui l'accompagne, l'orgasme est une sensation centrée sur l'ego, alors que dans la vraie intimité l'expression de chaque moi est vécue comme un partage. Pour qu'un homme puisse trouver l'intimité avec une femme, tous deux doivent être capables de se laisser aller à cet état spécial qui accompagne l'orgasme, même s'ils ne peuvent partager littéralement les mêmes sensations. L'orgasme n'est pas une sensation uniforme. Pour certains êtres il constitue une détente, pour d'autres une ouverture, pour d'autres encore une contraction. En tout cas, le bouleversement de l'orgasme ne relève pas seulement du plaisir, il est aussi vécu comme une transformation profonde. Les maîtres spirituels nous disent que l'état d'illumination qui est totalement libre, extatique, illimité se rapproche beaucoup de l'orgasme. Ou du moins que c'est une de ses possibilités.

Bien qu'il y ait des inconvénients à devenir trop rapidement intimes, notre approche actuelle de la sexualité a l'avantage d'évincer les tabous usés. Les couples d'aujourd'hui, plus qu'à aucune autre époque de l'histoire, expérimentent la sexualité franchement et ouvertement avant de s'engager plus loin dans leurs relations. Le désir ne joue plus un rôle aussi important bien que son potentiel spirituel reste intact.

Deux personnes peuvent devenir physiquement intimes sans nécessairement s'unir. L'union physique n'exclut pas la séparation, parce que l'ego de chacun des deux partenaires peut continuer à jouer le rôle principal. L'extase partagée est un idéal auquel on n'arrive pas en s'exerçant à une technique qui assimilerait l'orgasme à la félicité absolue. Avoir des relations sexuelles avec une autre personne n'est en fait qu'une façon de s'entendre avec elle. Cette entente peut être sérieuse ou anecdotique. Elle peut témoigner d'un engagement profond ou ne représenter qu'une liaison passagère.

Il est très sain de comprendre l'intimité sexuelle comme une entente, sinon les arrière-pensées brouillent le sens de l'acte sexuel. La rêverie n'est jamais plus puissante – ou plus égarante – que quand elle revêt la forme d'un fantasme sexuel. Pour une femme, le sous-entendu se résume souvent au raccourci : Faire l'amour = Aimer. L'arrière-pensée de l'homme tendra plutôt à assimiler le sexe au pouvoir. C'était particulièrement vrai à l'époque où l'homme était le poursuivant, où il offrait son amour avec ardeur, que la femme acceptait ou refusait. La preuve suprême de l'acceptation consistait pour elle à « s'abandonner » à l'acte sexuel. Par ce geste elle acceptait en même temps l'amour. On retrouve encore cette perception de l'amour dans les fantasmes de beaucoup de femmes.

Pour sa part, l'homme savait que l'abandon sexuel signifiait que sa quête était couronnée de succès. Le chasseur se rendait maître de sa proie au moment où il la prenait dans ses bras. Autrefois, il semblait tout naturel pour les deux sexes d'utiliser l'image agressive de la chasse pour symboliser la recherche d'intimité physique, mais rétrospectivement nous découvrons une bonne dose de peur et d'insécurité dans cette analogie. Pourquoi l'acte d'amour devrait-il le moins du monde être assimilé à une agression ?

Ces symboles et ces images appartenaient à un code social et ils s'imposaient aux hommes et aux femmes : il ne leur était pas possible de se soustraire à ce code. Aujourd'hui, c'est le contraire qui est vrai. Si un homme se sent une mentalité de chasseur, de conquérant, s'il est un adepte des poursuites ardentes, c'est son propre choix. Si une femme se voit elle-même comme une proie, une récompense ou un objet d'amour inaccessible, c'est sa décision. Plus personne n'est soumis à aucun code aujourd'hui et en faisant de l'acceptation mutuelle le préalable du rapport sexuel, les deux parties peuvent approcher la sexualité ouvertement comme quelque chose qu'elles choisissent d'un commun accord. Faire l'amour avec quelqu'un n'implique pas que vous adhériez à son système de croyances ou que vous comblerez ses espoirs.

Mais il y a un prix à payer. À bien des égards, la liberté sexuelle est effrayante à cause de la perte des limites. Le vieux code social liait l'amour et la sexualité. Pour une femme il allait de soi qu'un homme qui la désirait l'aimait. Un homme croyait tout aussi naturellement que les relations sexuelles renforçaient l'amour de la femme qu'il aimait. Maintenant que l'acte sexuel est une affaire d'entente, il peut devenir aussi une cause de mésentente. L'amour et le désir sont essentiellement séparés, et constituent un problème ouvert à la discussion.

Il est surprenant de voir le nombre de gens qui abordent la phase du rapport sexuel sans la moindre idée de ce que cela représente pour eux. Il est très fréquent que les hommes et les femmes apportent leurs espoirs au lit. Parce que ces espoirs sont fondés sur des images du passé, ils ruinent la possibilité d'un abandon passionné, rendant les relations sexuelles de moins en moins spontanées.

Privé de sa spontanéité, le sexe devient à la fois faux et hideux. La sexualité est l'aspect le plus spontané de notre vie. C'est le moment où nous ne mettons pas en jeu nos compétences, notre intelligence et les rôles que nous jouons dans la vie quotidienne. Aucun de nous n'échappe tout à fait à ce jeu de rôles. Nous jouons tous des personnages en tant que travailleurs, membres d'une famille, citoyens, etc. Ces rôles inhibent indéniablement certains aspects profonds de notre personnalité et les empêchent de s'exprimer. Vous ne pouvez pas extérioriser tous vos mouvements de colère et encore moins vous dérober à vos obligations sur un coup de tête. Vous ne pouvez pas décider d'arrêter d'entretenir votre famille sur un caprice, car le tissu social lui-même dépend de la capacité de chacun à assumer sa part de responsabilité.

La morale du devoir ne cesse de réfréner le désir au point que la plupart des gens en sont arrivés à croire que supprimer leurs désirs, ou du moins les contrôler en permanence, est sain. Mais la suppression ne peut en aucun cas être saine, elle n'est qu'un expédient. La société exige que nous imposions des limites à l'expression du désir, ce qui rend d'autant plus nécessaire la sauvegarde d'une sphère de vie qui demeure complètement libre et non inhibée. Qu'est-ce qui libère et désinhibe les relations sexuelles, les rend aimantes ou simplement agréables ?

LIBERTÉ ET INTIMITÉ

Beaucoup de gens se refusent des rapports sexuels libres et aimants même s'ils n'en ont pas conscience, parce qu'ils abordent la sexualité en termes de résultats. Ils supposent que n'importe quel orgasme est bon et qu'un bon orgasme vaut encore mieux. Non seulement nous « évaluons » la « réussite » du rapport sexuel, mais nous considérons le plaisir physique comme son but principal. Le plaisir est une chose naturelle mais aussi incertaine. Pour certains, le plaisir sexuel est la promesse d'une détente de l'anxiété et du stress. Pour eux la « réussite » est en fait négative, elle se réduit à un soulagement de la tension.

l'acte sexuel peuvent se mêler d'autres ingrédients qui sont loin d'exprimer de l'amour. Quelqu'un qui est plein de colère refoulée fera habituellement l'amour d'une manière excessivement agressive ou compétitive. Une personne craintive trouvera souvent difficile de s'autoriser une détente complète et de s'absorber dans ses sensations corporelles. Sa retenue sera une façon passive d'extérioriser sa peur et en même temps de rater toute rencontre avec l'amour.

Même si les rapports sexuels sont censés être désinhibés et libres, il y a toujours des degrés dans cette liberté. Nous croyons rarement mériter un plaisir sans limites. Comment, alors, pourrions-nous donner ou recevoir de l'amour sans limites ?

Plutôt que d'examiner les résultats de l'acte sexuel, nous devons examiner ses commencements. L'intimité sexuelle ne commence pas par une approche physique mais par une série de croyances. Parmi les croyances primitives qui chassent le plaisir on trouve les suivantes :

> La sexualité est trop puissante et doit être contrôlée.
> La sexualité est une forme de péché, elle est coupable et honteuse.
> Demander à quelqu'un de vous donner du plaisir est avide et égoïste.
> S'abandonner au plaisir revient à abandonner son pouvoir.

Leur point commun est qu'elles fournissent une raison de supprimer le désir.

> Quand la sexualité est privée de sa dimension spirituelle, c'est un aspect du désir luimême qui est supprimé.

La dimension spirituelle de la sexualité réside dans la joie, l'extase, la communication entre deux personnes. Ces sentiments n'exigent aucun effort, ils s'expriment spontanément quand le rapport sexuel lui-même est spontané. Pourtant beaucoup de doctrines spirituelles et religieuses se sont prononcées ouvertement contre le sexe. Tant que le credo : « Il vaut mieux se marier que de brûler intérieurement » était à l'ordre du jour, c'est à la chasteté et non à la sexualité qu'était attribuée la valeur spirituelle la plus grande. Quand les maîtres spirituels ont considéré la chasteté comme une vertu – comme c'était le cas dans les traditions orientales et occidentales, l'intention n'était pas de faire du plaisir une faute, mais de promouvoir une vertu plus haute qui menait nécessairement à un plaisir plus grand. On trouve l'expression de cette vérité dans les paroles de Krishnamurti : « Essayer de supprimer les besoins sexuels est une forme de monstruosité qui ne peut être chaste en elle-même. La chasteté du moine et ses vœux restent terrestres tant que ces besoins sont présents. Tout ce qui cloisonne et sépare transforme la vie en un champ de bataille. »

La chasteté au sens de la pureté est un bien spirituel mais elle ne devrait pas être confondue avec la suppression du désir. Quand Krishnamurti se demande pourquoi les êtres humains essayent de réprimer leurs désirs, il développe le bel argument suivant : la résistance au besoin sexuel a été considérée comme quelque chose de bon, mais si nous l'examinons, nous constatons que la résistance est née de la peur. Nous avons peur de mal faire, de ne pas nous conformer aux règles établies. La société, anxieuse de nous rendre conforme, nous explique que si nous ne résistons pas à nos besoins sexuels, nous perdrons le contrôle.

Mais ces thèses sont-elles vraies ? Si la sexualité est naturelle, pourquoi devrait-elle être contrôlée ? En fait tout le conflit autour de la sexualité, les problèmes de névrose, de déviance et de perversion sexuelles découlent manifestement de la résistance aux besoins sexuels et non de ces besoins eux-mêmes. La résistance est toujours mentale. Elle suppose un rejet des pulsions réelles du sujet. La sexualité devient un problème quand des émotions cachées, la honte, la colère et la culpabilité, se mêlent à elle. Dans ce contexte moral, la pulsion sexuelle est embarrassante. Quand les gens posent des questions comme : « Est-il normal d'avoir des relations sexuelles avec quiconque le désire ? » ou « Est-il naturel d'être monogame ? », le sous-entendu est qu'un jugement extérieur doit intervenir.

Les valeurs sont personnelles. Chaque situation qui recèle un certain potentiel d'énergie sexuelle concerne l'être humain tout entier. Si vous avez une conscience claire de vos émotions et de vos valeurs, la pulsion sexuelle cesse d'être reléguée comme un intrus incontrôlable. Elle fait partie de vous. Elle devient acceptable et aimée.

Si vous parvenez à traverser la vie sans lui résister, vous découvrirez que la vie elle-même est chaste. Elle recèle une pureté qui englobe aussi l'amour et le sexe qui ne sont pas séparés, sauf dans le conditionnement social égarant auquel nous sommes soumis.

Cette controverse a une base spirituelle très profonde. La plupart du temps nos inquiétudes concernant la sexualité affectent aussi nos pensées et nos paroles, bien que la sexualité ne soit ni une pensée ni une parole. Elle n'est en aucune façon séparée du flux de la vie. Son besoin naît, exige satisfaction et disparaît sans laisser de traces de culpabilité et de honte à moins que nos croyances ne s'en chargent. Si la sexualité se réduit à la simple recherche du plaisir, il en résultera de la souffrance, car le plaisir est éphémère. La poursuite acharnée du plaisir physique ne peut amener que des répétitions et des frustrations, une recherche compulsive de sensations et la satisfaction qui en découle ne peut que décroître.

Comme Krishnamurti le disait, la pure poursuite du plaisir jette la vie par la fenêtre. Par «vie» il entendait l'être sacré comme cœur de l'existence, le mystère qui ne peut être connu qu'en s'abstenant de résister, en étant naturel. La différence entre la sexualité, l'amour et la chasteté n'existe pas. Ils ne sont qu'un.

Dans un monde où l'on ne cesse de nous contraindre à imiter les idées et les valeurs des autres de mille façons, la sexualité est le moyen qui nous reste pour nous échapper. Elle est une forme d'oubli de soi spontané, la seule véritable forme de méditation pour beaucoup d'êtres humains. La puissance de l'intimité sexuelle est telle qu'elle peut nous emporter dans un lieu où l'expérience de l'esprit est authentique et indéniable.

Pratique amoureuse
Libérer les blocages sexuels

Si vous voulez améliorer vos expériences sexuelles, la dernière chose à faire est de commencer votre exercice par la chambre. La sexualité est naturellement spontanée ; elle est à la fois expression et détente, excitation et relaxation. La sexualité la meilleure est la plus ouverte et la moins planifiée. Il va donc de soi que planifier le spontané est plus ou moins contradictoire. Aucun exercice pratique ne peut être spontané.

> Pour améliorer votre expérience sexuelle, débarrassez-vous d'abord de vos attentes.

L'énergie sexuelle est neutre. Vous pouvez l'associer avec n'importe quoi de positif ou de négatif dans votre vie. Quelle que soit l'image que vous vous faites de votre sexualité, celle-ci tendra à la reproduire. Les soi-disant problèmes sexuels sont en fait des comportements répétitifs qui bloquent le libre épanchement de l'énergie sexuelle. Aussi bien chez les hommes que chez les femmes, la physiologie sexuelle est très délicate et facilement influencée par l'esprit. C'est votre esprit qui juge le sexe « bon » ou « mauvais ». C'est votre esprit qui intervient pour empêcher l'orgasme, c'est lui qui est responsable de votre impuissance (sauf en cas de maladie et des éventuels handicaps qu'elle peut entraîner).

Le dilemme s'exprime en ces termes : faire l'amour avec quelqu'un sans attentes préconçues semble impossible étant donné la façon dont fonctionne l'esprit. Quand l'expérience sexuelle était nouvelle elle comportait une part de surprise et d'innocence. Même si nous ne pouvons nous rappeler notre premier orgasme, la plupart d'entre nous se rappellent à quel point l'orgasme était différent des autres sensations de plaisir. Sa nouveauté et son intensité nous ont poussés à en demander plus, mais toute sensation, quand vous la répétez, devient familière et la familiarité entraîne l'ennui. Pour beaucoup, le sexe devient associé à la performance. La question : « Est-ce que je m'y prends vraiment bien ? » plane au-dessus de la chambre conjugale. Pour d'autres, la sexualité est associée à la sensation. La question : « Qu'est-ce que je ressens ? » est leur idée fixe. Et pour d'autres encore, la question dominante est celle de la sécurité. La question : « M'aimes-tu vraiment ? » les hante pendant qu'ils font l'amour.

À partir du moment où la sexualité s'enferme dans ces associations et besoins secondaires, elle cesse d'être libre. Il n'y a rien de mal à vouloir satisfaire des besoins qui ne sont pas directement sexuels. L'orgasme est un ensemble de données psychologiques, pas un réflexe physique. Mais peu importe la qualité de votre performance, peu importe l'état, sensationnel ou non, dans lequel vous êtes, la réduction de l'orgasme au plaisir physique le coupe de toute signification spirituelle.

La sexualité est mécanique quand elle est dépourvue de signification spirituelle.

Pour beaucoup de raisons, il est difficile d'accorder notre personnalité sexuelle avec notre personnalité spirituelle. L'exercice suivant est destiné non pas à rendre la sexualité plus spirituelle, mais à écarter les obstacles qui empêchent l'esprit de s'y déployer librement.

Première partie

Lisez la liste suivante d'affirmations et écrivez « D'accord » ou « Pas d'accord » à côté de chacune. Soyez honnête et exprimez vos attentes sans honte –

il s'agit ici d'un exercice de connaissance de soi :

1. Le rapport sexuel est meilleur quand il dure longtemps.

2. L'orgasme doit être intense.

3. Quand il n'y a pas d'orgasme le rapport est raté.

4. J'insiste toujours pour avoir des rapports sexuels quand j'en ai envie.

5. Plus on a d'orgasmes, mieux c'est.

6. Ce n'est pas avec mon partenaire actuel que j'ai connu mes meilleurs rapports sexuels.

7. L'impuissance déçoit mon (ma) partenaire
ou
Ne pas parvenir à l'orgasme déçoit mon (ma) partenaire.

8. Mon partenaire n'est pas aussi ouvert à de nouvelles positions et techniques que je le suis.

9. Je me suis prêté à des expériences sexuelles qui me mettaient mal à l'aise seulement parce que mon (ma) partenaire me l'a demandé.

10. Mon but est de faire plaisir. Je laisse rarement mon (ma) partenaire en panne.

11. Mon (ma) partenaire me déçoit beaucoup plus souvent qu'il (elle) ne le croit.

12. Je ne voudrais pas qu'on pense que je suis trop branché sexe.

13. Je suis trop gêné pour parler de certaines des choses que j'aimerais faire au lit.

14. Nous faisons l'amour plus (ou moins) souvent que je ne le souhaiterais.

15. J'aimais la façon dont nous faisions l'amour avant.

16. En fait, je ne pense pas au sexe si souvent.

17. Notre sexualité n'est pas si terrible, mais les autres aspects de notre mariage compensent celui-là.

18. J'ai des fantasmes que je ne partage pas avec mon (ma) partenaire.

19. Je suis facilement distrait quand je fais l'amour.

20. Je ne suis pas un(e) amant(e) si génial(e).

Ces affirmations très courantes indiquent que tout un chacun a des représentations difficiles de la sexualité, au moins parfois.

— Si vous êtes d'accord avec cinq affirmations ou moins, vous êtes sans doute très au fait de votre sexualité et vous l'appréciez telle qu'elle est. Vous n'avez pas beaucoup d'attentes préconçues et vous n'adhérez pas non plus à des valeurs étrangères à votre personnalité.

— Si vous êtes d'accord avec six affirmations ou plus, vous avez des problèmes qui empêchent un libre épanchement de votre énergie sexuelle : votre sexualité est inhibée par les inquiétudes et les attentes de votre ego.

— Si vous n'êtes d'accord avec aucune de ces affirmations, soit vous êtes un amant remarquable, soit vous n'avez pas répondu aussi honnêtement que vous l'auriez pu.

Parlons maintenant de ce que vous avez ressenti en lisant ces affirmations. Certaines d'entre elles auront probablement un impact émotionnel beaucoup plus fort que d'autres. Relisez la liste et guettez vos réactions. Ressentez-vous un très grand malaise en lisant certaines phrases ? Rien ? L'un ou l'autre de ces termes extrêmes suppose que votre énergie sexuelle est inhibée – tout sentiment refoulé empêche l'énergie sexuelle de s'extérioriser. Parmi les blocages sexuels les plus puissants, on trouve la honte, la culpabilité, le doute, le découragement et la gêne.

Si vous ressentez une forte émotion en lisant « Je ne suis pas un(e) amant(e) si génial(e) », par exemple, il n'est pas difficile de comprendre que votre manque d'estime de vous-même vous pose un problème. Quelqu'un qui adhère fortement à la phrase : « Mon but est de faire plaisir. Je laisse rarement mon (ma) partenaire en panne », est autant en proie au doute, mais de façon moins consciente. Si vous sondez vos sentiments de malaise et que vous les laissez s'exprimer, votre vie sexuelle en bénéficiera plus que si vous vous concentrez sur l'aspect mécanique de la sexualité.

Vous pouvez dénouer vos blocages sexuels de la manière suivante :

1. Choisissez une affirmation que vous ressentez fortement, de façon positive ou négative.

2. Étendez-vous, inspirez profondément et laissez s'exprimer vos impressions sur ce qui se passe quand vous pensez à cette affirmation.

3. Demandez à être guidé vers la signification profonde de l'affirmation. Si rien ne vous vient à l'esprit, demandez la suppression de vos blocages. Une technique utile consiste à respirer rapidement et superficiellement – cela empêche l'esprit de se cramponner à ses blocages.

4. Quand vous recevez une réponse quelle qu'elle soit, une image, une révélation, une forte bouffée émotionnelle, demandez à en être libéré. Inspirez profondément et laissez sortir ce qui veut sortir : un sanglot, un cri, un geste, un profond soupir, ou simplement une fatigue irrépressible.

5. Revivez tous les souvenirs qui veulent remonter à la surface.

6. Quand vous avez l'impression d'être pleinement en contact avec la charge émotionnelle que recèle l'affirmation, demandez à être soulagé de cette charge. Respirez régulièrement jusqu'à ce que vous soyez détendu et que toute tension associée à l'affirmation se soit dissipée.

> Quand les blocages sont supprimés, l'énergie sexuelle n'a pas d'autre possibilité que de s'extérioriser.

Chaque affirmation du questionnaire renferme tout un éventail de significations possibles qui s'appliqueront peut-être à vous, mais voici les types de blocages que l'on rencontre généralement :

1. Le rapport sexuel est meilleur quand il dure long-temps.

Attentes rigides sur la sexualité, comparaison avec les autres, normes sociales plus importantes que l'expérience personnelle.

2. L'orgasme doit être intense.

Comparaison avec le passé, surestimation des sensations physiques par rapport aux émotions, enfermement en soi : caractéristiques d'une personnalité dépendante.

3. Quand il n'y a pas d'orgasme le rapport est raté.

Angoisse de performance, comparaison avec le passé, surestimation des sensations physiques sur les émotions.

4. J'insiste toujours pour avoir des rapports sexuels quand j'en ai envie.

Colère ou sadisme rentrés, enfermement en soi, rivalité.

5. Plus on a d'orgasmes, mieux c'est.

Obsession de la performance, inattention (on compte au lieu d'être présent), comparaison avec les normes sociales, immaturité émotionnelle.

6. Ce n'est pas avec mon partenaire actuel que j'ai connu mes meilleurs rapports sexuels.

Déception, colère à l'égard du partenaire, découragement, incapacité d'être présent.

7. L'impuissance déçoit mon (ma) partenaire
ou
Ne pas parvenir à l'orgasme déçoit mon (ma) partenaire.

Angoisse de la performance, faible estime de soi, détente physique inhibée, colère rentrée.

8. Mon partenaire n'est pas aussi ouvert à de nouvelles positions et techniques que je le suis.

Déficit de communication, fixation sur le fantasme ou les sensations, jugement négatif sur le partenaire.

9. Je me suis prêté à des expériences sexuelles qui me

mettaient mal à l'aise seulement parce que mon (ma) partenaire me l'a demandé.

Surdépendance, faible estime de soi, déficit de communication.

10. Mon but est de faire plaisir. Je laisse rarement mon (ma) partenaire en panne.

Angoisse de performance masquée par la réussite, l'enfermement en soi, la rivalité.

11. Mon (ma) partenaire me déçoit beaucoup plus souvent qu'il (elle) ne le croit.

Surdépendance, faible estime de soi, mauvais traitements dans l'enfance, détachement des pulsions sexuelles.

12. Je ne voudrais pas que quiconque pense que je suis trop branché sexe.

Prépondérance des normes sociales sur la satisfaction personnelle, détachement du désir sexuel, faible estime de soi.

13. Je suis trop gêné pour parler de certaines des choses que j'aimerais faire au lit.

Fixation sur le fantasme, méfiance à l'égard du partenaire, jugements négatifs des parents sur la sexualité.

14. Nous faisons l'amour plus (ou moins) souvent que je ne le souhaiterais.

Surdépendance, faible estime de soi, déficit de communication.

15. J'aimais la façon dont nous faisions l'amour avant.

Déficit de communication, distractions extérieures, éloignement du partenaire.

16. En fait, je ne pense pas au sexe si souvent.

Déception ou colère contre le partenaire, médiocre image de soi, jugement négatif sur les pulsions sexuelles.

17. Notre sexualité n'est pas si terrible, mais les autres aspects de notre mariage compensent celui-là.

Paresse, manque d'attention à la sexualité, incapacité de s'absorber dans les rapports sexuels.

18. J'ai des fantasmes que je ne partage pas avec mon (ma) partenaire.

Déficit de communication, peur des pulsions sexuelles, mauvais traitements pendant l'enfance, méfiance.

19. Je suis facilement distrait quand je fais l'amour.

Inhibition, déception ou colère contre le partenaire, distraction des pulsions sexuelles, tension nerveuse élevée.

20. Je ne suis pas un(e) amant(e) si génial(e).

Surdépendance, image de soi blessée, traumatisme sexuel dans le passé, jugements négatifs sur la sexualité.

Ce sont des interprétations générales à l'intérieur d'un vaste éventail de possibilités. L'impression de ne pas être un amant très remarquable, par exemple, peut renvoyer à une signification anecdotique – comme l'inexpérience sexuelle – ou grave – comme une dépression chronique. Plutôt que de lire ces descriptions comme des diagnostics ou des jugements, demandez-vous s'ils ouvrent la voie vers des problèmes cachés que vous n'affrontez peut-être pas. Le but n'est pas de vous faire sentir qu'il y a quelque chose qui ne tourne pas rond chez vous, mais seulement de stimuler des énergies qui doivent se déplacer.

Deuxième partie

Dans notre culture, une «bonne sexualité» est habituellement définie en termes de technique et de performance.

Nous négligeons le fait que le sexe est un acte créatif, qui n'a nul besoin de critique ni d'évaluation. Biologiquement, la sexualité humaine est essentielle au processus de création des enfants, mais cette même énergie agit dans de multiples domaines de la personnalité qui ne sont pas strictement biologiques. La sexualité est la créativité elle-même et nous avons la capacité de créer à tous les niveaux de l'existence, du biologique au spirituel.

La sexualité est créative quand elle produit un nouveau sentiment, une nouvelle intuition, ou une nouvelle expérience. Dans l'exercice suivant, nous explorons certaines de ces possibilités.

Regardez la liste d'expériences suivante. Cochez toutes celles que vous avez faites au moins une fois pendant un rapport sexuel. Ce sont des expressions suggestives, à interpréter à votre gré – ne vous fiez qu'à votre propre perception de la félicité, de l'insouciance, de la gaieté, etc.

Un rire joyeux.

Un sentiment d'éternité.

De l'extase.

Une bouffée de chaleur dans le cœur.

Une fusion avec le partenaire.

Une sensation de flottement, comme si le corps se dissolvait.

Une chaleur ou une lumière visible qui remonte le long de la colonne vertébrale.

Une perte de l'ego.

De l'insouciance.

De la gaieté.

Un détachement devant ma performance.

Un complet laisser-aller.

Un sentiment de dilatation.

Un sentiment de complétude, de sécurité, de bien-être.

Une bénédiction.

De la félicité.

Une conscience aiguë du moi ou de ce qui m'entoure.

Un amour illimité.

Un contentement, un sentiment de paix au centre de mon cœur.

Maintenant, reprenez vos réponses. Les expériences que vous avez cochées indiquent votre horizon spirituel. Cela signifie que vous avez appris à utiliser votre énergie sexuelle pour créer ces expériences. Celles que vous n'avez faites qu'une fois ont eu un impact superficiel sur votre maturation intérieure. Celles que vous avez répétées, surtout récemment, indiquent le degré de maturité de votre personnalité affective.

Reprenez la liste et cochez les expériences que vous n'avez pas encore connues mais que vous pourriez faire la prochaine fois. Ce sont vos buts spirituels. Votre désir pour eux est assez grand pour les provoquer. Dans votre paysage intérieur vous progressez déjà dans leur direction.

Maintenant, reprenez la liste une troisième fois et cochez les expériences que vous croyez inaccessibles ou impossibles pour vous. Elles pourraient être interprétées comme des blocages spirituels. Comme rien n'est vraiment hors d'atteinte dans l'usage créatif de la sexualité, décréter des expériences « impossibles » revient à tendre un miroir à votre croyance ordinaire dans les limites de l'amour.

Sur le chemin de l'amour, les impossibilités sont résolues en transformant le non-amour en amour. Avec la maturation spirituelle, un nouveau potentiel créatif surgit – qui peut prendre la forme d'une expression sexuelle – et vous prenez conscience que vous êtes un pur potentiel capable de satisfaire toute pulsion créatrice.

Dans la vie
L'amant épuisé

Pendant longtemps, depuis le début de son adolescence, Guy avait eu une sexualité très active. Il avait assidûment fréquenté les bars pour célibataires pendant une dizaine d'années et se considérait comme un amateur de femmes invétéré. Il était incapable de comprendre pourquoi les autres hommes semblaient éprouver du ressentiment à leur égard ou les ignorer. Pour Guy, les femmes étaient des créatures enivrantes et il se sentait fier de leur donner du plaisir. Il ne s'était jamais considéré comme le « petit ami » mais comme l'amant de ses compagnes. Il considérait la révolution sexuelle comme acquise, était ouvert à presque toutes les expériences sexuelles que lui proposaient les femmes avec lesquelles il sortait et il avait l'art d'amener sa partenaire à exprimer ses fantasmes sans gêne.

Quand on lui demandait ce qu'il éprouvait devant ses multiples conquêtes, Guy répondait : « Je les aime toutes. Rien ne me rend plus heureux qu'une femme reconnaissante. » Il était sincère quand il affirmait qu'aucune de ses anciennes maîtresses n'éprouvait de ressentiment à son égard bien que ses liaisons avec elles n'aient duré en général que quelques nuits ou quelques mois – six au maximum.

Caroline était la première femme que Guy ait jamais rencontrée avec qui il n'avait pas voulu coucher aussitôt, malgré le fait qu'elle l'attirait beaucoup. Elle avait un peu plus de vingt ans, Guy allait sur ses trente ans, mais il émanait d'elle un parfum de timidité et d'innocence qui évoquait une fille beaucoup plus jeune. Avec ses grands yeux confiants et son air légèrement réservé, Caroline lui faisait penser à un faon. Pour sa part, elle semblait adorer Guy. Il était seulement son troisième petit ami sérieux (elle préférait vraiment ce terme à celui d'amant). Surmontant ses réticences, Guy entama bientôt une relation sexuelle avec elle. Tout se passa sans heurts jusqu'à ce qu'une nuit, de façon complètement inattendue, Guy se réveille en sanglotant à deux heures du matin. Une émotion incontrôlable – était-ce du chagrin, du remords? – le submergea. Ébahi et bouleversé, Guy finit par se rendormir.

Mais quand il refit l'amour avec Caroline, Guy constata qu'il était beaucoup moins performant que d'habitude. Il se mit à penser à autre chose et pour la première fois il eut l'impression qu'il ne parviendrait peut-être pas à atteindre l'orgasme. Il y parvint quand même mais après l'amour, il se sentit fatigué et morose. Caroline ne fit aucun commentaire, elle tint Guy serré dans ses bras longtemps, jusqu'à ce qu'il s'endorme.

Leur relation s'approfondit. À beaucoup de signes, Guy avait l'impression de vivre la période la plus heureuse de sa vie. La gaieté et les manières innocentes de Caroline constituèrent une révélation pour lui. Il eut l'impression, par comparaison, qu'il avait travaillé très dur dans sa vie. C'était indéniablement vrai concernant sa carrière – Guy avait travaillé avec acharnement à élaborer des bases de données informatiques pour un agent immobilier important. Son ambition était de devenir millionnaire en cinq ans. Caroline était la première femme à l'avoir jamais distrait de cette ambition.

Quand Guy décida de lui faire sa demande en mariage et qu'il entendit Caroline lui demander encore un peu de temps, il n'en crut pas ses oreilles. Son incrédulité fit place à la stupeur quand elle lui avoua avec une certaine hésitation qu'elle voulait cesser d'avoir des rapports sexuels avec lui pendant quelque temps. Pressée de questions, Caroline hésita encore plus et finit par lui dire presque en murmurant : « Je ne pense pas que tu aimes vraiment ça. Tu ne veux pas me décevoir, c'est tout. »

C'était la déclaration la plus troublante et pourtant

la plus honnête qu'une femme ait jamais faite à Guy. Ce soir-là, il partit en fulminant, blessé dans son orgueil, mais il savait au fond de son cœur qu'il se sentait fatigué. Il n'avait jamais expérimenté certains états en faisant l'amour. Par exemple, il n'avait jamais pensé que plus n'est pas nécessairement mieux. Pendant dix ans il avait fait l'amour presque tous les jours et ce besoin obsessionnel lui apparaissait maintenant de manière frappante comme une dépendance d'alcoolique ou de drogué. Il ne lui était jamais arrivé non plus de penser que d'autres voix pouvaient s'exprimer pendant le rapport sexuel. Il avait si complètement obéi à la voix du désir qu'il avait maintenant du mal à écouter des sentiments comme la tristesse, la colère refoulée et le chagrin. En y réfléchissant, il se rendit compte qu'ils avaient toujours été présents.

Quand Guy revint vers Caroline, son amour était tel qu'il la remercia d'avoir suggéré cette période d'attente. Tous deux commencèrent à reconstruire une relation sexuelle, en commençant par de simples attouchements. Ils s'étendaient l'un à côté de l'autre et s'incitaient mutuellement à des caresses sur le corps de l'autre en indiquant l'endroit où ils désiraient être caressés et combien de temps.

Au lieu de trouver ce jeu érotique, Guy découvrit que certaines caresses l'angoissaient. Par moments, il avait envie de pleurer. Peu à peu il comprit qu'il s'était rarement senti en sécurité avec les femmes et qu'il pouvait surmonter ses vieilles blessures parce qu'il se sentait en sécurité avec Caroline. Il découvrit que les émotions refoulées commençant à émerger, il avait envie de parler à Caroline des incidents de son passé qu'il n'avait jamais confiés à aucune femme. En fait, parler à une femme n'avait jamais été son fort. Il commença à associer son besoin de performance au lit avec le caractère exigeant et critique de sa mère. Il devint clair à la longue qu'à un certain niveau il ressentait toutes les femmes comme exigeantes et qu'en se montrant un amant inépuisable il neutralisait par avance leur mépris supposé à son égard.

Guy avait de la chance d'être encore capable d'autant d'amour : il aurait fallu dix ans à beaucoup d'hommes pour arriver à la perspicacité qu'il avait acquise en quelques mois. Caroline ne se posa pas en professeur ou en thérapeute. Elle suivit Guy dans sa découverte de lui, lui permettant de se replier sur lui-même quand il en avait besoin. Il devint clair pour Guy qu'elle s'était donné la même latitude. Pour lui, faire l'amour avait toujours été un signe d'intimité. Pour Caroline, l'approfondissement de l'intimité progressait lentement et accepter de faire l'amour avec lui n'avait été qu'une première étape.

La période qui suivit fut difficile pour Guy. Certains soirs il se sentit agressif ou irrité pendant leurs rapports sexuels ce qui suscita en lui de vifs accès de culpabilité. Son image de lui-même comme « amant » s'altéra quand il finit par découvrir la colère latente qu'il avait refoulée et qui contredisait l'image idéale de sa personnalité profonde qu'il avait toujours voulu donner. Il n'était pas l'amant sensible, généreux, attentionné dans lequel il s'était projeté, mais un amalgame complexe de sentiments et de besoins. À la longue il préféra ce second personnage, puisque c'était le vrai.

Caroline comprit qu'il était important qu'elle aide Guy dans ses progrès spirituels. Elle-même était très engagée dans sa vie spirituelle et elle était capable de comprendre que cette transition dépassait le simple cadre psychologique. Elle était convaincue que toutes les améliorations dans leur relation serviraient à parfaire son union avec Guy. Pour mesurer plus facilement leurs progrès, elle établit la liste des expériences qu'elle voulait faire avec lui, notant chacune d'elles et en parlant avec Guy au fur et à mesure de leurs tentatives.

Je veux me sentir désirée pour celle que je suis.

Je veux me sentir vulnérable.

Je veux sentir que tu ne me feras jamais de mal.

Je veux sentir ta force.

Je veux sentir que je peux te dire ce que je désire le plus.

Je veux me sentir ouverte.

Je veux sentir un déchaînement plein de douceur.

Je veux sentir que nous ne formons qu'un être.

Je veux sentir que rien n'a jamais été mieux que ce moment.

Je veux sentir la légèreté bouillonner dans mon cœur.

Je veux me sentir profonde.

Je veux me sentir en harmonie.

Il s'agissait d'autre chose que d'une simple liste de souhaits. Elle envoyait à l'univers un message de désir qu'elle espérait voir exaucé dans sa relation. Caroline encouragea Guy à établir sa propre liste. Ils n'apportèrent pas ces listes au lit, ils n'y pensèrent pas en faisant l'amour. Le but était d'exprimer clairement la direction où ils voulaient que les mène leur chemin de couple.

Ils se marièrent un an plus tard et à cette époque, Guy avait changé la plupart de ses comportements essentiels à l'égard de la sexualité. Il ne faisait plus jamais l'amour sans amour et quand il éprouvait des difficultés à faire l'amour à cause de son état émotionnel, il se sentait capable de le dire. Il ne pensait pas avant tout à l'excitation sexuelle mais à se sentir bien. Il découvrit que les stimulants les plus forts étaient silencieux, un environnement paisible, une expression tendre, un regard de désir profond, des yeux étincelants, des caresses timides, et de la pudeur. À certains moments, perdu dans la pure liberté et l'ouverture de son être, il oubliait la sexualité, et c'étaient les moments les plus sexuels de tous. Guy, qui avait passé dix ans plongé dans la sexualité, était en passe de retrouver la seule chose que l'expérience ne peut apporter, la liberté de l'innocence.

4

COMMENT S'ABANDONNER

Spirituellement, aucun acte n'est plus important que celui de s'abandonner. L'abandon est l'impulsion la plus tendre du cœur qui agit avec amour pour satisfaire le désir de l'être aimé S'abandonner consiste à être attentif à l'événement précis qui est en train de se produire et à ne pas le surinvestir d'attentes forgées dans le passé. L'abandon est la foi dans le pouvoir de l'amour à accomplir n'importe quoi, même quand l'issue d'une situation reste imprévisible.

Mais s'abandonner à l'ego d'une autre personne, même de l'être que vous aimez, n'est pas un acte spirituel. L'abandon comporte un sens plus profond, plus mystérieux. Au niveau de l'ego, deux personnes ne peuvent vouloir exactement la même chose tout le temps. Mais au niveau de l'esprit, elles ne peuvent que vouloir la même chose tout le temps. Votre ego veut des choses matérielles, des conclusions prévisibles, de la continuité, de la sécurité et le privilège d'avoir raison quand les autres ont tort. Par définition, le fait de poursuivre ces buts tient l'autre à distance à moins qu'il (ou elle) ne se soumette à mes options ou comprenne que « je » suis celui qui compte vraiment ici et maintenant.

Votre esprit n'est pas concerné par de tels problèmes. Il veut de l'être, de l'amour, de la liberté et des possibilités de créer. Son désir s'exerce sur un plan complètement différent et une fois ce plan atteint vous pouvez vous ouvrir à une autre personne sans conflit. Un tel partage est l'essence même de l'abandon.

On éduque la plupart des gens à poursuivre les buts de l'ego, souvent sans se poser la moindre question. Le choix d'en rester à ce niveau est toujours possible. Mais vous avez aussi le choix de vous hisser au plan de l'esprit et d'opter pour ses buts très différents. Le fossé entre l'ego et l'esprit est inévitable. Il semble impossible de combler ce fossé tant l'esprit et l'ego sont d'irréductibles adversaires. C'est par l'abandon qu'on peut les réconcilier et la seule force qui puisse accomplir cela est l'amour. L'abandon est la phase suivante dans le voyage de l'amour, celle que vous abordez en choisissant de vous engager dans une relation amoureuse.

La majorité des gens n'éprouve pas à proprement parler de passion amoureuse, mais ils sont investis dans une relation à long terme, le mariage en général. Cette période occupe beaucoup plus de temps dans notre vie que la phase amoureuse proprement dite. Si le fait de tomber amoureux ouvre brièvement une porte sur l'esprit, s'ensuit généralement une relation à long terme, une longue période uniforme que nous appellerons simplement engagement. Beaucoup de gens sont extrêmement réfractaires à l'engagement et on a dénombré une multitude de raisons psychologiques pour expliquer ce fait. Mais la difficulté de s'engager spirituellement vient de ce que l'engagement vous met au pied du mur qui sépare l'ego de l'esprit. Chaque personne apporte dans le mariage un ensemble complexe de besoins de l'ego. Or une relation fondée sur la satisfaction réciproque des besoins n'est pas de l'amour. Soit les deux ego doivent conclure une trêve délicate, soit ils doivent trouver une autre issue : l'abandon.

Au cours de la phase précédente de la passion amoureuse, vous avez éprouvé le sentiment d'avoir été choisi, comme si une irrésistible force avait envahi votre cœur, mais dans une relation amoureuse, le chemin vers l'amour n'est pas automatique. Il faut choisir, jour après jour, d'y rester. Plutôt que de voir l'abandon comme un abandon à une autre personne, il vaut mieux le comprendre comme un abandon au chemin. Les réflexions concernant la relation amoureuse se rapportent au chemin :

> Vous vous trouvez sur un chemin unique créé entre vous et l'être que vous aimez.
> Vous trouverez votre chemin non en pensant, en sentant ou en faisant mais en vous abandonnant.
> L'abandon révèle les impulsions de l'esprit derrière le masque de l'ego.

Le chemin vers l'amour utilise la relation amoureuse pour vous faire sortir de votre sens limité du « je », « moi », « mien », et lui substituer une identité plus large. C'est le passage du moi individuel au Moi.

LE DHARMA DANS L'AMOUR

Il y a un mystère fondamental de l'âme humaine : c'est que son intégrité n'est pas altérée par la fusion avec une autre personne. L'association de deux esprits apporte plus à l'union que ce que chacun des partenaires y apporte. Le processus de transformation de l'âme qui valait pour « moi », vaut maintenant pour « nous ».

Rumi exprime cette idée en quelques vers beaux et profonds :

> *Mon âme rayonnait du feu de ton feu*
> *Ton monde était une eau chuchotante*
> *la rivière de mon cœur.*

La prise de conscience du fait que deux êtres peuvent n'en former qu'un est l'essence de l'abandon. Si le mariage se limitait à l'union de deux personnes qui ne sont jamais sorties de la forteresse de leur moi isolé, l'existence humaine serait incapable de se hisser sur les hauteurs de l'esprit. Et pourtant elle le fait.

Qu'ils l'admettent ou non, la plupart des gens déplorent secrètement la transition de la phase amoureuse à celle de l'engagement. Vivre une relation à long terme, avec ce que cela exige de patience, de dévouement, et d'obstination est beaucoup plus difficile que de tomber amoureux. C'est en se consacrant à la maturation intérieure qu'on en obtient des récompenses spirituelles. Ce que cela signifie pour beaucoup de gens, c'est un effort : la passion amoureuse est une récréation, la relation longue un retour à l'école. Parce qu'il est difficile, le mariage engendre souvent des relations passionnelles, des conflits, des déceptions et des souffrances. Il peut même entraîner une méfiance extrême et une trahison pour peu qu'il se termine mal. Toute cette histoire est une histoire d'ego.

D'un point de vue spirituel, la seule véritable différence entre la passion amoureuse et la relation à long terme concerne l'abandon. L'abandon est naturel pour deux êtres quand ils tombent amoureux. Perdus dans les délices de la passion, ils n'ont pas le temps d'être égoïstes, ils perdent toute capacité de défiance. Le mariage ne procède pas de la même façon. Quand deux êtres se sont engagés dans une relation sexuelle depuis un certain temps et que la période de grâce de l'altruisme est finie, la rêverie s'épuise et la relation apparaît à nu. L'ego revient en force en insistant sur « ses » besoins. Dès lors qu'il cesse d'être un don, l'abandon doit devenir un but conscient. Cela ne signifie pas que l'abandon est un dur travail, mais qu'il est un travail *conscient*. En tant que tel, il peut apporter la même joie et le même bonheur que le fait de tomber amoureux, le même sentiment de jeu qui libère les amoureux du fardeau de leur ego.

Rendre votre relation aussi extraordinaire que son début amoureux est le grand défi de cette phase.

Dans l'un de ses poèmes, D.H. Lawrence compare la passion amoureuse à une fleur et le mariage à une pierre précieuse qui dure :

C'est le cristal de la paix, le lent et dur joyau de la confiance, le saphir de la fidélité.
La pierre de la paix mutuelle émergeant du chaos sauvage de l'amour.

Pourquoi devrions-nous nous engager avec quelqu'un ? La paix, la fidélité, la confiance : ces mots clés se retrouvent dans ces quelques vers. La raison la plus profonde pour s'engager avec un être est aussi la plus simple : le mariage est sacré. Quand les époux sont complètement engagés dans leur amour, le mari voit Dieu dans sa femme et la femme voit Dieu dans son mari. Sur cette base, ils sont capables de s'abandonner l'un à l'autre, parce qu'ils s'abandonnent surtout à l'esprit omniprésent.

Ces paroles ont l'air presque choquantes dans un contexte moderne. L'abandon est une éventualité bien lointaine dans les relations amoureuses actuelles. Dans la plupart des mariages les couples se contentent d'essayer d'établir une confiance personnelle minimale. Les psychologues considèrent que les dix premières années du mariage se passent à concilier des différences de pensées, d'habitudes, de comportements, goûts et dégoûts. « Je bois du jus d'orange le matin et tu as acheté du jus de pomme ! » « Je préfère le côté droit du lit, mais toi aussi... » « Cette couleur ne convient pas pour le salon même si c'est celle que tu préfères. » La splendeur d'une relation sacrée se fracasse contre les récifs des conflits triviaux de l'ego.

Dans ce chaos, la signification spirituelle du mariage est devenue aussi incertaine que la signification de l'amour lui-même. L'engagement en vaut-il quand même la peine ? L'abandon est-il encore possible au milieu de tant de conflits navrants ? Si l'on écarte la question du contexte social actuel pendant un moment, un mariage sacré dans lequel les deux partenaires s'abandonnent l'un à l'autre comme des expressions de l'esprit est naturel. Il est le fruit de l'amour arrivé à maturité après la floraison de la passion amoureuse.

> La passion amoureuse est un état sacré temporaire. La relation longue le rend permanent.

L'ancien mot indien *dharma* décrit beaucoup plus complètement ce que j'entends par « sacré ». *Dharma* provient d'une racine qui signifie : « Soutenir, maintenir » et comme beaucoup de mots sanskrits celui-là recèle plusieurs niveaux de significations. Ce qui soutient la vie d'une personne et la maintient sur une bonne trajectoire est considéré comme « dharmique ». Il est « dharmique » de dire la vérité et de ne pas mentir, ou d'être fidèle dans son mariage au lieu de vagabonder.

Dharma se traduit aussi par « loi » ou par « droiture ». En Inde, aujourd'hui, on dit de quelqu'un qui suit la tradition familiale concernant le travail, la piété et le comportement social qu'il est dans son dharma. La société moderne occidentale n'est « dharmique » en aucune façon, dans la mesure où nos enfants se sentent libres de choisir des occupations et des codes de comportement très différents de ceux de leurs parents et partent vivre dans des endroits nouveaux. Aussi bien à l'est qu'à l'ouest, les racines d'une société « dharmique » ont été sapées durant ce siècle.

Pourtant le dharma est plus qu'une convention sociale. C'est une force vivante qui peut vous aider à affronter les multiples menaces et défis de la vie. Votre ego ne le croit pas, car il ne peut pas trouver le dharma. L'ego n'est pas guidé par l'amour et le dharma est intimement lié à l'amour. En Occident, le concept le plus proche de celui de dharma est celui de grâce, la présence aimante de Dieu qui tient l'humanité sous sa protection. Quand Jésus parlait de Dieu qui voit tomber le moineau, il pensait au dharma. En Chine le même concept est apparu sous la forme du *Tao*, le « chemin ». Il était perçu comme un pouvoir invisible mais réel qui organise toute la vie. Être en accord avec le chemin revient à vivre dans le dharma.

Toutes les traditions spirituelles enseignent que le succès dans la vie dépend de notre capacité à trouver le Chemin et à ignorer les distractions du monde extérieur. Votre ego, en revanche, insiste sur le fait que votre survie dépend de votre capacité à réserver toute votre attention au monde extérieur. Ses tactiques élémentaires – la vigilance et la défensive – sont l'antithèse même de l'abandon.

> L'abandon dans la relation n'est valable que comme abandon à l'esprit.

Un mariage construit sur des différences ne peut jamais conduire à l'abandon spirituel. C'est pourquoi vous devez modifier votre perception, vous entraîner à trouver le bienfait qui se cache dans tout conflit. Ce bienfait apparaît quand vous pouvez trouver l'unité avec l'être que vous aimez. Le but spirituel des différences est de vous aider à vaincre la séparation.

Votre ego vous pousse à croire que la séparation est nécessaire. Vous rejetez l'être que vous aimez quand vous déclarez, par exemple :

Je me fiche de ce que tu penses. Je me fiche de ce que tu veux.

C'est comme ça que je vais le faire. Tu peux le faire à ta manière si tu veux.

J'assume moi-même mes propres besoins. Tu devrais en faire autant.

Si tu fais ça, je ferai ça.

Ces déclarations peuvent sembler brutales et agressives, mais je me suis contenté de réduire des propos de couple ordinaire à ses éléments essentiels. Bien sûr nous avons appris à être polis à propos des besoins de notre ego, sauf quand nous sommes le dos au mur. Il n'est toutefois pas possible d'occulter la façon dont l'ego crée la séparation quand il affirme haut et fort la préséance du « je » sur le « toi ».

Être dans le dharma guérit la séparation en faisant du « nous » une réalité, non en tant qu'unité de deux êtres mais en tant qu'esprit unifié. Vous agissez en accord avec le dharma quand vous permettez au lieu de refuser. Permission qui se traduit par ce genre de phrases :

Tu as besoin de quelque chose ? Comment puis-je t'aider ?

Je comprends ce qui t'arrive. Je veux que tu saches que c'est O.K. pour moi.

Continue. Je serai toujours là.

Je sais exactement ce que tu veux dire.

Tu as raison.

Quand elles sont inspirées par l'amour ces formules ne sont pas seulement des formules. L'unité rend le point de vue d'autrui complètement clair. Vous comprenez quelqu'un qui est en dehors de vous. Ce qui rend cette compréhension possible, c'est la prise de conscience que l'être que vous aimez n'est pas en dehors de vous, mais seulement en dehors de votre ego, les besoins qu'il exprime ne révèlent pas son intériorité la plus profonde. Au plus profond, vous et l'être aimé n'êtes pas séparés, car les besoins, les goûts et les dégoûts, les désirs et les manques sont étrangers au cœur proprement dit.

Dharma est une vision d'égalité spirituelle. Quand vous percevez la vie à travers cette vision, la séparation cesse.

Suivre votre dharma dans le sens le plus profond ne signifie pas seulement adhérer à des règles de conduite vertueuses ou obéir aux lois établies par la société. Il n'existe pas de formule préconçue pour trouver le chemin. « Être en dharma » signifie que vous vous êtes fixé un but spirituel et que vous vous consacrez à l'atteindre. Alors qu'aujourd'hui les relations d'amour s'efforcent de survivre, elles ont besoin d'une nouvelle justification, ce qui rend d'autant plus essentiel ce sens élargi du dharma.

L'abandon et le « Chemin »

Quand vous pensez d'abord au mot « abandon », vous l'associez probablement à l'idée de défaite. Cette association est naturelle du point de vue de l'ego. Dans toute situation où la lutte l'emporte, personne n'agit du point de vue de l'amour et il est inévitable qu'un seul côté soit amené à l'emporter. Rappelez-vous votre dernière dispute : parvenir à un état d'amour mutuel était alors la chose la plus éloignée de votre esprit.

Mais le mot *abandon* a un autre sens, comme vous le rappelle l'expérience que vous avez faite le jour où vous êtes tombé amoureux. L'état amoureux vous permet de vous abandonner à ce que vous désirez profondément et non à ce que quelqu'un d'autre cherche à vous imposer. Imaginez un incident banal : votre compagne vous demande de l'aider à nettoyer la maison alors que vous regardez la télé ou que vous lisez un livre, et vous ne voulez pas vous interrompre. Comment formulez-vous cette situation ?

L'ego la formule ainsi : « Tu veux me faire faire quelque chose que je préfère ne pas faire. Je vais décider si je cède ou non. » L'esprit la formule ainsi : « Je vois que tu as besoin de moi. » Remarquez que le résultat de cette demande excède son enjeu initial. Que l'ego accepte ou non, il interprète toujours cet incident comme un conflit. Son problème principal consiste à garder le pouvoir de son côté afin d'être capable de l'emporter dans ce conflit. Gagner signifie soit dire non et s'en tirer à bon compte, soit dire oui et se sentir magnanime. Dans un cas comme dans l'autre, il s'agit d'éviter la défaite.

L'esprit n'a pas de telles arrière-pensées. Il reconnaît le besoin de l'autre personne, mais il ne prend pas plus ce besoin en charge qu'il ne s'y oppose. À cet égard, l'autre est vu comme réel, parce que quand vous avez besoin de quelque chose, votre besoin est votre réalité.

> Le seul véritable besoin que nous ayons est d'être vu comme réel.

Très souvent, nous sommes perdus dans des besoins irréels. Votre compagne peut vous demander de nettoyer la maison pour des dizaines de raisons. Elle est peut-être en colère ou elle se sent excédée d'avoir à assumer toutes les tâches ménagères. Elle se sent peut-être avilie, ignorée, submergée, angoissée, ou impulsive. Peut-être veut-elle avoir l'impression qu'elle commande, peut-être a-t-elle simplement besoin d'aide. L'absence d'arrière-pensées caractérise l'esprit. Le dénuement d'un ego angoissé perce à travers toutes ses tentatives de se dissimuler. Quand c'est l'esprit qui parle en vous, vous ne ressentez pas le besoin de manipuler, de cajoler, de séduire, d'exiger, de mendier ou d'insister. Vous vous laissez aller et ainsi vous donnez la possibilité à l'amour de s'épancher librement.

Cela signifie-t-il qu'une personne « spirituelle » laisse toujours tomber son livre ou son programme télé pour nettoyer la maison ? Non. L'esprit n'opère jamais d'une façon préétablie. En général, quand quelqu'un que vous aimez a besoin de vous, vous avez tendance à satisfaire sa demande. Le simple fait d'être en contact avec l'esprit suscite naturellement certains instincts aimants :

Vous ne résistez pas.

Vous placez les sentiments au-dessus des résultats.

Vous voulez aider. Le service rendu éveille en vous un sentiment de joie.

Vous placez les souhaits d'autrui sur le même plan que les vôtres.

Ces instincts se développent et mûrissent à travers l'abandon au fil des années. Mais si vous revenez encore à l'expérience de l'état amoureux, vous verrez que ces réactions ne sont pas apprises. L'amour les contient déjà. L'amour signifie automatiquement une libération des conflits et des luttes de l'ego. La simple expérience de l'état amoureux n'engendre pas une libération complète, car la lutte revient inévitablement, mais les amants ont au moins un aperçu du Chemin. Qu'ils soient ou non capables de l'articuler clairement, voici ce qu'ils découvrent :

Aimer ne suppose aucun effort.

Il y a une joie inhérente au simple fait d'être.

Les questions obtiennent leurs réponses, si l'on est assez à l'écoute.

La vie est sûre.

Accompagner le flux de l'être est la façon de vivre la plus simple.

La résistance ne réussit jamais vraiment.

Contrôler le flux de la vie est impossible.

Telles sont les formules qui permettent aux êtres de sortir de la lutte. La lutte est née de l'isolement de l'ego. Elle cesse quand vous êtes devenu capable de trouver le Chemin et de vous abandonner à sa force directrice.

La lutte vous oppose apparemment aux autres ou à vous-même, mais en réalité elle vous oppose toujours au dharma. Dans le dharma, il n'y a pas de lutte.

Puisque l'une des qualités les plus estimées de l'homme est sa capacité à lutter contre l'adversité, une vie sans lutte est à l'opposé de notre vision ordinaire du monde. Pourtant une conduite aimante ne peut, à l'évidence, être une lutte. Comment ces deux attitudes se concilient-elles ? La réponse réside dans le libre arbitre. Les êtres humains peuvent choisir de mettre fin à la lutte et d'adopter un comportement aimant – chaque jour, cette option est précisément celle à laquelle nous sommes confrontés, notamment dans nos relations amoureuses. Le mariage constitue à la fois un terrain d'essai et un miroir. Il éprouve votre volonté de croire dans l'amour comme étant *la* solution. Il reflète les croyances auxquelles vous adhérez en ce moment, qu'elles soient aimantes ou non-aimantes. La lutte et l'abandon sont les deux pôles du libre arbitre. Parce que nous croyons tous en l'amour à certains moments mais pas tout le temps, nos vies sont nécessairement entraînées dans la lutte à moins que nous ne trouvions une façon de résoudre ce dualisme. D'où l'importance du dharma.

Dans le cas des animaux et des plantes, le dharma agit automatiquement. Nul besoin de doute sur soi et de remise en question et nulle possibilité de s'égarer hors du chemin. La croissance et le comportement sont tous deux innés. Le tigre n'éprouve aucun remords pour sa nature carnassière ni de sympathie pour sa proie. Il serait bien incapable de se transformer en paisible brouteur d'herbe, même s'il le voulait.

Dans la terminologie scientifique moderne, l'évolution du code génétique qui fait du banian un être différent du tigre est enfoui à une telle profondeur dans la mémoire cellulaire, que, sauf la mort, aucune des actions, aucun des comportements d'une créature vivante ne dévie du cadre préprogrammé de son code ADN. En termes spirituels, le dharma d'une créature est plus puissant que tout individu quel qu'il soit. Il maintient la vie sur un sentier prétracé aussi longtemps qu'une espèce est capable de trouver un environnement adapté à sa survie.

Le dharma agit aussi pour les humains, mais tout en concédant une certaine marge au libre arbitre. Chacun de nous se développe à partir d'un simple œuf fertilisé pour devenir un adulte à part entière selon le programme de notre code génétique singulier. Ce programme est minuté par les gènes présents dans chacune de nos cellules. Vos dents de lait de bébé n'ont pas cessé de sortir parce que vous avez trouvé leur croissance douloureuse et que vous avez pleuré. La puberté n'a pas été accélérée ni ralentie par votre confusion émotionnelle. Pourtant à l'intérieur de ce schéma qui régit les espèces vivantes, nous disposons d'une extraordinaire liberté de penser, d'agir, de sentir. Les choix que vous faites influencent votre bonheur, bien au-delà de vos chances de survie. Le fait que nous soyons tous à la fois déterminés et libres a constitué un sujet d'étonnement pendant des siècles. Les Veda enseignent que les êtres humains sont capables d'évolution *personnelle* au-delà de l'évolution des espèces. Une personne qui est animée par la colère, l'égoïsme, la méfiance et la jalousie a toujours le choix d'évoluer et de parvenir à un niveau plus élevé où l'amour, la compassion, le pardon et la vérité remplacent ces instincts inférieurs. En d'autres termes, l'esprit réagit à la vision que vous en avez, et plus votre vision est haute, plus vous évoluerez.

Choisir votre propre dharma détermine complètement le degré de bonheur, de réussite et d'amour que vous atteindrez au cours de votre vie.

Compte tenu des normes de notre culture, cette affirmation est surprenante, car nous croyons au hasard, aux accidents et aux influences imprévisibles. Nous ne croyons pas que l'esprit réponde sans cesse à notre vision. Sur le chemin, cependant, ces hasards apparents sont des masques. Ce ne sont pas des accidents, en termes spirituels : tout ce qui arrive autour de vous reflète votre état spirituel habituel. Si votre état spirituel est confus, angoissé et empli de doutes, alors le dharma qui agit dans votre vie a un pouvoir limité. Vous êtes détaché des lois naturelles censées soutenir chaque être de sa naissance à sa mort. Sans dharma, il ne peut y avoir d'amour parce que l'amour appartient à la force de soutien du dharma. Une vie vécue dans le dharma peut exprimer un amour illimité. Le dharma est un guide subtil, souple, toujours changeant, toujours sensible à la prochaine étape, celle qui vous est destinée, à vous et à personne d'autre.

Une question logique se pose aussitôt : « S'il existe une force universelle capable de guider ma vie, pourquoi est-ce que je ne la vois pas, ne la sens pas ? » La réponse est que l'esprit est bloqué par la vision de l'ego. Si votre vision de la vie découle de votre identité séparée, isolée – comme c'est le cas de la plupart d'entre nous – alors une nouvelle vision ne peut pas rivaliser avec celle-ci. L'amour et l'ego sont incompatibles. L'abandon doit commencer au niveau le plus quotidien, le plus intime. Il commence avec vous et l'être que vous aimez par l'apprentissage d'une proximité sans résistance ni peur.

Quand deux êtres décident d'aborder la vie comme un chemin d'évolution, leur relation est « dharmique ». Vous et l'être que vous aimez marchez sur un chemin singulier. Aucune de vos respirations, de vos pensées, aucun de vos sentiments n'a existé auparavant et l'intimité que vous construisez ensemble n'appartiendra à personne. Il existe d'innombrables chemins – autant qu'il y a d'êtres sur terre – et pourtant, comme un invisible fil d'Ariane, chaque chemin doit suivre le Chemin de vie qui mène à l'esprit.

Pratique de l'amour
Laisser aller

« Abandon » peut se traduire de façon plus concrète par « laisser aller ». Bien que vous n'en ayez pas conscience, la réalité n'est pas une donnée évidente. Chacun de nous habite une réalité différente. Votre esprit soutient votre version personnelle de la réalité en la confortant au moyen de croyances, d'attentes et d'interprétations. Votre esprit bloque le libre flux de la force vitale en disant : « C'est comme ça que les choses doivent être. » Laisser aller vous libère de cette emprise obstinée et quand vous laissez aller, de nouvelles formes de réalité peuvent se manifester.

Laisser aller est un processus. Vous devez savoir quand le mettre en œuvre, quoi laisser aller et comment laisser aller. Votre esprit ne va vous montrer aucune de ces choses. Pis, votre ego va s'efforcer de vous empêcher de faire des progrès, car il croit que vous devez continuer sur la même voie pour survivre. Votre seul allié dans le laisser aller est l'esprit, qui voit la réalité comme un tout et n'a donc pas besoin de créer une réalité partielle fondée sur la limitation. Le but des exercices suivants est de libérer votre communion avec l'esprit.

Le chemin vers l'amour pourrait être décrit comme un apprentissage du laisser aller, mais tout laisser aller simultanément n'est pas possible. Ce chemin se compose de nombreux petits pas. Tout le long du chemin, les pas sont pour l'essentiel les mêmes : la conscience commence à remplacer les réactions. Une réaction est automatique. Elle s'appuie sur des opinions et des attentes bien ancrées, des images des souffrances et plaisirs passés enfouies dans la mémoire et qui attendent de vous guider dans les situations futures. Si vous avez été mordu par un chien étant enfant, aujourd'hui, en voyant un grand chien, vous aurez tendance à vous écarter. La mémoire vous a indiqué, en une fraction de seconde, que la réaction appropriée devant les grands chiens est la peur.

Comme n'importe quelle réaction, surmonter cette réaction exige un acte de conscience. Au lieu de résister à l'empreinte de la mémoire, la conscience pénètre en elle et lui demande si vous avez ou non besoin d'elle. Face à un grand chien, la conscience vous dit que vous n'êtes plus un petit enfant et que tous les grands chiens ne mordent pas. Étant conscient de ce fait, vous pouvez vous demander s'il est bien nécessaire de vous cramponner à la peur. Que vous finissiez par caresser le chien, par l'ignorer ou par vous écarter n'est qu'une question de choix. La réaction instinctive vous enferme dans un éventail d'options limité. La conscience vous permet un éventail d'options ouvert.

> Chaque fois que vous êtes tenté de réagir de façon conditionnée, demandez-vous si vous voulez rester prisonnier du passé ou avancer résolument vers le futur. Le passé est fermé et limité ; le futur ouvert et libre.

Parce que l'esprit conserve une série illimitée d'attentes, de croyances et d'images, vous pourriez pratiquer le laisser aller à n'importe quel moment de votre vie. Ce n'est sans doute pas possible, mais de forts signaux vous indiqueront quand une telle attitude est appropriée. Une fois que vous aurez atteint l'état de conscience adéquat, le choix du moment pour votre laisser aller deviendra évident.

Quand laisser aller

Les moments cruciaux pour « laisser aller » sont ceux où vous sentez le plus fort besoin de résister :

quand la peur, la colère, l'orgueil, la méfiance prennent le contrôle. Pourtant ces forces n'ont aucune valeur spirituelle. Dans ces moments où vous éprouvez le plus de peur, de colère, où vous vous sentez le plus têtu ou défiant, vous êtes sous l'emprise de l'irréalité. Votre ego vous force à réagir à partir du passé en vous masquant les nouvelles possibilités qui existent ici et maintenant.

Un esprit qui se cramponne désespérément au passé a tendance à s'exprimer ainsi :

Je déteste cela. a doit finir.

Je ne peux plus le supporter. Si ça continue, je mourrai.

Je ne peux pas continuer. Je suis à bout.

Je n'ai pas le choix. C'est comme ça et pas autrement.

Tu as complètement tort.

Aucun de vous ne me comprend.

Tu me traites toujours comme ça.

Pourquoi faut-il que tu te comportes toujours ainsi ?

Il y a d'infinies variations à partir de ces formulations, mais les sentiments sous-jacents sont remarquablement semblables. Vous avez l'impression de ne plus pouvoir faire face. Vous vous sentez pris au piège. Vous avez l'impression que vous n'y survivrez pas. Qu'il ne vous arrive que des malheurs. Ces impressions engendrent un état de résistance rigide, contracté, et vous refusez d'admettre que d'heureux événements peuvent survenir à tout moment.

> Pour peu que vous vous ouvriez à l'esprit, il vous montrera des issues favorables pour toutes les situations.

Un mot clé auquel on s'accroche est le mot *toujours*. Dès que votre esprit vous dit que quelque chose arrive toujours, vous êtes sous l'emprise d'une fausse croyance. « Toujours » n'est jamais vrai. La réalité n'est pas un vaste schéma préétabli dans lequel vous seriez piégé sans possibilité de choix. À tout moment, vous avez le choix de rompre avec ce qui vous piège réellement, à savoir vos réactions automatiques héritées du passé.

Que laisser aller ?

Si le bon moment pour « laisser aller » est celui où vous ne voulez pas, la chose à laisser aller est celle à laquelle vous avez l'impression de devoir vous cramponner. La peur, la colère, l'obstination et la méfiance se présentent comme vos sauveurs. En fait ces énergies contribuent à renforcer votre sensation d'enfermement. Dites-vous une chose : personne n'a jamais résolu une situation en paniquant. Personne n'a jamais résolu une situation en refusant d'entendre de nouvelles réponses. Personne n'a jamais résolu une situation en se refermant sur lui-même.

Vous le savez, dans vos moments les plus calmes, l'esprit continue à se cramponner à l'irréel à cause de ses habitudes et de la force d'inertie. Les gens qui paniquent ont tendance à agir de cette façon parce qu'elle leur est familière. Il en va de même pour les coléreux et les têtus. C'est en repoussant des réactions familières que vous progresserez. Il suffit de décréter que vous ne croyez plus en elles. Voici quelques exemples explicites :

Au lieu de dire : « Je dois faire les choses à ma façon », dites-vous : « Je ne sais pas tout. Peut-être une issue que je ne prévois pas encore me paraîtra-t-elle acceptable. »

Au lieu de dire : « Je ne peux supporter cela », dites-vous : « J'ai déjà survécu à des événements similaires. »

Au lieu de dire : « J'ai incroyablement peur », dites-vous : « La peur m'est étrangère. Avoir encore plus peur ne rend pas les événements plus réels. » (Cette technique est aussi applicable aux sentiments d'angoisse accablante, de méfiance, de rejet, d'anxiété, etc.)

Au lieu de dire : « Vous avez tous tort, personne ne me comprend », dites-vous : « Cette situation est trop complexe pour qu'une seule personne puisse la comprendre. »

La formule générale, consiste, quand vous réagissez en disant : « X doit être ainsi et pas autrement », à élever votre conscience et à dire : « X ne doit pas être autrement qu'il n'est. »

Comment « *laisser aller* »

Dans les situations extrêmement émotionnelles ou difficiles, personne ne « laisse aller ». Vous n'êtes pas surhumain. Quand la colère, la peur, le doute et l'obstination sont si puissants que vous n'avez pas d'autre choix que d'y céder, comprenez que vous avez une réaction extrême. Dites-vous : « Je me cramponne vraiment, mais cette expérience n'est pas moi. Ce n'est qu'une expérience qui va passer et quand elle passera je « laisserai aller ». » Même dans les situations les plus extrêmes, vous pouvez vouloir laisser aller, ce qui est un grand progrès en soi.

La plupart du temps, cependant, vous n'êtes pas prisonnier de contraintes aussi lourdes et le processus de laisser aller peut commencer. Comme le laisser aller est un choix tout à fait personnel, vous allez devoir être votre propre professeur. Cette démarche se joue dans tous les domaines – physique, mental et émotionnel – où l'énergie peut être emmagasinée ou retenue, et il n'existe pas deux personnes qui aient exactement les mêmes problèmes. Vous pouvez avoir besoin d'une libération physique beaucoup plus importante que la mienne pour vous sentir à l'aise. Je peux avoir besoin d'une libération émotionnelle beaucoup plus importante que la vôtre pour me sentir à l'aise. Il est essentiel que chacun trouve son juste équilibre personnel.

Laisser aller physique

Le laisser aller physique libère les tensions accumulées. Le stress entraîne des tensions et des contractions corporelles. La respiration devient irrégulière et haletante. Les taux d'hormones dans le sang atteignent des niveaux élevés correspondant à l'état d'hyper-vigilance requis pour combattre ou fuir. Vous ne pouvez pas faire face à tout cela simultanément. Le plan d'ensemble qui vise à réduire la tension suppose un engagement à long terme de votre part et peut comprendre des séances de méditation, de yoga et d'innombrables autres exercices. Le stress est permanent. C'est pourquoi la réduction de la tension elle aussi doit être permanente. Laisser aller la tension entraîne une détente rapide. Prenez de longues inspirations régulières en expirant sans retenir votre souffle. Si vous pouvez, allongez-vous et détendez-vous aussi longtemps que vous en ressentirez le besoin.

Les signes d'une bonne détente sont les suivants : bâillements, soupirs, sanglots silencieux, toux, reniflements et envie de dormir. Laissez votre corps choisir la ou les manières de se détendre qui lui conviendront.

Il existe d'autres modes de libération que la respiration : le rire, le cri, le hurlement, la promenade, la natation, un long bain, la danse, la gymnastique aérobic, etc. Toutes ces activités parviennent à chasser la tension au moins partiellement. Mon intention est de laisser votre corps relâcher ce qu'il veut. Votre corps n'aime pas se cramponner à la tension. Il le fait principalement sous la contrainte de l'esprit. Si vous arrivez à détacher votre esprit de la situation et à laisser votre corps relâcher ses énergies excessives, vous aurez accompli un progrès important.

Quand votre tension devient vraiment extrême, n'hésitez pas à vous isoler – expliquez à ceux qui vous entourent que vous avez besoin d'être seul un moment pour faire le point. Assurez-les que vous allez revenir, et même si l'on fait pression sur vous pour que vous restiez, donnez-vous la permission de faire ce qui est nécessaire à votre propre bien-être.

Laisser aller mentalement

J'ai déjà beaucoup parlé de la façon dont l'esprit se cramponne à des croyances, des attentes et des interprétations. Il faut une vie entière pour élaborer ces réactions conditionnées, mais leur dislocation se produit par étapes successives. Le présent est le bon moment pour commencer. Quand vous vous trouvez dans une situation dans laquelle vous êtes certain du désastre, de perdre, d'être blessé, ou de n'importe quelle autre issue analogue, utilisez les formules suivantes, selon les cas :

Ce n'est qu'une expérience. Je suis sur terre pour faire des expériences. Rien ne va mal.

Mon moi le plus élevé sait ce qui est en train d'arriver. Cette situation est profitable pour moi, même si je ne suis pas capable de le comprendre immédiatement.

Mes peurs peuvent se révéler fondées, mais l'issue ne va pas me détruire. Peut-être l'issue sera-t-elle même bonne. Je vais attendre et voir.

J'éprouve une réaction très violente à présent, mais ce n'est pas mon moi réel. a va passer.

Ce que j'ai peur de perdre est destiné à partir. Je me sentirai mieux quand de nouvelles énergies viendront.

Quoi que dise la peur, rien ne peut me détruire. Quand les êtres tombent, ils ne se brisent pas, ils rebondissent.

Le changement est inévitable. Résister au changement ne sert à rien.

Il y a quelque chose ici pour moi, si j'ai la conscience de le trouver.

Les choses que je crains le plus sont déjà arrivées.

Je ne veux plus me cramponner. Mon but est de laisser aller et d'accueillir ce qui doit arriver.

La vie est de mon côté.

Je suis aimé, par conséquent je suis en sûreté.

Ce ne sont pas seulement des formules, mais de nouvelles croyances qui, quand on y adhère sincèrement, appellent l'esprit à votre secours. Pour construire une nouvelle réalité, vous avez besoin de nouvelles structures mentales. Les situations auxquelles votre ego résiste de toutes ses forces sont précisément celles que vous devriez affronter, parce que du point de vue spirituel tout ce qui déstabilise vos constructions mentales étriquées est bénéfique. Vous devez rompre avec le connu pour laisser entrer l'inconnu.

Laisser aller les émotions

Les émotions sont plus têtues que les pensées. L'émotion ressemble presque à une colle qui vous fixe et vous assujettit à vos vieilles croyances et attentes. Chaque fois que vous vous dites que vous ne pouvez pas laisser aller, vous proférez un jugement émotionnel. En réalité, vous pouvez laisser aller dans toute situation, à n'importe quel moment. « Je ne peux pas », signifie en fait : « J'ai peur des conséquences émotionnelles si je le fais. » Votre ego dessine une limite fictive et s'efforce de vous persuader que vous ne survivrez pas au bouleversement intérieur qui se produira si vous franchissez cette ligne.

Cette limitation puissante qui s'impose ici d'elle-même est au fond illusoire. Vous survivrez à n'importe quelle émotion. En fait, ce que vous considérez comme une peur trop forte, une perte trop grande, une humiliation insupportable, une désapprobation, un rejet insurmontables, tout cela vous est déjà arrivé. Vous avez franchi cette ligne bien souvent, sinon vous ne sauriez même pas où la tracer. Ce que votre ego vous dit réellement est que vous ne pouvez pas franchir la ligne *à nouveau*. Du point de vue de l'esprit, cependant, vous n'en avez pas besoin.

Il y a une loi de l'inconscient selon laquelle tout ce que vous évitez reviendra et d'autant plus fortement que vous l'éviterez. Ceux qui jurent qu'ils n'éprouveront plus jamais une telle peur, une telle colère, un tel accablement ne font rien d'autre que travailler à leur insu au retour de la peur, de la colère et de l'accablement. Le refus d'affronter ce fait engendre beaucoup de détresse inutile.

> Au lieu de résister à toutes les émotions, le meilleur moyen de les chasser consiste à y entrer complètement, à les embrasser et à briser la carapace de votre résistance.

Les émotions douloureuses ne reviennent pas pour des raisons extérieures. Elles reviennent parce qu'elles font partie de vous. Vous les avez créées avant de vouloir les chasser. Toutes les émotions que vous éprouvez vous appartiennent.

Nous faisons tous l'erreur de croire que quelque chose « au-dehors » nous fait peur, nous met en colère, nous déprime, nous rend anxieux, etc. En vérité, les événements « au-dehors » ne sont que des déclencheurs. La cause de toute émotion est « au-dedans », ce qui signifie qu'un travail intérieur peut la guérir.

Décider d'accomplir ce travail intérieur est la première étape et la plus importante. Même après des années de guérison émotionnelle, il y aura encore des moments où vous serez persuadé que quelqu'un d'autre est responsable de certains sentiments que vous éprouvez. Se consacrer à un travail intérieur signifie que l'on refuse pour toujours ce point de vue si tentant, si récurrent soit-il. Spirituellement, vous êtes le créateur de votre réalité. Vous êtes l'interprète, le visionnaire, celui qui prend les décisions, le maître de vos choix. Quand vous êtes dominé par une émotion négative, essayez de vous relâcher d'abord physiquement, puisque les effets corporels constituent au moins la moitié du blocage que vous ressentez.

Ensuite, utilisez selon leur efficacité l'une ou l'autre des formules suivantes pour modifier votre émotion :

• *Au lieu de vous persuader que votre émotion est mauvaise, demandez-vous ce qu'elle a à vous dire.*

Toute émotion a une raison d'être et cette raison, c'est toujours de vous aider. Les émotions sont à votre service.

• Au lieu de repousser une émotion, dites-lui que vous voulez l'examiner de plus près. Demandez-lui de jeter son masque et de se montrer à nu. Vous découvrirez que les émotions forment très souvent des couches superposées. La colère masque la peur, la peur une blessure. On ne dépasse une émotion qu'en traversant ses couches successives jusqu'à la racine.

• *Quand vous êtes submergé par un sentiment, dites-vous à vous-même : « Je veux le surmonter avant de l'examiner. »*

Prenez conscience de ce que ce sentiment qui vous assaille n'est pas votre vrai moi, mais seulement quelque chose que vous traversez.

• *Si vous reconnaissez que certaines situations entraînent toujours la même réaction, demandez-vous ce que vous avez besoin d'apprendre pour transformer cette réaction.* La répétition ressemble à un coup que l'on frappe à la porte – elle cesse quand vous ouvrez la porte et saluez ce qui se trouve derrière.

• *Quand vous vous surprenez à tracer des limites fictives, cessez.* Résister ne fait qu'aggraver les choses. Laissez l'émotion monter. Libérez-la en pleurant, en criant, en vous mettant en colère, en tremblant de peur, peu importe. Les émotions se succèdent de façon désordonnée. Comprenez que chacune possède son rythme propre et laissez-vous aller à ce rythme. La meilleure façon de ne pas couler consiste à chevaucher la vague.

Quand vous commencerez à maîtriser l'art de laisser aller, avec patience, constance et amour, votre réalité va changer. Elle n'a pas le choix.

Les choses qui sont « au-dehors » reflètent toujours ce qui se passe « au-dedans ». Dans le processus de laisser aller, vous perdrez beaucoup de comportements et sentiments hérités de votre passé, mais vous vous trouverez vous-même. Votre moi ne sera pas constitué de croyances, d'attentes et d'interprétations, car tout cela va et vient. Ce sera un Moi permanent, enraciné dans la conscience et la créativité. Une fois que vous aurez saisi le mécanisme, vous aurez saisi le monde.

Dans la vie
Et Moi ?

Della et Franck en étaient arrivés au point où toutes leurs discussions se terminaient en dispute, mais ils étaient au moins d'accord sur un point : chacun d'eux était marié à l'être le plus égoïste du monde. Ils étaient passés maîtres dans l'art du sarcasme acide et s'étaient forgé d'épaisses carapaces pour supporter leurs règlements de comptes. Ils arrivaient encore à sauver les apparences devant autrui, non sans efforts, mais certains matins la communication entre eux se réduisait à une note laconique déposée sur la table du petit déjeuner.

— Nous dormons toujours dans le même lit, fit Della. Nous avons nos bons jours et même quelques bonnes semaines, mais, je ne sais pourquoi, nous n'arrêtons pas de nous en prendre l'un à l'autre.

Certains de leurs amis murmuraient « Ah, ces avocats !... » et en restaient là. Della avait rencontré Franck huit ans auparavant, à la fin de ses études de droit. Il était alors journaliste dans une revue juridique. La période qui précéda le mariage ne fut pas des plus harmonieuses – ils ressemblaient à deux hérissons qui se font une cour circonspecte – et ni l'un ni l'autre ne songea à s'excuser de sa forte personnalité. Ils savaient ce qu'ils voulaient et n'hésitaient jamais à se plaindre l'un de l'autre. Quand le badinage tournait à la chamaillerie puis dégénérait en dispute violente, personne n'aurait su dire qui des deux en était responsable.

« Personne ne soupçonne les énormes efforts que nous avons déployés. Au début, nous pensions que notre mariage avait de bonnes chances, dit Della. Nous avons réglé beaucoup de problèmes à l'avance.

Par exemple, Franck a accepté que nos revenus et nos comptes restent séparés. Nous veillons très méticuleusement sur les comptes de façon que les dépenses soient équitablement réparties entre nous. Il n'existe rien de pire à mes yeux qu'une femme qui veut gagner sa vie mais demande à l'homme de payer pour tout. »

Ce thème fut l'un des premiers points de désaccord à cause des éducations extrêmement différentes qu'ils avaient reçues. Della était née dans une famille aisée d'avocats et de magistrats des environs de Rhode Island. Franck avait grandi dans un quartier pauvre de Providence et il avait dû travailler dans la bijouterie de son père pour payer ses études.

— Notre premier conflit a surgi juste après notre décision de nous fiancer, dit Della. Je voulais que ma famille soit la première à apprendre la nouvelle et cette question ne semblait visiblement pas préoccuper Franck. Alors nous avons décidé de quitter la fac de droit pour un long week-end. Nous avons fait les bagages et j'ai sorti une photo de mes parents pour la montrer à Franck. Il a paniqué et a refusé de partir.

— Pour moi, ce n'était pas une photo de ses parents, riposte Franck. J'ai vu la Bentley et la grande maison en briques de deux étages à l'arrière-plan. Le père de Della était debout devant, comme un monarque qui supervise tout. Je me suis dit : peut-être qu'elle n'a pas besoin d'un autre homme pour veiller sur elle. Celui-là m'a l'air assez impressionnant.

Dans la famille de Franck, il était naturel pour une femme d'attendre de son mari qu'il pourvoie à ses besoins. Dans la famille de Della, les femmes étaient indépendantes depuis plusieurs générations. Un profond fossé entre « mon argent » et « ton argent » se creusa entre eux malgré les dispositions mûrement réfléchies qu'ils avaient prises concernant leurs comptes en banque.

Parmi toutes les personnes qui les connaissaient, j'étais une des plus tristes de voir ces dissensions se développer. Il y en avait d'autres : Franck et Della avaient des opinions politiques très tranchées qu'ils défendaient bruyamment, agressivement même. Franck mangeait de la viande, Della était végétarienne. Della voulait économiser de l'argent pour envoyer plus tard ses deux enfants dans une école Montessori. Franck pensait que les écoles publiques faisaient aussi bien l'affaire. Il y avait bien fait ses études, lui !

« Ces avocats !... » Le qualificatif ne suffisait pas à expliquer ce qui s'était passé entre eux. Il me semblait que malgré l'âpreté de leurs divergences, Della et Franck partageaient la même vision du monde qui se résume dans la formule : « Et moi ?... » Ils s'aimaient, mais l'amour n'avait pas supplanté ce que j'appelle le retour de l'ego. Son retour frappe durement à la racine même de l'engagement conjugal. Très peu de temps après la lune de miel, sinon pendant, deux personnes découvrent qu'elles sont différentes. Parce que cette éruption au paradis déclenche inévitablement un conflit des volontés, la plupart des couples gardent un souvenir vivace de leur première grande dispute. Mais ce qui est réellement en jeu, c'est le retour de l'ego.

Ce problème recouvre une multitude de questions. On se demande si l'autre est bien la personne qu'il nous faut. Ce doute n'est pas rationnel la plupart du temps, mais la raison a le plus grand mal à contrer la peur, surtout quand il devient clair que l'être que vous aimez ne peut pas toujours comprendre vos besoins. Pour les femmes, cette période réveille des doutes sur la capacité de l'autre à veiller sur elles et à les écouter. Les hommes se mettront facilement en colère s'ils ont l'impression de ne pas être soutenus.

Ces réactions de l'ego ne sont pas complètement honnêtes, cependant. Les questions sous-jacentes sont encore plus profondes : Puis-je te faire confiance ? Me blesseras-tu si je me rapproche trop ? Pourquoi n'em-

pêches-tu pas que je me sente seule et que j'aie peur ?
« Tu manques tellement d'égards » est une façon codée
de dire : « Pourquoi ne peux-tu m'aider ? » Della et
Franck étaient en panne et tout progrès dans leur
engagement réciproque était impossible. Nous eûmes
l'occasion de discuter de leur situation un jour où ils
participaient à une session de méditation, au prin-
temps dernier.

— Je voudrais vous faire une suggestion mais vous
allez la trouver scandaleuse.

Avec leur sens inné du défi à relever, Della et
Franck dressèrent l'oreille, prêts à affronter l'épreuve.

— Je propose que chacun de vous prenne un maître
spirituel, un gourou, dis-je. Un maître sage pourrait
vous prodiguer les conseils spirituels dont vous avez
besoin quand vos disputes éclatent. Vous pourriez
explorer les raisons de votre colère et de votre peur.
Et surtout vous disposeriez d'une véritable source de
compassion et de confiance.

Les doutes de Franck surgirent aussitôt :

— Je ne sais pas, je ne me sens pas très à l'aise dans
ces relations de maître à disciple.

— Je ne suis pas sûre que cela soit bon pour moi,
fit Della. Mais il n'y a rien de scandaleux à ce que
vous suggérez. Qui serait notre gourou ?

— Vous deux, répondis-je.

L'atmosphère de la pièce se tendit instantanément.
Ma proposition était jugée scandaleuse, exactement
comme je m'y attendais.

— À vous de choisir, insistai-je. En y réfléchissant,
vous verrez que vous êtes tous deux les plus qualifiés.
Vous vous aimez et qui connaît vos faiblesses mieux
que vous ? Vos possibilités de compassion sont infinies.

Franck eut un rire nerveux. Della détourna le
regard.

— Je ne traite pas votre détresse présente à la
légère, dis-je d'un ton plus persuasif. Vous vous sentez

tous deux insuffisamment estimés et vous vous en rendez responsables l'un l'autre, ce qui compromet sérieusement toute évolution vers une ambiance psychologique plus souple. Vous êtes pris au piège de vos réactions automatiques envers l'autre. Vos colères sont devenues rituelles, pourtant votre obstination vous pousse à vous cramponner à votre bon droit même quand vous en êtes saturés jusqu'à l'écœurement.

Mais réfléchissez-y : est-ce vraiment l'autre qui vous a forcé à vous conduire de cette façon ? Vous avez tous deux considéré ce mariage comme une épreuve de force, une compétition, parfois même une guerre. Je sens que vous trouvez tous deux du plaisir à ce combat, mais en même temps il est devenu complètement stérile. Gagner vos petites batailles quotidiennes ou même toute la guerre ne va pas vous apporter l'amour et l'harmonie. Un amour mûr ne peut pas se développer dans ce type de cadre. Il ne le peut que si vous arrivez à trouver un moyen de reconstruire autrement votre mariage. Que votre conjoint soit votre professeur.

— Nous voulons nous aimer réciproquement, protesta Della. Nous le voulons vraiment, mais nous ne savons pas comment nous le montrer.

— Je ne sais pas comment vous définissez l'amour, répondis-je. Mais n'implique-t-il pas des sentiments comme la bienveillance, l'estime et l'approbation ? Aimer quelqu'un suppose de ne pas résister à sa volonté, ce qui est l'une des premières choses que vous pourriez vous apprendre.

Je leur expliquai l'ancien concept d'*Upagourou*, un mot sanskrit que l'on peut traduire par : « Le professeur qui est proche. » À la différence du gourou qui est un sage éclairé, n'importe qui peut vous servir d'upagourou – il est seulement nécessaire que nous comprenions que toute personne peut nous offrir à n'importe quel moment exactement ce que l'esprit veut que nous apprenions. Quand le moment est passé et que nous y voyons plus clair, l'upagourou redevient notre ami, notre conjoint, ou un simple étranger.

Franck était dubitatif.

— Vous dites que je devrais faire ce qu'elle veut, sans la moindre question ? Enfin, s'agit-il d'une obéissance totale ?

— Ne t'inquiète pas, Franck, riposta Della sèchement. Il faudrait d'abord que tu écoutes ce qu'on te dit avant de pouvoir obéir.

Je leur garantis que je ne parlais pas de soumission à la volonté d'une autre personne.

— Un maître agit par amour, leur expliquai-je, mais cet amour ne ressemble pas à l'amour que la plupart d'entre nous connaissent. Pour un maître, il n'existe pas de fossé entre « toi » et « moi ». Il est d'autant plus capable de combler ce fossé qu'il n'existe pas dans la réalité. La distance n'est qu'une apparence, d'autant plus destructrice que les gens y croient plus fortement, comme vous deux.

Della et Franck sont des êtres beaucoup plus complets que ma description ne le suggère et ce que je disais faisait écho à leur propre expérience. Ils avaient fait preuve d'un haut degré de conscience dans leur mariage et avaient fait de réels efforts pour apprendre l'un de l'autre. Tous deux croyaient sincèrement dans l'égalité et la justice. Franck avait vu sa mère se transformer passivement en « esclave ménagère » comme il l'appelait avec amertume. Il ne s'était pas senti protégé par son père dont les accès de tendresse étaient souvent suivis de moments d'agressivité. Il était donc très heureux d'avoir une femme forte dans sa vie.

Della devait aussi surmonter quelques images vivaces héritées de son passé : ses deux parents travaillaient, et avec leur sens développé de la solidarité, s'étaient consacrés à tant de bonnes causes qu'elle avait passé nombre de nuits seule à la maison à ∞

demander pourquoi elle n'était pas assez bien pour mériter leur attention. Elle attachait beaucoup d'importance à l'attention qu'on lui portait à présent. Elle avait aussi pleinement conscience que la vie quotidienne avec Franck réveillait ses vieilles blessures émotionnelles. Della et Franck connaissaient tous deux ces aspects de leur personnalité. Leur mariage, au début, par son haut degré d'honnêteté, valait beaucoup mieux qu'une union stéréotypée d'avocats que leur égoïsme aurait condamnée d'avance.

Finalement, ils repoussèrent ma proposition « scandaleuse », mais promirent de la garder en tête. Je leur suggérai, avant de prendre ce risque, de répéter leurs nouveaux rôles mentalement. Ils me demandèrent de clarifier ma pensée.

— Quand il vous arrive de sentir que vous avez une réaction de jugement, de rejet ou de résistance, imaginez le contraire, fis-je. Au lieu de voir en lui un adversaire, considérez votre partenaire comme totalement de votre côté. Ne vous concentrez pas sur ce qu'il ou elle a pu faire pour vous irriter. Reconsidérez son geste comme un acte de pur amour destiné à vous enseigner la leçon parfaite que vous avez besoin d'apprendre à ce moment précis. Il ne s'agit pas d'un jeu de l'esprit ni d'un tour de magie : pour l'esprit, l'être que vous aimez n'agit qu'au nom de l'amour, et vise de tout cœur votre intérêt le plus élevé.

— Fascinante notion, répondit Franck avec circonspection.

Della se mordit la lèvre et examina, dans mes propos, la possibilité d'une véritable solution.

— La résistance ressemble à un mur qui retiendrait le flux de l'amour, continuai-je. L'amour est la vague qui apporte le pardon, la gentillesse et la confiance de l'esprit. Tu ne peux pas créer ces sentiments. Tu peux seulement t'accorder à eux, raison pour laquelle tu dois transformer tes batailles quotidiennes en opportunités pour l'esprit. Chaque fraction du temps débouche sur l'intemporel. Saurez-vous enfin vous autoriser à franchir ce mur ? D'abord et avant tout, vous devez arriver à vous voir l'un l'autre dans une nouvelle lumière. Je ne vous demande pas d'être à l'entière disposition de votre partenaire, ni d'abandonner vos propres besoins. Les besoins ne disparaissent pas si simplement. En revanche, les projections de reproche devraient disparaître. Il n'y a aucune raison, sauf dans vos perceptions, pour donner à votre partenaire le sentiment qu'il a tort.

—Je n'ai rien contre, mais comment fait-on, concrètement ?

—Vous cessez de nourrir le monstre. Cet être intérieur qui ne cesse de crier : « Et moi ? » est une sorte de monstre, une excroissance monstrueuse de votre ego.

Je leur demandai de fermer les yeux et d'imaginer ce monstre en détail. Il était hideux, couvert d'écailles de serpent et dur comme la pierre. Il avait une corne sur le dos que j'appelai l'os de la dispute. Il arborait en permanence une expression de mépris et le seul mot qu'il avait réussi à apprendre était : « Non ! », un non proféré d'une voix forte et menaçante.

—Le nom de cette bête est Résistance, dis-je. Maintenant, pensez à une situation récente où vous ne vouliez absolument pas céder à la volonté de votre conjoint. Regardez la façon dont le monstre s'approche pour vous défendre en érigeant un mur de dénégation, bâti avec les mille preuves pour lesquelles vous avez raison et votre partenaire tort, exhibition cruelle de toutes vos mésententes passées. Qu'éprouvez-vous quand cela arrive ?

—Je me sens mal, en colère, furieux, répondit Franck.

—J'éprouve un sentiment d'insécurité, je me sens vide, seule, fit Della.

Je leur montrai que leurs deux réponses signifiaient en fait la même chose. À la surface, le monstre de résistance manifeste de la colère et de la dureté, mais ce n'est que pour se protéger contre l'insécurité et la solitude tapies au fond de lui. Si vous creusez un peu, vous découvrirez que c'est la peur qui a engendré cette résistance et que cette peur elle-même provient d'une ancienne et douloureuse blessure.

— Maintenant, demandez à votre monstre d'ôter son costume effrayant et de révéler sa vraie nature. Que voyez-vous ? demandai-je.

Franck, mal à l'aise, resta silencieux, se tortillant un peu sur sa chaise. Après quelques instants, Della répondit :

— Je vois une petite fille. Complètement nue. Elle a l'air effrayée.

— Vous dit-elle quelque chose ? demandai-je.

— Je n'en suis pas sûre, bredouilla Della.

— Tient-elle ses bras d'une façon particulière ? insistai-je.

— Elle les tend vers moi. Elle veut que je la prenne dans mes bras, dit Della d'une voix douce sous-tendue par une émotion croissante.

— Elle veut que vous l'aimiez, n'est-ce pas ? demandai-je.

Della acquiesça.

Je me tournai vers Franck :

— Et vous ?

Il hésita avant de répondre d'une voix rauque :

— Je vois essentiellement la même chose, mais c'est plus dur pour moi d'en parler.

Je leur demandai d'ouvrir les yeux.

— Une fois que vous avez surmonté les apparences effrayantes, tous les monstres intérieurs semblent faibles, effrayés et solitaires. Vous avez rejeté cette part de vous-même depuis longtemps, c'est pourquoi elle vous apparaît sous les traits d'un enfant qui veut que vous le preniez dans vos bras. Maintenant, demandez-vous pourquoi il s'est transformé en monstre.

— Une bonne attaque est la meilleure défense, répondit Franck.

— Exactement. Si vous vous sentez faible et effrayé, vous ne voulez surtout pas qu'on vous voie avec ce visage. Alors vous mettez un masque. Dans ce cas, le masque est un mot : non, qui dissimule à quel point vous voulez être aimé et compris. Ce non est une façon méconnaissable de dire « aime-moi ». C'est la raison pour laquelle vous résistez tous deux avec tant de violence, je crois. Vous dirigez votre attaque contre la personne dont vous attendez au fond qu'elle vous aime.

Ils étaient tous deux très calmes à présent. L'exercice du monstre intérieur en avait appris à Della et Franck beaucoup plus que ce qu'ils en attendaient.

— Je ne vous demande pas de faire la paix ici et maintenant, dis-je. Vous n'êtes pas là pour balayer des années de griefs réciproques d'un revers de main. Mais j'aimerais que vous repensiez à l'époque qui a précédé tous ces conflits. Vous êtes amoureux, tout à l'euphorie d'être ensemble. Vous ne pensez qu'à vous retrouver. Replongez dans cette ambiance et dites-moi, faisiez-vous déjà l'expérience de la résistance à cette époque ?

Ils secouèrent la tête sans rien dire.

— Chacun de vous peut-il me donner un exemple d'une action qui lui a montré que l'autre l'aimait ? demandai-je.

Della se porta volontaire.

— Nous n'étions pas encore fiancés et Franck venait de rentrer en avion d'un voyage en Europe. Il avait acheté les billets avant de me rencontrer et au moment de son départ il ne voulait plus vraiment partir. Mais les billets avaient coûté beaucoup d'argent et il partit quand même. Nous brûlions d'impatience de nous retrouver et quand il revint je bouillais d'envies, aller au théâtre avec lui, manger dans « notre » restaurant, toutes choses que j'avais imaginées pour fêter son retour.

« Pas une seconde, je ne pensais qu'il pouvait être épuisé parce qu'il avait l'air si heureux de me revoir. Nous appelâmes donc un taxi et filâmes droit à une pièce de théâtre que je mourais d'envie de voir. Au milieu de la pièce, je tenais sa main dans le noir, j'entendis un bourdonnement de scie : il ronflait, complètement affalé sur son fauteuil. Et je compris qu'il était sorti pour moi, sans prêter la moindre attention à sa fatigue, sans autre souci que mon plaisir.

— Et qu'avez-vous fait ? demandai-je.

— Dès que j'ai pu, je l'ai ramené à notre hôtel, répondit Della en souriant. Il s'est effondré sur le lit tout habillé et a dormi dix heures d'affilée.

— Ce que vous venez de décrire s'appelle l'abandon, dis-je. Franck a mis de côté ses besoins immédiats parce qu'il voulait accomplir les vôtres.

— Mais Della a fait la même chose pour moi quand elle m'a traîné jusqu'à l'hôtel, expliqua Franck. Elle attendait de voir ce spectacle depuis des mois et les billets étaient très au-dessus de ses moyens.

— Qu'avez-vous éprouvé en faisant tout cela ? Étiez-vous contrarié ? En avez-vous voulu à votre partenaire ? demandai-je. Ils secouèrent tous deux la tête. Aussi insignifiant que cet incident puisse paraître à un étranger, dis-je, en agissant ainsi vous faisiez savoir à votre conjoint qu'il n'était pas seul. Tel est le message de l'esprit. Tant que durera l'impulsion de l'amour, c'est ce message que vous vous adresserez. Il était valable à cette époque et je crois qu'il l'est toujours.

— Oui, acquiesça Franck. Mais les choses changent.

— Sans aucun doute. Le mariage n'a rien à voir avec l'état amoureux. Pourtant, la mémoire vous a rappelé certaines notions importantes et tout d'abord que céder à quelqu'un que vous aimez n'est pas une défaite. C'est une joie qui vous apporte beaucoup plus que ce à quoi vous renoncez.

L'atmosphère dans la pièce s'était complètement détendue. Della et Franck avaient des expressions pensives en quittant mon bureau. Ils promirent de réfléchir à notre discussion et de revenir me voir à un moment où leurs agendas d'avocats ne seraient pas trop encombrés. Mais nous avions tous senti que la percée nécessaire était accomplie.

5

L'ATTACHEMENT EST-IL
RÉELLEMENT DE L'AMOUR ?

Le chemin vers l'amour ne s'achève pas avec l'abandon, bien qu'en un sens il n'y ait rien de plus à faire. Le processus de laisser aller est tout ce dont l'esprit a besoin pour entrer dans votre vie. Le reste est affaire de mûrissement de l'union entre le moi individuel et le Moi. Demeure, cependant, un énorme problème : comment deux personnes peuvent-elles s'abandonner complètement l'une à l'autre ? Quel que soit le degré d'amour que vous commencez à éprouver en vous, vous devez toujours le projeter vers l'être que vous aimez. La relation de deux êtres spirituels vivant ensemble n'est pas nécessairement une relation spirituelle. C'est pourquoi nous voulons poser concrètement la question de la façon dont l'amour peut augmenter entre deux êtres. Il n'est pas facile de faire taire l'ego et son souci de tout… sauf de l'amour.

L'abandon n'est pas réalisé tant qu'on ne s'est pas abandonné complètement à l'être que l'on aime. Pour y parvenir, il faut renoncer à tout ce qui vous prive d'amour et cultiver tout ce qui provient de l'amour.

Une des façons dont les êtres se privent d'amour et particulièrement égarante parce qu'elle semble être une façon de l'accroître, c'est l'attachement. Sous sa forme la plus anodine, l'attachement est le désir d'être avec quelqu'un de spécial. Un bébé attaché à sa mère n'acceptera pas d'autres femmes comme substituts. Une petite fille de douze ans choisit sa meilleure amie parmi les filles qu'elle connaît. Même sous ces formes préadultes, l'attachement a deux visages : il inclut et exclut à la fois. Des relations adultes portent l'attachement à un niveau plus profond, mais l'exclusivité demeure. Le vœu du mariage suppose non seulement de la fidélité, mais une vie à partager à deux « pour le meilleur et pour le pire ».

Partager son monde avec un être, cela ne s'appelle-t-il pas de l'amour ? Des relations intimes ne devraient-elles pas faire porter leur exclusivité sur ce seul point ? La réponse est surprenante car si vous regardez plus en profondeur vous verrez que l'amour et l'attachement sont deux choses bien différentes.

• *Aimer, c'est donner à l'être que vous aimez la liberté d'être différent de vous*. Alors que l'attachement exige la conformité à vos besoins et désirs.

• *L'amour n'impose pas d'exigences*. Alors que l'attachement exprime une exigence forcenée : « Donne-moi le sentiment que je suis entière. »

• *L'amour transcende les limites d'une relation entre deux personnes*. L'attachement essaye d'exclure tout ce qui n'est pas ces deux personnes.

La plupart d'entre nous ne feraient pas automatiquement ces distinctions parce que nous avons besoin de l'attachement. Mais une relation construite sur le besoin ne traduit que l'expansion de l'ego. Votre capacité à fondre votre ego avec celui d'un autre vous apporte un sentiment de sécurité. Elle justifie votre égoisme parce que cet égoisme est partagé. « Nous » avons nos façons de faire les choses, nos goûts et nos dégoûts, notre sentiment d'exclusion... L'égoisme à son comble débouche sur une sorte de folie mutuelle

– folie à deux – dans laquelle deux personnes essayent de posséder l'âme et le corps de leur conjoint. C'est à travers la passion amoureuse que la plupart des êtres font l'expérience d'une telle osmose. Dans les relations d'amour ordinaires, l'attachement en reste, apparemment, à un niveau normal.

La séduction de l'attachement réside dans le fait qu'elle confère un sentiment de sécurité en isolant celui qui l'éprouve du monde extérieur. Les petits noms que personne d'autre n'entend, les expressions et les rituels intimes, les automatismes de comportement si évidents qu'aucun des partenaires ne les remarque plus : tous ces facteurs insufflent un sentiment de sécurité aux êtres parce qu'ils font du « nous deux » un petit monde intime et fermé.

Pourtant l'attachement recèle une signification spirituelle plus profonde. Il représente une tentative d'atteindre l'unité en fusionnant avec une autre âme. Bien qu'il ne soit pas toujours complètement conscient, à un certain niveau vous réalisez que vous avez vécu séparés de Dieu. Cette séparation est un état empli d'anxiété et d'insécurité. Il y a une part de vous qui se voit comme détachée du tout.

Je connais un homme qui a été heureux dans son mariage pendant seize ans. Un matin, il a remarqué un camion de déménagement garé devant l'entrée de sa maison. Il a demandé à sa femme ce qu'il faisait là et elle a répondu : « Je pars et mon avocat m'a dit que je pouvais emporter la moitié de nos biens. Décide tout de suite ce que tu veux garder. »

Cet adieu brutal constitua une rude secousse pour mon ami. (Il admit, rétrospectivement, que la communication avec sa femme avait été nulle pendant les dernières années, et que si elle avait des griefs, les occasions d'en parler avaient été rares.) Il n'eut pas d'autre choix que de se résigner au départ de sa femme et en un instant son attachement envers elle se transforma en douleur, à laquelle se mêla aussitôt de la jalousie sexuelle. (Il crut qu'un autre homme avait pris sa place, ce qui était faux.) Suivirent le sentiment de trahison, les soupçons et la méfiance. C'est la séparation qui engendre cette douleur. Elle ne résulte pas du comportement d'autrui à notre égard. Dans un état d'unité, le Moi prodiguerait un amour inconditionnel, ce qui signifie qu'aucun sentiment de trahison ou d'abandon ne pourrait nous blesser. Quand vous êtes dans l'unité, personne ne peut vraiment vous quitter.

Mais l'état « normal » de la vie, au sens qu'a ce terme dans notre culture, n'est pas de vivre en unité. Même quand c'est le cas, il est naturel pour vous de chercher à redevenir entier, de guérir la séparation en fusionnant avec un autre être – cette pulsion sous-jacente rend la relation extrêmement puissante.

Si l'attachement tenait ses promesses, il suffirait de se marier pour redevenir entier. Mais rien de tel ne se produit. Le mariage peut vous faire vous *sentir* entier. Il peut apporter une sécurité plus grande à certains niveaux. (Cela est particulièrement vrai pour les hommes qui se voient souvent comme le sexe fort. Des études sociologiques ont cependant montré que les veufs éprouvent un sentiment de solitude beaucoup plus vif que les veuves, que les étudiantes célibataires ont plus de chances de passer leurs diplômes que les étudiants et qu'en général, les femmes gèrent mieux la solitude que les hommes.) Pourtant, le mariage n'augmente nullement le sentiment d'unité. Au contraire, il est très courant que deux personnes mariées ressentent le mariage plutôt comme un double fardeau de soucis que comme une liberté multipliée par deux.

La question est donc de savoir comment préserver le dévouement et la fidélité sans se résigner à la tyrannie du besoin et de l'attachement. L'état qu'il faut chercher à atteindre, nous l'appelons non-attachement. Ce mot sonne comme un synonyme de détachement, qui renvoie à l'indifférence, mais le non-attachement est en fait un état de liberté qui préserve et même accroît votre amour pour l'autre. Le détachement suppose une absence de souci. Le non-attachement renvoie, en revanche, à un laisser-être qui suppose un suprême souci. C'est pourquoi les réflexions qui concernent le non-attachement nous font pénétrer plus au cœur du laisser aller et de son importance spirituelle.

> L'attachement est une forme de dépendance égocentrique ; l'amour est le non-attachement qui repose sur l'esprit.
> Plus vous cultivez le non-attachement, plus vous êtes capable d'aimer vraiment.
> L'action qui ne contraint pas est l'expression directe de l'amour. Toutes les autres actions proviennent indirectement du passé.
> Lutter contre le karma ne vous libérera pas de son influence contraignante. La liberté ne peut être obtenue qu'en vous rappelant qui vous êtes vraiment.
> Celui que vous êtes vraiment c'est l'esprit illimité, hors d'atteinte du karma.

L'ATTACHEMENT SPIRITUEL OU KARMA

L'équivalent spirituel de l'attachement est l'esclavage. L'esclavage vous impose l'illusion de la séparation. Sans lui, vous vous verriez automatiquement en unité avec l'esprit. La racine de l'esclavage est le karma, mot qui en sanskrit signifie simplement « action ». Toute action dans le monde – que ce soient les actions de la nature comme la pluie ou la rotation de la terre sur son axe jusqu'aux actions les plus personnelles des êtres humains aux prises avec les complications de la vie – s'effectue sous la direction du karma.

Le karma forme une chaîne infinie de causes et d'effets, d'actions et de réactions. On ne peut éprouver de coup de foudre ou une antipathie violente sans se joindre à une danse «karmique» dont les pas ont été ébauchés il y a très longtemps. Le fait que vous ne puissiez vous rappeler ce passé n'efface pas la mémoire karmique. Voici un exemple qui vous aidera à comprendre : si je tombe amoureux de vous et que vous me repoussiez, mon désir n'est pas effacé pour autant. Je continue à ressentir un lien karmique, malgré votre rejet et jusqu'à ce que vous répondiez ou que je surmonte mon syndrome émotionnel d'amour non partagé, le karma continuera à nous lier l'un à l'autre. Toute personne que j'aimerai dans le futur sera perçue à travers le filtre de l'impression que vous m'aurez faite. Par conséquent, mon vieux karma bloque l'expression de tout nouveau flux amoureux.

Quand je suis touché par l'amour, le karma accumulé au cours des différentes époques de ma vie est aussitôt stimulé. Le désir de protection de l'enfant, le désir confus de l'adolescent, le désir mûr de l'adulte : tous ces désirs sont réveillés. Les blessures résultant d'anciennes absences d'amour reviennent pour être guéries et les espoirs les plus intimes et les plus chers s'expriment à nouveau.

Le karma a donc un double effet : il nous attache en même temps à nos anciens désirs et aux futurs. Cela n'est pas seulement une constatation théorique. Des millions de gens luttent en vain contre leur karma. Une relation remplie de frustration et de souffrance ne peut être résolue en manipulant vos émotions, en essayant de maintenir une apparence d'amour en surface quitte à nier que vous vous sentez pris au piège, ou en fuyant. L'attachement né du karma vous suivra, peu importe où vous fuirez.

La théorie du karma a été interprétée à tort comme un fatalisme. Être fataliste, c'est croire que, quelle que soit l'action entreprise, le résultat ne dépend pas de nous. Mais la pensée du karma dit exactement le contraire. « Comme tu as semé, tu récolteras » est une pensée que l'on trouve dans la théorie du karma. Quand le Christ a délivré son enseignement, il reprenait la version du karma que connaissent la plupart des gens dans notre culture. Semer et récolter sont des métaphores pour la cause et l'effet. Il faut comprendre que, quoi que l'on introduise dans l'univers, le résultat sera proportionné à cet acte. Si vous donnez de l'argent, l'argent reviendra. Si vous donnez de l'amour, l'amour vous sera rendu. L'univers, sous la grâce divine, est envisagé comme un lieu où aucune dette ne reste impayée. Il est parfaitement possible à court terme, comme nous le savons tous, de donner de l'argent et de ne rien recevoir en retour ou d'aimer profondément quelqu'un et d'être rejeté. De quelle utilité nous est alors le concept de karma dans la vie quotidienne ?

La doctrine qui se résume dans la phrase « Comme tu as semé, tu récolteras » exige la preuve que l'univers soupèse les actions humaines et administre une sorte de justice. Comment cela est-il possible alors que de toute évidence les méchants sont récompensés tandis que les bons ne le sont pas ? Quand les gens se réfèrent dans la conversation courante à un « bon karma » ou à un « mauvais karma », ils confondent le karma avec la récompense et la punition, mais le travail du karma est beaucoup plus profond.

L'esprit ne serait pas amour s'il pouvait exister un « bon » et un « mauvais » karma, parce que le karma ne concerne que l'état de séparation. L'esprit n'est pas séparation et Dieu non plus. Le divin ne punit jamais car que punirait-il sinon lui-même ? Rien d'autre n'existe. Dans notre perception, un chef de la Mafia est un mauvais homme. Dans la perception divine, il est l'égal d'un saint. Notre karma nous projette dans les rôles du saint et du pécheur, de l'homme et de la femme, du roi et du paysan, mais ces rôles sont temporaires et changeants. Aucun d'eux n'est vraiment nous. L'esprit utilise ces rôles comme un auteur dramatique utilise des acteurs. Si convaincant soit l'acteur qui joue *Hamlet*, nous ne croyons pas qu'il soit tué au cinquième acte avec une épée empoisonnée. Séparer les rôles de la réalité est plus difficile avec nos propres rôles, dans la vie. Mais le saint n'est rien d'autre que le pécheur sous une autre forme et celui-ci endossera l'habit du saint quand son tour viendra. Pourquoi jouons-nous ces rôles ? Pour l'expérience, pour grandir, pour trouver le chemin qui nous ramène vers Dieu. En dernier ressort, tout karma ne sert que deux buts : ou bien il est un signe d'amour de la part de l'esprit, ou bien il est une leçon voulue par l'amour.

Dans les textes sacrés védiques, le mot qu'on accole le plus souvent au karma est « insondable ». Vous ne pourriez régler toutes vos dettes karmiques que si vous arriviez à comprendre toutes les actions de votre vie, même les plus minimes. Ce n'est pas un jugement fataliste. Je me contente de mettre en évidence la véritable source de la liberté qui est intérieure.

Le plaisir de tout attachement extérieur – à l'argent, au pouvoir, au travail ou à une autre personne peut se transformer en souffrance sans prévenir. En termes spirituels, le plaisir et la souffrance sont liés l'un à l'autre. La raison pour laquelle les sages anciens voulaient commencer par rompre avec le cycle du karma réside dans le potentiel de souffrance que recèle toute action. Le karma est une roue qui nous entraîne du bien vers le mal, de l'ignorance vers la compréhension, de la douleur à la félicité, dans une rotation sans fin.

Dans notre culture, où la théorie du karma n'a qu'une influence restreinte, même sous sa forme chrétienne, l'existence d'un équilibre spirituel est rarement comprise. Vous devez passer un marché avec vous-même pour croire, avant même de les avoir perçus, que vous pouvez expérimenter la miséricorde, la grâce et l'amour divin. Pour tous ceux qui avancent sur le sentier spirituel, il y a une récompense formidable à découvrir que la promesse de la joie éternelle, de la paix, de la connaissance et de la créativité est vraie. La vérité n'est pas révélée subitement, mais chaque jour qui passe renforce la foi dans le réel pouvoir de l'amour. Si vous vivez en accord avec l'hypothèse qu'il existe un chemin, le chemin s'ouvrira. C'est ce que le Christ voulait exprimer quand il a dit : « Demandez et il vous sera donné... frappez et la porte s'ouvrira devant vous. »

> Le karma ne peut jamais se réduire à un système de récompense et de punition car il est le chemin vers l'amour.

Le chemin vers l'amour, dans son essence la plus profonde, est le même pour le saint et le pécheur car tous deux doivent se débarrasser de toute croyance dans les rôles qu'ils jouent temporairement. Voici un texte mystique chrétien célèbre, *Le Nuage de l'Inconnaissable*, qui date du XIVe siècle. Son auteur anonyme dit que l'amour de Dieu ne peut être assimilé à l'amour de quelque chose de connu, il est sans équivalent. L'amour, dans le sens spirituel du terme implique de renoncer à tout ce qui est connu :

> *Délaissez le quelque part et le quelque chose, en échange de ce nulle part et de ce rien. Ne vous inquiétez pas si vos sens ne peuvent appréhender ce rien, car c'est la raison pour laquelle je l'aime le plus... Qui l'a nommé le rien ? Certainement notre être extérieur et non pas notre être intérieur. Notre être intérieur l'appelle le Tout.*

Ce mystique anonyme a mis le doigt sur une profonde vérité : l'esprit pensant immergé dans « quelque chose » et cherchant « partout » ne peut pas atteindre le divin. Dieu est au-delà du karma et par conséquent l'esprit aussi, car Dieu n'est rien d'autre que l'esprit sous sa forme universelle. La « personnalité extérieure » a une perception du monde très différente de la « personnalité intérieure ». Quand je demande « qui suis-je ? », l'une des réponses possibles va énumérer des caractéristiques uniquement extérieures : je suis un homme, de quarante-neuf ans, né en Inde, qui a exercé la médecine en Amérique, marié et père de deux enfants, etc. Toutes ces caractéristiques sont karmiques, elles résultent d'événements ou d'actions spécifiques qui me concernent. Elles constituent autant d'étiquettes auxquelles je peux m'identifier.

Pourtant d'un autre point de vue, plus profond, ces caractéristiques, même si vous en ajoutez des milliers à ma liste, ne me définissent pas du tout. Aucun des qualificatifs qu'on peut m'accoler n'est vraiment moi, si l'on définit le moi comme essence intime de l'être, comme libre arbitre, comme conscience silencieuse, potentiel infini, esprit illimité. Ce moi, la « personnalité intérieure », échappe à toute délimitation. Elle est plutôt « sentie que vue », explique notre mystique médiéval, et la meilleure façon de la décrire consiste à la nommer « nuage de l'inconnaissable ». Ce nuage ressemble à un rayonnement lumineux du cœur d'où émanerait un pressentiment du divin, pourtant les cinq sens ne peuvent en aucune façon le capter, ni l'esprit le connaître dans le sens rationnel, linéaire et causal du terme.

AUTORISATION ET CONTRÔLE

Si la théorie du karma est valable, alors le non-attachement est l'expression la plus vraie de l'amour. J'admets que cette formule est très abstraite. Nous pouvons, cependant, l'appliquer à nos comportements de tous les jours et ce faisant donner un peu de chair à cette abstraction. Nous voulons tous être libres de nos actes. Quand quelqu'un essaye de nous contrôler, nous avons tendance à nous révolter. Ces deux mots, *contrôle* et *autorisation* sont synonymes d'attachement et de non-attachement. Si vous autorisez, vous laissez les autres aller vers l'amour. Si vous contrôlez, en revanche, vous les attachez à votre propre façon de faire les choses, à vos propres croyances et espoirs. Ce problème est psychologiquement très concret et il concerne d'une façon ou d'une autre presque toutes les relations humaines.

Quand une personne essaye d'en contrôler une autre dans une relation, elle ne reconnaît généralement pas ce qu'il est en train de faire. Au contraire, ses motivations s'efforcent de se faire passer pour de l'amour. N'est-ce pas aimant de protéger votre partenaire, de veiller sur ses intérêts, d'anticiper ses volontés et ses désirs ? Pour beaucoup, c'est la définition même de l'amour authentique. Le contrôle est la façon dont votre ego « résout » le problème de la peur. Quand l'un de nous prend l'habitude de contrôler le comportement d'autrui, l'un des scénarios suivants est à l'œuvre dans l'inconscient :

Nous avons peur que quelqu'un nous rejette.
Nous avons peur d'échouer.
Nous avons peur d'avoir tort.
Nous avons peur d'être privés de pouvoir.
Nous avons peur d'être détruits.

Aucune de ces peurs ne fait de vous un être mauvais ou faible. Tout le monde est confronté à des peurs similaires, même si seuls les êtres qui ne peuvent admettre les menaces cachées au fond d'eux-mêmes réagissent en ayant recours au contrôle.

Une personne qui se trouve en position de contrôle semble dénuée de peur. Telle est la façade que ce contrôle présente au monde. La collectivité valorise beaucoup le fait de contrôler sa vie, au moins en apparence, ce qui engendre la croyance de l'ego dans l'efficacité de son attitude de contrôle. En revanche, le contrôle renforce la peur en niant son existence.

De quels comportements s'agit-il ? En psychologie clinique, toutes sortes de comportements sont liés, que ce soit le perfectionnisme, l'attachement obstiné à un point de vue, l'intolérance, le fait de pourvoir aux besoins d'autrui, d'être déçu quand attentes ou espoirs ne sont pas satisfaits, d'élaborer des espoirs déraisonnables, la possessivité, la cupidité et la tendance à se mettre en colère quand quelqu'un s'oppose à vous et contrecarre vos projets. Cette liste couvre un vaste éventail de comportements que beaucoup de gens considéreraient comme normaux. Examinez la liste suivante à la lumière de vos propres comportements :

Avez-vous des secrets pour l'être que vous aimez, en particulier concernant l'argent ?

Avez-vous tendance à dominer les autres quand vous discutez et tenez-vous à ce que la justesse de votre point de vue soit reconnue ?

Gardez-vous une liste mentale des moments où vous avez été déçu par quelqu'un que vous aimez ? Êtes-vous rancunier ?

Quand vous faites une suggestion, êtes-vous vexé ou déçu si elle n'est pas retenue ? Continuez-vous à croire dans votre for intérieur que c'est vous qui avez raison alors que la décision prise va à l'encontre de ce que vous vouliez ?

Avez-vous tendance à vous représenter le fonctionnement de la réalité ? N'éprouvez-vous pas des difficultés à modifier vos croyances quand elles se révèlent inexactes ou fausses ?

Au nom de l'amour, nous avons tous recours à ces comportements non aimants à un moment ou à un autre. Nous disons : « Je t'aime » à quelqu'un, tout en inventoriant minutieusement ses défauts. Un tel comportement cesse quand vous découvrez que le contrôle est incompatible avec l'amour. « Je t'aime » et « J'attends de toi que tu te conduises selon ma volonté », sont deux pensées qui viennent de zones complètement différentes de la psyché, l'une est celle de l'esprit, l'autre celle de l'ego.

Protéger quelqu'un nous semble une façon de lui offrir le refuge de notre puissance, mais cela signifie du même coup l'empêcher de défier cette puissance ou d'établir la sienne propre. Si ce dernier point ne vous semble pas immédiatement vrai, pensez aux dictateurs qui commencent toujours en se disant que leur prise de pouvoir est bénéfique pour leur pays. Ils assimilent leur peuple à des enfants sans pouvoir dont toute l'existence dépend de l'autorité bienveillante de cette figure paternelle. Les dictateurs, si bien disposés soient-ils à l'égard de leur peuple et de son bien-être, vivent inévitablement dans la peur. Personne n'est plus à craindre qu'une personne à qui l'on a retiré son pouvoir, même s'il (ou elle) l'accepte. Pour protéger ce pouvoir, le dictateur est forcé d'imposer des contrôles de plus en plus sévères, de terroriser de plus en plus de gens, jusqu'à ce que la situation finisse par devenir incontrôlable et que le peuple se révolte.

Beaucoup de relations affectives s'instaurent de la même façon. Au nom de l'amour, un des deux partenaires exerce le pouvoir et l'autre y renonce. Le couple découvre bientôt que cette situation, au lieu d'accroître la proximité, éloigne de plus en plus car celui qui exerce le pouvoir devient dominateur ou ressent une culpabilité croissante, tandis que l'autre éprouve du ressentiment et finit par se rebeller. Le contrôle ne constitue pas une solution au problème de la peur.

LA VÉRITABLE SOLUTION AU PROBLÈME DE LA PEUR

Ces fausses solutions traduisent des problèmes réels. Chez la plupart d'entre nous, les relations affectives comblent un besoin de sécurité. Nous voulons vivre avec quelqu'un qui nous fasse éprouver un réel sentiment de sécurité. Deux personnes forment un meilleur rempart qu'une seule contre les dangers et les tragédies de la vie. Mais vivre avec une autre personne, même sur un pied d'égalité, ne résout pas le problème de la peur. La réponse spirituelle à la peur est simple : vous êtes déjà en sécurité. Si vous vous sentiez vraiment en sécurité, la peur ne surgirait pas. Du point de vue de l'esprit, toute menace est une projection du passé et aussi longtemps que ces projections continueront, vous continuerez à engendrer des situations de peur pour vous y adapter. Quel que soit l'objet de votre plus grande peur – l'abandon, le rejet, l'échec, la perte, l'humiliation – tout cela vous est déjà arrivé. Les menaces que vous percevez autour de vous, présentes ou futures, sont une ombre immense projetée par votre passé.

La raison pour laquelle la passion amoureuse vous donne une telle impression de sécurité n'est pas qu'une autre personne se trouve à vos côtés pour veiller sur vous mais que l'*amour* est là pour veiller sur vous. La plupart des êtres n'attribuent ce pouvoir à l'amour que dans leur petite enfance. Bébés, nous confondions l'amour avec la présence aimante d'un père et d'une mère. Tant qu'ils étaient là, nous nous sentions à la fois aimés et protégés. En grandissant cependant, nous avons appris que nos parents avaient leurs fragilités et leurs peurs, et qu'ils n'étaient pas aussi totalement en sécurité dans le monde que nous le pensions. Cette leçon s'est en général accompagnée pour nous d'un choc et d'une déception. Un jour est arrivé où votre père n'a pas pu empêcher une brute de vous tyranniser parce qu'il n'était pas là, un jour est arrivé où votre mère n'a pas pu vous prendre dans ses bras pour soigner une blessure. Confronté à la solitude, le petit enfant projeté dans l'insécurité l'associe à l'absence d'amour.

Mais cette association primitive est erronée car la première leçon – les parents ne peuvent pas toujours vous protéger – est vraie, alors que la seconde – l'amour ne peut pas vous protéger – ne l'est pas. C'est en désapprenant cette seconde leçon que vous cesserez d'imposer votre contrôle aux autres, car c'est dans la petite enfance, presque exactement au moment où vous avez été abandonné à vos propres déductions, que vous avez commencé à ressentir le besoin d'établir votre contrôle.

Malgré son apparence de normalité, le contrôle est donc fondé sur une erreur et cette erreur découle de la séparation. Pour parvenir à renoncer au contrôle, il faut corriger cette erreur. On ne se convainc pas en un clin d'œil que le monde est sûr. Le monde dans sa totalité est bien trop écrasant, compte tenu de toute la peur et de toute la méfiance dont chacun de nous a hérité. Mais l'amour que vous éprouvez pour un être est une zone sûre et donc un bon point de départ. L'être aimé ressemble à un port dans lequel votre cœur va se réfugier. Dans un univers indifférent et hostile, il existe au moins une personne qui vous comprend, qui est en sympathie avec vous, qui pourvoit à vos besoins. Et d'une certaine façon, miraculeusement, cette unique personne suffit à mettre en échec le monde extérieur.

Chaque jour apporte de nombreuses occasions de remplacer notre tendance au contrôle par notre tendance à l'autorisation. Si vous pouvez étendre l'autorisation à l'être que vous aimez, cela a pour effet de vous libérer de l'attachement et le même acte représentera un bienfait spirituel pour vous deux. Toutes les formes d'autorisation, l'acceptation, la tolérance, la non-résistance sont cruciales pour se débarrasser du contrôle : le besoin de contrôler la vie, que ce soit la vôtre ou celle d'autrui, découle d'une situation de détresse spirituelle. Examinez votre rapport avec votre partenaire et affrontez honnêtement tous vos comportements construits sur la peur. Quand le contrôle est prêt à relâcher son emprise, il se produit une relaxation caractéristique. La façade critique et exigeante de l'être toujours prompt au reproche commence à se lézarder. Vous recommencez à éprouver de l'amour, et ce n'est pas une idée mais une sensation dans votre cœur. De plus, vous vous sentez enfin prêt à autoriser.

Quand cette étape est atteinte avec l'être aimé, le processus de guérison commence à s'étendre à d'autres aspects de votre vie. Vous observerez sans doute alors les changements suivants :

Vous cessez de jauger les êtres et d'exiger qu'ils se montrent à la hauteur de vos attentes.

Vous commencez à résister au besoin de corriger leurs erreurs et de prodiguer des conseils inopportuns.

Peu à peu, vous vous occupez moins des autres et vous commencez à davantage vous *soucier* d'eux.

Vous vous lassez de votre manie d'enregistrer tous les détails de votre vie et les gens qui vous ont toujours cédé vous ennuient.

Vous commencez à écouter les objections et les désaccords au lieu de vous en servir comme repoussoir pour vos propres opinions.

Des émotions inattendues remontent à la surface. Ce qui éveille en général une réaction d'autocritique parce que vous ne pouvez plus contrôler vos sentiments comme vous le faisiez autrefois. En même temps, cette éruption d'émotions s'avère un grand soulagement.

Votre impatience commence à s'atténuer. Vous cessez de vivre en regardant votre montre.

Vous prenez le stress au sérieux, vous cessez de croire qu'il vous réussit.

Vous commencez à écouter votre corps, qui vous envoie depuis longtemps des signaux de tension, de fatigue, de contraction et de surexcitation.

Votre esprit cesse de calculer chaque mouvement à l'avance. Vous laissez une certaine place à la spontanéité.

Vous cessez de garder rancune et de vous souvenir des offenses. Le ressentiment cède peu à peu la place à la tolérance.

Vous renoncez à vous fixer des buts extérieurs et à croire que le fait d'atteindre ces buts plus vite, mieux et avec moins de fatigue fait de vous quelqu'un de positif.

L'acte le plus aimant que vous puissiez accomplir pour l'être que vous aimez, si lui ou elle est victime de cette manie du contrôle, consiste à encourager cette évolution, mais aucun être encore assujetti à ses besoins n'en est capable. Dans l'esprit d'un tel être, toute perte d'attachement équivaut à une perte d'amour. Et pourtant c'est exactement le contraire qui est vrai. Le désir brûlant de posséder et de se cramponner est ce qui étouffe l'amour. L'attachement représente cette condition dans laquelle vos besoins éclipsent votre esprit. Comment pourriez-vous donc aimer sans besoin ?

Comprenez la différence entre l'ego et l'esprit. L'ego est soumis au besoin alors que l'esprit ne l'est pas. Sa raison d'être est de donner et non de prendre. Il veut apporter la joie. Il n'a aucun besoin d'approbation. Il n'éprouve pas le désir irrésistible de soumettre les autres ou de forcer leur accord et ignore toute exigence. Quand vous vous verrez vous-même de cette façon, votre relation deviendra sacrée. Mais la condition de cette transfiguration est le non-attachement. Le choix entre le profane et le sacré nous a toujours accompagnés et il sera toujours vrai que choisir le sacré revient à choisir l'amour.

Pratique amoureuse
Guérir nos besoins intérieurs

Nous apportons tous nos besoins dans nos relations affectives, mais rien ne les force à se transformer en attachement. L'attachement apparaît quand les besoins ne sont pas compris et affrontés comme tels. Ceux que vous focalisez sur votre partenaire ne sont jamais vraiment résolus. Par conséquent, même si votre partenaire s'efforce de satisfaire tous vos besoins, le résultat final sera le même que si aucun de vos besoins n'était satisfait : vous serez face à la question : pourquoi ai-je de tels besoins ? Vous ne répondrez à cela qu'en examinant comment vous vivez la séparation, car l'anxiété sous-jacente de la séparation de Dieu, de l'Esprit et du Moi est ce qui, à l'origine, a engendré le besoin.

> Quand vous guérirez votre syndrome de séparation, vos besoins ne refléteront plus la peur et l'insécurité.

La relation amoureuse est censée guérir le syndrome de séparation. Par conséquent, l'attitude pertinente à l'égard du besoin consiste à vouloir en guérir. Cependant, dans beaucoup de relations amoureuses on observe un désaccord perturbant entre ce que les deux partenaires considèrent comme le plus important. Comment la tyrannie du besoin pourrait-elle être guérie alors que les volontés des deux partenaires ne cessent d'essayer de se supplanter ? Nous devons distinguer entre les besoins extérieurs comme le besoin de nourriture ou d'un abri, et les besoins intérieurs. Les besoins intérieurs se résument à ce qui vous donne un sentiment de sécurité comme nous allons le voir dans le questionnaire qui suit.

Première partie

Lisez les affirmations qui suivent, de préférence avec votre partenaire, et cochez les conclusions, à droite ou à gauche qui correspondent le mieux à votre cas. Répondez à toutes les questions même si les alternatives proposées vous paraissent improbables.

1. Je serais mortifiée si mes amis découvraient que j'ai

perdu tout mon argent   *subi une opération de chirurgie plastique.*

2. Je préférerais

obtenir une promotion au travail   *être à mon poids idéal.*

3. Je me sentirais beaucoup mieux si je passais plus de temps

à retrouver la forme   *à améliorer mon alimentation quotidienne.*

4. Je préférerais être

respecté   *accepté*

5. Je garderais le secret si

je cherchais un nouveau travail   *je décidais d'avoir une liaison.*

6. J'aimerais que mes enfants me considèrent comme un parent qui leur aurait appris

à distinguer le bien du mal   *à ne pas blesser les autres.*

7. Dans une inondation, j'aimerais être

celui qui a sauvé les victimes   *a recueilli les sans-abri.*

8. Mes problèmes seraient résolus si seulement

j'avais plus d'argent *une meilleure compré-hension de moi-même.*

9. Tu es mon ami si tu

me soutiens *m'écoutes.*

10. Quand je ratais un examen à l'école, c'était parce que

je n'étais pas préparé *je n'étais pas de bonne humeur.*

11. La pire chose que mes ennemis pourraient dire à mon sujet est que je suis

faible et incompétent *égoïste et inattentif aux autres.*

12. Dans mes cauchemars, tout le monde pense que je suis

stupide *affreux.*

13. Je préférerais être

productif *heureux.*

Maintenant additionnez les points de la colonne de gauche et ceux de la colonne de droite. Nous considérerons la colonne de gauche comme masculine et celle de droite comme féminine.

Si vous êtes une femme, votre score de la colonne de droite tendra à dépasser celui de la colonne de gauche. Si vous êtes un homme, votre score de la colonne de gauche tendra à dépasser celui de la colonne de droite. Cette seule différence peut créer un conflit dans une relation affective.

Les hommes trouveront plutôt la sécurité dans le pouvoir, la carrière, la compétence, l'information, l'intelligence, la victoire et la force physique. Les femmes recherchent la sécurité dans la famille, un partenaire fort, le partage, la communication, leurs propres émotions et le fait d'être aimées.

Si vous obtenez plus de cinq réponses dans la colonne du sexe opposé au vôtre, vous êtes probablement capable de déterminer vos besoins sans vous référer aux normes sociales en vigueur. Si vous obtenez plus de huit réponses dans la colonne de droite, votre nature féminine est très forte. Homme ou femme, vous attachez beaucoup d'importance à vos émotions et à votre sentiment de bien-être. Une bonne compréhension de soi est une de vos plus hautes valeurs. Vous ne faites pas dépendre votre épanouissement personnel de motivations extérieures.

Maintenant, comparez votre score avec celui de votre partenaire. Il ne s'agit pas d'une compétition entre le juste et le faux, ici, mais vos scores en disent long sur la dynamique de votre relation. Un mariage dans lequel l'homme obtient un score élevé dans la colonne féminine tandis que la femme obtient un score élevé dans la colonne masculine révèle souvent un échange des modèles sociaux. La femme est gouvernée par le succès et l'homme par l'émotion. Si les deux partenaires obtiennent des scores élevés dans la même colonne, ils partagent une vision du monde identique, mais ils manquent peut-être de complémentarité. Un mariage qui est très masculin ou très féminin peut être heureux, mais dans une période de tension, la prédominance d'une seule vision du monde peut amoindrir la faculté de surmonter les difficultés. Par exemple, si les deux partenaires sont si émotifs qu'aucune décision familiale ne peut être prise sans drame et que la raison n'arrive pas à se faire entendre, les tensions ne feront que croître.

Enfin si l'homme est très masculin (dix ou plus) et la femme très féminine, cela peut indiquer un conflit de valeurs et par conséquent un conflit de besoins. Un homme fortement masculin allié à une femme fortement féminine est considéré comme un idéal social, mais en réalité si la motivation de l'homme est le pouvoir et le statut social, alors que la femme est motivée par ses émotions et sa communication, l'égalité est difficile à maintenir dans le mariage. Vous cheminez sur deux sentiers différents, pas sur un chemin partagé. D'une façon ou de l'autre, le partenaire le plus faible finira par céder au plus fort, ou bien l'un de vous réprimera ses vrais besoins dans l'espoir de trouver le bonheur dans le sacrifice.

Cela ne réussit que rarement, si tant est que cela réussisse. Céder aux besoins d'une autre personne est en fait une forme d'attachement. Après avoir évincé vos propres désirs, vous serez forcé de vous cramponner à l'autre personne pour trouver une satisfaction quelconque.

C'est une forme de séparation de votre véritable identité et vous ne pouvez espérer vous appuyer sur une séparation quelle qu'elle soit pour parvenir à l'unité.

Maintenant ces constatations faites, que pouvez-vous envisager ? Vous devez reconnaître les déséquilibres où ils se trouvent et les assumer. Un homme qui a beaucoup de besoins féminins ne devrait pas s'en remettre à sa femme pour prendre toutes les décisions, tandis qu'une femme avec de forts besoins masculins ne devrait pas ignorer les besoins de son partenaire. L'objectif est de découvrir l'équilibre du masculin et du féminin en vous plutôt que de choisir la voie de la facilité qui consiste à vous attacher aux forces de quelqu'un d'autre pour compenser vos faiblesses. Nous allons à présent examiner comment cette dynamique peut changer.

Deuxième partie

La satisfaction d'un besoin intérieur implique un acte plus profond que ce que la société ou votre ego vous font croire suffisant. Être séparé signifie par définition être en état d'insécurité.

Avant de pouvoir se sentir en sécurité il faut pouvoir affronter le besoin intérieur.

Être conscient du besoin intérieur est sain, nier le besoin intérieur est malsain. Tout le monde apporte ses besoins dans une relation amoureuse et il est plus honnête de commencer par l'admettre. Néanmoins, le besoin intérieur peut devenir si grand qu'il finit par déformer votre vision de vous-même. Une personne dominée par ses besoins tend à avoir des pensées récurrentes comme celles-ci :
Je ne suis pas assez intelligent.
Je ne suis pas assez beau.
Je ne suis pas assez désirable.
Je ne suis pas assez aimable.
Je ne fais jamais ce qu'il faut.
Quelque chose ne va pas chez moi.
Je ne suis pas aussi bon que X.

Quel que soit le facteur déclenchant de ces croyances et l'emprise qu'elles ont sur vous, elles sont totalement fausses. Dans la lumière de l'esprit, vous êtes entier et donc rien ne vous manque. Vous êtes amour et par conséquent devez être aimable et désirable. Vous êtes unique et par conséquent ne pouvez être comparé à personne d'autre.

Aux yeux de l'esprit vous vous suffisez toujours à vous-même.

Une relation amoureuse devrait toujours renforcer l'opinion que chacun des deux partenaires se suffit à lui-même, que l'épanouissement réside en lui, de par sa nature même. « Je suis » est le sentiment primitif de l'existence et le « Je suis » renferme une paix et une sécurité totales. L'expérience montre pourtant que les relations amoureuses sont souvent déséquilibrées à cet égard. L'un des deux partenaires ressent beaucoup plus d'insécurité, beaucoup plus de besoin intérieur que l'autre. Ce déséquilibre est l'objet du questionnaire suivant.

En répondant aussi honnêtement que vous le pouvez, laquelle des affirmations suivantes s'applique à vous ?

Dans mon mariage, je suis celui qui :

1. Se sent le plus malheureux quand il reste seul le soir à la maison.

2. Éprouve le plus de difficultés à prendre des décisions.

3. Demande le plus souvent de l'aide.

4. A le plus peur de ne pas être aimé.

5. Se sentirait le plus coupable s'il avait une liaison.

6. Accepte les projets définis par son partenaire.

7. Déteste les disputes.

8. Demande le plus souvent : « Comment te sens-tu ? »

9. Aime que la famille soit réunie.

10. Désire que tout le monde vienne dîner au lieu de regarder la télé.

11. Ne peut s'empêcher de montrer ce qu'il ressent.

12. Écrit toutes les cartes de Noël.

13. S'efforce le plus de ne pas blesser les sentiments des autres.

14. Préfère coopérer plutôt que de causer des désaccords.

15. Accepte sans discuter le diagnostic du médecin.

16. Éprouve le plus de difficultés à se défendre lui-même.

17. Souffre en silence.

18. A besoin d'un partenaire qui soit capable de pourvoir à ses besoins.

19. Souhaite que tout le monde soit gentil le soir du réveillon.

20. Ne mettra jamais un ami sur la sellette quoi qu'il arrive.

21. Éprouve le plus de peine à demander une augmentation.

22. Est le plus disposé à effectuer des tâches ménagères.

Comptez un point pour chaque réponse qui vous correspond et additionnez vos points.

15 à 22 points. Vous avez une profonde tendance à la dépendance et cherchez votre sécurité chez un partenaire plus fort que vous. Vous auriez beaucoup de mal à accepter l'affirmation « je me suffis à moi-même », parce que vous vous identifiez beaucoup à votre famille. Revendiquer le pouvoir dans votre relation amoureuse vous effraie, vous assimilez cette demande à une perte d'amour. Vous êtes aussi probablement plutôt une femme qu'un homme.

8 à 14 points. Vous renoncez volontiers à un peu de pouvoir dans votre relation afin de vous sentir en sécurité. L'affirmation « Je me suffis à moi-même » vous paraît crédible mais peut-être pas si importante. Satisfaire vos besoins intérieurs par vous-même n'est pas un but que vous vous êtes consciemment fixé – sauf dans des limites bien précises. Votre devise reste qu'on est mieux armé pour la vie à deux que tout seul. La plupart des gens rentrent dans cette catégorie, pourtant beaucoup d'hommes auront tendance à se donner un score inférieur à celui que leur femme leur attribuerait.

0 à 7 points. Votre sens de la relation est fondé sur l'ego et le contrôle. Vous préférez vous dire que vous êtes le maillon fort du couple plutôt que d'envisager que vous êtes en fait le plus égoïste. Pour vous « Je me suffis à moi-même » signifie « J'obtiens ce que je veux ».

Si, au contraire, vous vous connaissez assez bien pour estimer que cette description ne convient pas, vous faites partie de ces rares êtres qui ont assumé l'entière responsabilité de leurs besoins intérieurs et ont travaillé à leur épanouissement sans s'attacher à une autre personne. « Je me suffis à moi-même » est un credo spirituel que vous avez fait vôtre en cultivant l'éveil de votre conscience durant des années.

Troisième partie

Nous arrivons maintenant à un niveau de besoin intérieur où le concept spirituel d'autosuffisance devient vraiment décisif. Tant que vous en restez à des niveaux superficiels de besoin, tant que vous vous appuyez sur une personne plus forte pour vous aider à surmonter les difficultés, l'angoisse de la séparation est masquée – et c'est peut-être ce dont vous avez besoin pour le moment. Révéler les blessures de la séparation cachées dans l'inconscient requiert un véritable engagement spirituel.

Si vous y regardez d'assez près, ces blessures vous apparaîtront comme des trous noirs dans l'espace, qui aspirent l'énergie de l'univers, les trous noirs de la psyché qui aspirent votre confiance, votre estime de vous-même, votre certitude de pouvoir survivre. En approchant un seul de ces trous, le plus petit d'entre eux, vous découvrirez une vaste gamme de sensations dont aucune n'est très agréable. Vous pourrez éprouver une légère sensation de malaise, de flotter hors de votre corps, accompagnée de nervosité, de vertiges, de nausées, d'anxiété, de panique, de terreur, d'épouvante, suivant le degré de proximité avec le trou noir auquel vous êtes parvenu. Vous pourrez parfois avoir l'impression d'un trou dans votre poitrine ou votre abdomen ou d'une pression étouffante, comme si tout l'air était aspiré hors de vos poumons.

Si terribles que soient ces sensations, elles n'ont pas de réalité spirituelle, ce sont des réactions conditionnées. Les peurs emmagasinées amplifient l'expérience du trou noir à cause de l'effort que nous produisons tous pour éviter une angoisse existentielle, la simple peur d'être ici-bas sur terre. Chercher à éviter ces trous noirs semble une bonne tactique, mais elle ne peut s'assimiler à une véritable guérison. Un trou noir non guéri va grandir de plus en plus jusqu'à devenir une blessure béante. La plus grande blessure dont on puisse être atteint est celle de la séparation, le traumatisme consécutif à la perte de l'amour, de l'esprit, de Dieu. C'est le trou noir primitif. Il vous coupe de la source d'amour de paix et de joie.

Quelqu'un qui n'a pas guéri cette absence originelle n'aura aucune énergie pour affronter la vie sauf sous ses aspects les plus élémentaires – le trou noir minera tout optimisme et tout sens. L'être en question ressentira un sentiment de menace diffuse, peut-être indirecte mais qui tarira la vitalité de l'existence. Ce sentiment est une forme de désespoir. L'approche du trou noir originel engendre des sentiments d'accablement, de perte, de dépouillement extrême et des angoisses violentes de mort. Le test suivant concerne ces peurs primitives liées à la mort et à la survie.

Répondez aussi honnêtement que vous le pourrez à la question suivante : Parmi les événements suivants combien pourraient vous arriver avant que vous ayez atteint soixante-dix ans ? (Si vous avez déjà plus de soixante-dix ans, lesquels pensez-vous pouvoir encore vous arriver ?)

1. Je pourrais perdre mon travail et me retrouver au chômage.

2. Je pourrais perdre ma maison.

3. Je pourrais faire l'objet d'une vérification de la part du fisc.

4. Je pourrais être atteint d'un cancer.

5. Je pourrais être arrêté par la police et poursuivi en justice.

6. Je pourrais faire faillite.

7. Je pourrais perdre ma famille.

8. Je pourrais être contraint de divorcer.

9. Je pourrais être humilié dans mes rapports amoureux ou sexuels.

10. Je pourrais être atteint d'une crise cardiaque.

11. Je pourrais être escroqué d'une grosse somme d'argent.

12. Je pourrais me mettre à boire beaucoup.

13. Je pourrais ne plus être capable de payer mes factures.

14. Je pourrais mourir.

Totalisez vos points (14 est le score le plus élevé). Le but de ce test est de déterminer si vous êtes la proie d'angoisses de survie.

Un score de 7 ou plus révèle une grande anxiété concernant votre survie. Vous êtes sur la défensive dans votre rapport à la vie et n'êtes probablement pas le genre de personne qui a su se doter d'une vision spirituelle ou d'un but intérieur fort dans la vie. Parce que vous êtes trop occupé – peut-être obsessionnellement – à éviter toutes les horribles choses qui peuvent vous arriver, vous n'avez pas beaucoup de temps à consacrer à un épanouissement plus élevé.

Si votre score est de 6 ou moins, vous avez une vision réaliste des dangers de l'existence. Il se peut que vous soyez parvenu à un regard spirituel, que vous ayez su cultiver en vous assez d'ouverture intérieure pour que l'esprit puisse vous toucher. Vous vous sentez ouvert au monde et intéressé par ses possibilités. Alors qu'une personne ayant de fortes angoisses de survie pense que la vie est globalement dangereuse à part quelques îlots de sûreté, vous pensez que la vie est sûre à part quelques îlots de danger.

Si votre score est de 0, vous niez la réalité. Ou bien

vous n'avez pas répondu au test sérieusement ou vous vivez dans un fantasme d'invulnérabilité. Vous êtes susceptible de prendre de grands risques et d'aller au-devant de catastrophes, que vous serez le dernier à reconnaître comme telles.

L'angoisse de survie est la motivation la plus profonde de l'attachement. Quand vous avez le sentiment de devoir tenir bon et vous accrocher pour survivre, vous êtes perché au bord d'un trou noir. Malgré l'éloquence de cette métaphore, nombreux sont ceux qui ne croient pas à l'existence des trous noirs. Prenons un exemple : l'apparence physique est une source d'insécurité pour presque tout le monde, aussi bien les hommes que les femmes. Celles-ci tendent à exprimer cette insécurité directement par des pensées telles que « Je ne suis pas jolie » ou « Je suis trop grosse », « Mes seins sont trop petits », « Je ne suis plus jeune ». Les hommes ont tendance à exprimer cette insécurité indirectement par des pensées telles que « Je ne suis pas en forme », « Mes performances ne sont plus ce qu'elles étaient », « Les femmes ne me regardent pas », « J'aurai de la chance si quelqu'un veut bien de moi ».

Telles sont les pensées négatives que nous ressassons pour une seule raison : nous nous protégeons nous-même de pensées latentes encore pires. Par exemple, une femme qui dit : « Je déteste cette robe », se défend peut-être ainsi de la pensée « Je suis trop grosse », qui à son tour est peut-être une protection contre la pensée « Tout le monde pense que je suis affreuse », qui si on la creuse un peu laisse apparaître quelque chose comme « Je ne mérite pas d'être aimée ». Si horrible soit la perspective de vivre avec cette pensée, elle n'est qu'une défense à laquelle votre psyché se cramponnera s'il le faut, parce que la strate psychologique sous-jacente dit : « Je ne mérite pas de vivre » et la suivante : « Je ne suis rien ». S'approcher d'un trou noir est la pire expérience qu'on puisse imaginer. C'est pourquoi on la recouvre de strates successives de défenses. Aucune de ces défenses n'est positive, toutes sont négatives, certaines beaucoup plus négatives que les autres. Mais une fois que l'on a affronté ses angoisses de survie, il ne reste rien à quoi se cramponner, on se retrouve face au trou noir.

Heureusement, la terreur d'un trou noir peut être désarmée avant qu'une crise ou un traumatisme survienne. Cela s'obtient d'une façon très simple :

> On guérit les trous noirs en demandant à l'esprit de les combler. Malgré la terreur qu'ils inspirent, les trous noirs se réduisent à un simple manque d'amour.

Les affirmations suivantes expriment une attitude saine devant toute peur extrême, ou le besoin qu'elle engendre :

Je n'éprouve aucun manque.

La peur est toujours une réaction erronée, même quand des événements négatifs surviennent : ceux-ci augmentent ma connaissance et ma force.

C'est à moi qu'il revient de prendre en charge ma vie. Je peux y arriver.

L'esprit est toujours mon allié.

Quelles que soient les circonstances, je me suffis à moi-même.

Comment l'être que vous aimez s'intègre-t-il dans tout cela ? Vous pouvez tous deux vous engager dans le voyage de guérison en vous appuyant sur la sécurité que vous avez trouvée, au début, dans l'amour : tomber amoureux supprime la souffrance immédiate de la perte et donne un avant-goût de ce que signifie le fait de se sentir entier. L'expérience nous enseigne que ce sentiment est éphémère. L'amour provenant d'une source extérieure ne peut jamais échapper au flux du changement. La relation avec le Moi le plus haut est la seule relation amoureuse éternelle que nous puissions connaître. Parfois, dans une folle passion amoureuse, il arrive que vous ayez l'impression que l'être aimé se trouve à l'intérieur de votre cœur. Ce sentiment vient de ce que le manque d'amour est comblé.

Le véritable travail spirituel consiste à remplir vous-même ce manque. Pour exercer l'esprit à l'amour de soi, il faut lui montrer, sans relâche, que le Moi est un refuge d'amour et de protection parfaitement sûr. Le Moi le plus haut ne peut vous protéger qu'à partir du moment où vous recherchez sa sécurité. Ce processus commence dès que vous consacrez du temps et de l'énergie à l'amour de soi. Celui-ci augmente quand vous refusez de suivre les pulsions de colère et de peur. Vous commencez à croire que l'univers est de votre côté, à laisser vos désirs émaner de votre cœur, à regarder le Moi le plus haut les accomplir. Vous croyez que vous vous suffisez complètement à vous-même, vous êtes attentif à la tendresse et à la délicatesse de votre amour pour autrui, vous concentrez votre attention sur les énergies positives dans toutes les situations, vous honorez vos propres besoins sans avoir à chercher une approbation extérieure et vous cultivez la paix du silence intérieur.

Quand vous placerez ces objectifs au premier plan de vos relations amoureuses, vous aiderez l'être que vous aimez à trouver l'amour de soi au lieu d'attendre que l'amour soit constamment dirigé vers vous. La plupart d'entre nous abordent l'amour de la pire façon qui soit. Comme si nous étions des enfants, nous exigeons d'abord que l'autre nous prodigue son affection et son approbation. Mais vous êtes la source de l'amour, d'un amour surabondant.

Quand vous aurez accompli votre travail spirituel, vous comblerez les trous noirs qui vous empêchent d'accéder à cette source. Ainsi, comme l'écrit Walt Whitman :

J'existe comme je suis, cela suffit,
Si personne d'autre au monde n'en est cons-
cient, je suis content
Si chacun et tous en sont conscients, je suis
content

Un monde est conscient et de loin le plus grand
pour moi, et c'est moi-même,
Et que je montre de quoi je suis capable aujour-
d'hui ou dans dix mille, dix millions d'années,
Je l'accepte joyeusement maintenant, ou avec
une joie égale je peux attendre...

Je ris devant ce que vous appelez dissolution
Et je connais l'amplitude du temps.

Toute histoire d'amour atteint, jusqu'à un certain point cet état de paix intérieure qui embrasse tout. Il n'existe pas d'autre voie pour atteindre une plénitude et un épanouissement réels, que celle qui passe par le Moi.

Dans nos vies
L'histoire de Connor

Connor, un de mes ex-patients, vint me voir récemment et me confia son profond désespoir devant le malheur qui touchait son épouse Mary, avec laquelle il était marié depuis trente ans. Tous deux étaient des immigrants venus d'Irlande, où ils s'étaient mariés alors qu'ils n'étaient déjà plus tout jeunes. Connor et Mary avaient soixante-dix ans, mais ils avaient l'air en forme et vigoureux. Après une longue période de calme et de bonheur dans leurs vies, leur plus jeune fils venait de mourir du sida. La famille avait été traumatisée, mais Mary avait réagi en s'engageant totalement au service de la cause des victimes du sida. Son action militante se déployait dans plusieurs directions, mais elle passait le plus clair de son temps à payer de sa personne : elle conduisait des patients atteints de sida au supermarché, leur rendait visite à l'hôpital, les aidait à trouver des solutions pour régler leurs énormes notes d'hôpital.

— On dirait que votre épouse est une sainte, dis-je à Connor, sans craindre d'utiliser un cliché.

Aucun autre qualificatif ne semblait mieux convenir. Connor me jeta un regard défiant.

— Ah, vous croyez ? Alors pourquoi lui a-t-on diagnostiqué un cancer des poumons à un stade avancé la semaine dernière ?, demanda-t-il avec amertume.

Je fus choqué et le lui dis en lui offrant de l'aider par tous les moyens possibles.

— Votre femme fume-t-elle ? demandai-je en supposant que c'était le cas puisqu'on trouve extrêmement peu de cancers du poumon chez les non-fumeurs.

Connor secoua la tête.

— Elle ne fume ni ne boit. C'est la personne la plus aimante que j'aie rencontrée et il fallait que *ça* arrive.

Nous savions tous deux ce qu'il voulait dire par là : on essaye d'être bon et aimant et voilà comment on est récompensé.

Je demandai quel était le diagnostic et Connor secoua la tête.

— Sans espoir, répondit-il, il est généralisé.

— Comment votre femme réagit-elle ? demandai-je.

L'expression de Connor devint moins défiante.

— Beaucoup mieux que moi. Elle continue son travail bénévole avec la plus incroyable tranquillité d'esprit, mais au fond je sais qu'elle souffre.

« Vraiment ? » pensai-je. J'aurais pu me contenter d'acquiescer pour lui montrer ma compassion, mais nous avions une relation très franche. Nous restâmes silencieux quelques instants. Il m'arrive très souvent d'observer que la tragédie qui frappe un être est plus insupportable encore pour son entourage et que si Mary était aussi aimante que je savais qu'elle l'était, elle pouvait très bien avoir trouvé la paix intérieure et surmonté son « épouvantable » maladie.

— Même les saints meurent, repris-je calmement et ils ne disparaissent pas tous agenouillés pendant leur prière.

Je m'attendais à ce que Connor me lance à nouveau un regard furieux ou qu'il écarte ce commentaire d'un geste. Mais non. Il resta silencieux, attendant la suite.

— Ce que je veux dire, c'est que la mort ne vient pas à bout de l'amour. Votre femme a trouvé avec vous et avec votre fils quelque chose que la mort ne peut atteindre, ce qui rend sa situation très différente de celle d'une personne pour qui la perspective de la mort est terrorisante comme l'est une perte irrévocable. Mais si la mort n'est pas une perte ? Comme vous et moi n'en avons pas fait l'expérience, nous projetons nos propres sentiments sur elle, mais il existe une autre approche. Vous pouvez vous fortifier avec l'amour, si vous le comprenez non comme une émotion mais comme un sentiment d'identité.

La vie entraîne des pertes de tous ordres. La mort n'est que la plus radicale et celle devant laquelle nous sommes le plus démunis. Quelque part, nous savons tous que la mort est inévitable, mais plutôt que d'apprendre le non-attachement qu'apporte l'amour nous répondons en nous cramponnant – aux autres, aux choses, à la vie elle-même. Comment se cramponner à la vie quand elle change constamment ? Autant essayer de se cramponner à une rivière.

Quand un mari malheureux dit à propos de la mort de sa femme : « C'était comme si j'avais perdu une part de moi-même », il décrit un phénomène physique, une sensation viscérale. Votre ego assimile la perte d'un être aimé à une menace pour sa survie même si votre corps n'a évidemment pas péri. Vous aviez l'habitude d'identifier si étroitement une autre personne avec vous-même que vous avez étendu votre identité au-delà de ses limites spatio-temporelles normales. Le chagrin reflète l'amour : dans un cas comme dans l'autre, deux êtres n'en forment plus qu'un.

Connor réagit à la crise que traverse sa femme avec colère, l'une des premières réponses de l'ego devant toute perte. La colère dit : « Ce n'est pas juste ; c'est une offense. » La perte semble totalement injuste. Si je l'avais rencontré à un autre moment, Connor aurait peut-être réagi par une attitude de dénégation. La dénégation dit : « a ne peut pas arriver. » Dans la dénégation, la perte est refusée et taxée d'irréalité. Ou bien Connor aurait pu réagir par de la peur, qui est un sentiment encore plus profond que la colère ou la dénégation. La voix de la peur dit : « Je ne survivrai pas. »

Or Connor aurait pu facilement accompagner son épouse bien-aimée dans les dernières étapes de sa vie. Celles-ci sont l'acceptation et la transcendance. Ce n'est que quand elles ont été atteintes qu'une personne arrête de biaiser futilement avec l'inévitable.

Contrairement aux réactions de l'ego, l'acceptation est un état spirituel. L'acceptation dit : « Telle est la réalité et je suis en paix avec elle. » Les mourants la décrivent comme une belle étape pour laquelle ils ne trouvent pas de point de comparaison dans leur passé. La voie est ouverte : nous sommes prêts à nous libérer de toutes nos revendications envers ce monde et à adopter une vision plus haute. C'est l'étape de la transcendance. Mais les mourants ne reviennent jamais et par conséquent nous aussi devons trouver le moyen d'accepter ce qui arrive, avant la crise finale de la mort. C'est pourquoi dans tant de traditions spirituelles il est question de « mourir chaque jour » ou de « mourir jusqu'à la mort ». Ce sont des métaphores du non-attachement, l'état que le Christ a appelé être *dans* ce monde mais non *de* ce monde.

Connor et moi ne nous vîmes pas pendant presque un an. Quand il revint me voir, sa femme était morte. Malgré un traitement radiologique intensif, l'état de santé de Mary s'était rapidement détérioré. Elle avait pourtant continué à rendre visite à ses malades du sida à l'hôpital jusqu'à ce qu'elle fût contrainte de s'y faire admettre elle-même. Elle était morte paisiblement, sa famille rassemblée autour d'elle, ayant fait ses adieux et refusé qu'on prolonge artificiellement son agonie.

Extérieurement, Connor semblait avoir surmonté le traumatisme immédiat de son chagrin, mais en relatant ces détails son ton trahissait une amertume proche de celle qu'il avait exprimée l'année précédente. Il avait encore beaucoup de mal à évoquer la mort de sa femme.

—Aviez-vous déjà souvent songé à la mort ? lui demandai-je.

—Jamais, répliqua Connor sur un ton véhément. Si c'était en mon pouvoir, je refuserais de mourir. Tout ce que je peux faire, c'est me mettre incroyablement en colère quand quelqu'un d'autre meurt.

— Vous aimeriez être immortel, en d'autres termes, dis-je. Connor acquiesça. Et s'il s'avère que vous êtes immortel ? lui suggérai-je. Si la mort de votre femme avait pour fonction de vous le montrer ?

— Vous parlez par paradoxes, répondit Connor avec brusquerie. La plupart des gens diraient qu'un mourant nous rappelle notre propre peur de mourir.

— C'est une interprétation. Mais la vue d'un mourant n'est pas seulement douloureuse ou cruelle. Elle est réelle. Et dans ce réel il doit y avoir une étincelle d'esprit.

— Je pense que la mort n'est que trop réelle, dit Connor avec conviction.

— Vous voulez dire trop accablante. Selon mon expérience, l'anticipation de la mort est toujours irréelle. Comment imaginons-nous typiquement la mort ? Comme une extinction ? Comme une chute dans un abîme sans fond ? Comme un naufrage définitif dans l'inconscience ? Mais toutes ces définitions ne sont que des projections. Pouvez-vous imaginer le jour où vous aurez cessé d'exister ? Pouvez-vous imaginer le jour qui a précédé celui de votre naissance ? Tous deux sont essentiellement semblables, n'est-ce pas ? Tous deux ne pourraient-ils être des étapes de la vie, sous une forme que nous ne connaissons pas ?

— Je suppose que quelqu'un de très très croyant pourrait penser cela, répondit Connor.

— Ce n'est pas une question de foi. Si vous décidiez d'accepter progressivement le réel, autrement dit si vous vous débarrassiez de tout ce qui n'est pas réel, vous pourriez vous libérer de la mort, ici et maintenant. Notre vision du monde présuppose que la mort est une fin alors qu'elle est en fait une transition.

— Une transition vers quoi ? demanda Connor.

— Pourquoi ne pas essayer de le découvrir maintenant au lieu d'attendre ? objectai-je. Tous nos efforts pour anticiper la mort sont vains. La peur, la colère et la dénégation sont des procédés mentaux qui visent à écarter et à rejeter. Pourquoi ne sondons-nous pas la peur, la colère, la dénégation pour découvrir ce qui se cache derrière? Parce que nous nous sommes conditionnés nous-mêmes à croire que se cramponner à la vie est le seul moyen de faire face à la mort. En fait, c'est le pire. C'est une réaction qui résulte de la peur et de l'ignorance, et ce n'est que quand nous cessons de nous cramponner que nous pouvons espérer trouver la réalité derrière l'illusion, probablement ce que découvrent les hommes quand ils meurent. La réalité est toujours changeante, elle bouscule sans cesse les schémas préétablis et nous confronte à l'inconnu. Les textes sacrés appellent ce processus : « Mourir jusqu'à la mort. »

Une des hypothèses les plus fréquentes de la psychologie considère la mort comme un modèle de la perte. C'est pourquoi toute perte – perdre de l'argent à la Bourse, sa maison dans un incendie, être licencié de son travail – cause une profonde terreur inconsciente apparentée à la terreur de la mort. Mais en termes spirituels, la perte n'est pas la réalité, c'est un concept forgé par l'esprit. Pour conceptualiser le changement, l'esprit a recours à un schéma de perte. Le soleil qui se lève, le matin, c'est la perte de la nuit. Acheter une nouvelle voiture implique une perte d'argent. Tomber amoureux revient à perdre sa solitude. Nous n'appelons pas ces choses des pertes parce que nous ne portons pas de jugements négatifs sur elles. Pour que le concept même de perte puisse avoir un sens, il faut qu'au préalable l'esprit ait adopté un point de vue « négatif ».

La loi du karma nous assure que toute dette est compensée, par conséquent rien ne peut jamais être perdu. Quand vous voyez disparaître une chose, vous pensez qu'elle est perdue. Mais en termes karmiques cela ne peut être vrai – tout ce qui se produit quand quelque chose est perdu, c'est que son énergie est transmuée. La pomme qui tombe se désintègre pour fournir de l'engrais afin que croisse un nouveau pommier. La gazelle tuée par le lion revient à la vie dans les cellules de son prédateur. Le cycle de la vie et de la mort, le rythme des saisons, l'apparition et la disparition des espèces, tout cela se produit à une échelle karmique. Les ingrédients de la vie sont redistribués d'une forme de vie à l'autre sans déranger l'équilibre parfait de l'ensemble.

— Mary est-elle toujours avec vous ? demandai-je à Connor.

— Oui, mais pas de la façon dont vous pourriez le penser, répondit-il. Je sais qu'il est très courant que les survivants sentent la présence de celui qu'ils ont perdu dans la pièce où ils se trouvent, une présence qui veille et réconforte. Mary n'est pas présente de cette façon pour moi. Tout simplement, elle n'est pas partie. Cela a-t-il du sens pour vous ? Suis-je fou ?

— Non. Ce que vous percevez est vrai, dis-je. Est-ce que cette perception varie ? Connor secoua la tête. Voyez-vous le visage de votre femme ou entendez-vous sa voix ?

— Justement, pas du tout. Ce que je sens n'est pas la femme que j'ai épousée, mais quelque chose d'autre, répondit Connor avec une expression déconcertée.

— La femme que vous avez épousée n'est pas ici, mais ce que vous avez aimé en elle n'a pas d'ici ou de là. C'est, tout simplement. Sa réalité appartient à un tout. Je pense que votre mariage a engendré ce type d'amour parce que vous avez trouvé le moyen d'aimer au-delà de la personnalité – très peu d'êtres en sont capables.

Connor acquiesça lentement en écoutant ce que je disais d'un air compréhensif et reconnaissant.

En Irlande, les prêtres m'ont appris que quand nous mourons nos âmes vont au paradis. Peut-être en va-t-il ainsi, je ne sais pas. Mais Mary n'est pas partie, cela j'en suis sûr. Je vais passer beaucoup de temps à essayer de comprendre. Si c'est ce que vous voulez dire par « mourir jusqu'à la mort », alors c'est ce qui m'attend.

6

POURQUOI NOUS AVONS BESOIN
DE PASSION

Jusqu'à maintenant, j'ai assimilé la dimension cosmique de votre moi à un Moi qui vit au-delà de la réalité tridimensionnelle. Mais nous n'avons pas encore pleinement abordé la dimension cosmique de votre relation amoureuse. Que représente votre mariage en tant que Moi + Moi ? Deux esprits qui s'unissent ? Dans la mesure où vous ne manquez de rien dans votre Moi le plus haut, il pourrait sembler à première vue que votre Moi et celui de l'être que vous aimez n'ont nul besoin de se lier. Pourtant l'esprit est responsable du simple fait que vous puissiez vous aimer l'un l'autre en chair et en os.

> Votre mariage est un jeu du divin. Deux esprits miment la séparation pour la pure joie de se rassembler dans l'amour.

La différence entre une histoire d'amour cosmique et une histoire d'amour terrestre est la différence entre le jeu et le besoin. Une certaine quantité de besoin est présente dans toute relation dans ce monde matériel – la survie est une affaire trop pressante pour que nous puissions assimiler notre vie à un pur jeu. Mais en esprit vous vous contentez de jouer. Votre but n'est pas de survivre mais d'exprimer toutes les nuances de la passion que l'amour a fait naître en vous. En termes védiques, il n'y a jamais eu qu'un seul mariage, c'est l'union de Dieu sous sa forme mâle avec Dieu sous sa forme femelle. Quand ces deux pôles se rencontrent, la passion naît immédiatement. Mais cette passion doit être joueuse, car Dieu sait qu'en réalité le principe mâle et le principe femelle sont Un. La séparation originelle des sexes n'a qu'un seul but et ce but divin est la joie de l'union sexuelle.

> L'union sexuelle imite la création divine. Ce que vous exprimez à travers votre passion est l'amour de Dieu pour Dieu.

Nous devons examiner à présent le point suivant : comment un mariage peut-il s'approfondir en esprit pour justifier son but cosmique ? Si nous arrivions à nous rappeler ce que nous avons ressenti en tombant amoureux, nous ne demanderions pas pourquoi nous avons besoin de la passion. L'immédiateté de la passion amoureuse est évidente – tant l'expérience est universelle.

La passion place deux amants dans un monde à eux, comme Whitman l'a célébré dans l'un de ses poèmes les plus chargés d'érotisme, *Des flots douloureusement réprimés* :

> *Oh, toi et moi ! Que nous importe ce que les autres font ou pensent ?*
> *Que nous importent tous les autres ? Que nous jouissions l'un de l'autre et nous épuisions l'un l'autre si cela doit être...*
> *Du sexe, de la chaîne et de la trame...*
> *Du doux glissement de tes mains sur moi, de tes doigts qui s'enfoncent à travers mes cheveux et ma barbe,*
> *Du long baiser soutenu sur la bouche ou le sein*
> *De l'étroite pression qui m'enivre, moi comme tout homme, à m'évanouir d'excès.*

Ce poème fait apparaître la relation sexuelle dans son immédiateté autant que le peuvent les mots. Si excitants que puissent être les mots, la passion elle-même ne peut être isolée du moment où elle est vécue. En cela elle ressemble au bonheur. Quiconque est heureux n'a aucune raison de douter de ce bonheur. Mais une fois qu'il s'est enfui, si légèrement que ce soit, le simple fait de poser des questions à son sujet ne suffit pas à le faire revenir. Le mécanisme du désir est encore plus délicat. Dès que la passion érotique est éclipsée par des peurs ou des doutes insignifiants, la spontanéité disparaît.

Dans notre culture, qui définit la passion sous un angle si exclusivement sexuel, quand l'attraction sexuelle décline dans leur relation, les gens sont déroutés. Parfois une relation plus mûre s'ensuit, qui ressemble à de l'amour entre deux amis, ou bien la relation peut s'étioler dans l'indifférence mutuelle. Raviver la passion en dehors de toute relation sexuelle n'est pas quelque chose que notre culture connaît très bien. C'est pourquoi le secret de beaucoup de mariages, une fois qu'une décennie ou plus est passée, c'est que les deux partenaires luttent contre l'ennui. La passion éteinte a cédé la place à l'ennui et personne ne sachant comment y remédier, on se réfugie dans la nostalgie. Les relations qui commencent dans les flammes brûlantes de la passion se terminent souvent dans les cendres les plus froides. Pourtant, la relation amoureuse devrait vous attacher à l'être aimé dans une passion qui dure une vie, et pas seulement pour le sexe.

L'intensité du désir sexuel n'est qu'un pâle reflet du désir réprimé qui nous entraîne tous dans la quête de notre amant suprême, le Moi. La passion n'est pas personnelle, même si c'est bien une personne qui la déclenche. La passion est universelle. Quand Rumi déclare que « toutes les particules du monde sont amoureuses et cherchent leurs amants », il donne une interprétation passionnelle de la force de gravité. Et en même temps il rend à l'esprit une de ses qualités les plus importantes, la puissance.

Sans puissance, l'esprit pourrait être aimant et inspirant, mais il n'influerait pas sur le cours des événements. Il demeurerait une abstraction très éloignée de la vie quotidienne. Bien sûr, c'est exactement ainsi que beaucoup de gens considèrent l'esprit, mais l'âme est douée de son propre genre de puissance, qu'en sanskrit on appelle *Shakti*. Dans la cosmologie indienne, Shakti est le principe femelle de création, l'épouse de Shiva qui représente le principe mâle. Shiva ne se manifeste pas dans le monde, il demeure en retrait, invisible. Shakti est la création visible. Elle ressemble à la mère qui s'occupe de son enfant, elle est consciente de chaque mouvement, si infime soit-il, survenant dans l'univers visible. Dans l'amour sexuel, nous incarnons l'union de ces deux forces, et quand nous nous sentons aimés, nous ressentons en fait l'attention de la mère cosmique, l'épouse, la séductrice et l'amante.

Shakti est représentée sous toutes ces formes et sous une infinité d'autres. La tendre mère cosmique est Shakti, mais elle partage ce rôle avec Kali la destructrice ornée de ses griffes et de son collier de têtes de mort. Beaucoup d'aspects de Shakti sont sexuels – c'est la passion de Shiva pour Shakti qui a incité celle-ci à exécuter sa danse cosmique de la création pour lui faire plaisir. Tout l'univers se ramène donc à un geste d'amour érotique et toutes les molécules dansantes sont mues par leur désir d'un amant invisible. Rumi fait écho à cette pensée quand il dit :

> *Il y a quelqu'un qui nous surveille*
> *De derrière le rideau.*
> *En vérité nous ne sommes pas ici.*
> *Ce n'est que notre ombre.*

L'amour divin de Shiva et de Shakti est la seule chose réelle. Tout le reste est apparence – plutôt le costume du danseur que le danseur lui-même.

Mais qui est Shakti en dehors de la mythologie ? Elle comprend l'infinie énergie de l'univers physique tout comme l'énergie spirituelle que notre physique moderne ne reconnaît pas encore. Les galaxies tournoient à travers l'espace, propulsées par Shakti, mais elle transporte aussi les prières silencieuses jusqu'à l'oreille de Dieu. Shakti est l'impulsion mobile qui se propage à travers la création et empêche l'ordre de se disloquer en chaos, mais son existence est si immatérielle qu'aucun instrument existant ne peut la détecter.

Quand la Bible parle de la « lumière » qui émane de Dieu pour créer le monde, c'est Shakti qui est décrite, mais dépourvue de genre. Mais son apparition ne se limite pas au commencement du monde. La création dure aussi longtemps que l'univers lui-même. Elle est l'expression spirituelle infinie de l'amour pour la vie.

> Quand vous éprouvez de la passion pour quelque chose, c'est Shakti qui s'exprime à travers vous.

Bien que la plupart d'entre nous se considèrent heureux de pouvoir encore éprouver de la passion pour quoi que ce soit en vieillissant, éprouver de la passion pour son travail, pour la politique ou pour la sexualité, ne revient pas au même qu'avoir une passion pour la vie. La vie est certes plus grande que le travail, la politique ou la sexualité. Mais de plus, Shakti est la vie elle-même, elle est présente dans toutes les impulsions qui rythment l'existence. *Avoir* une passion pour la vie suppose d'*être* pétri de passion. La passion fait partie de votre être. C'est pourquoi le rapport le plus naturel à la vie est d'être passionné. Le lent reflux de la passion est antinaturel.

Quand vous déplorez ce reflux, rappelez-vous que rien n'est éternel à la surface de la terre, où la seule constante est le changement. Les choses et les êtres sont versatiles et bien qu'ils aient un jour brûlé des feux de l'enthousiasme, les amants voient tôt ou tard leur température fléchir. C'est particulièrement vrai du désir sexuel. L'attraction érotique n'est pas un état permanent mais une ouverture qui nous permet de sortir temporairement des limites de notre ego et d'entrer dans l'histoire d'amour de Shiva et de Shakti. Cela signifie que la sexualité est l'occasion de trouver l'unité au-delà des limitations du moi dominé par l'ego. L'occasion doit être saisie quand elle s'offre sinon « votre » Shakti, l'énergie libérée dans les rapports sexuels, sera gaspillée.

En termes spirituels, Shakti s'épanche dans toute situation – pas seulement la sexualité – où s'éveillent l'intérêt, l'excitation, l'attraction. Le plus grand gâchis consiste à sacrifier sa passion aux besoins et aux pulsions égoïstes et dénuées d'esprit. Parmi ces gâchis notons l'accumulation matérielle, la cupidité, l'amour de l'argent et du pouvoir pour eux-mêmes, l'activité sexuelle sans amour et l'obsession. Shakti est la substance de la vie sous sa forme brute qui attend d'être raffinée et modelée. Les réflexions sur la passion concernent donc votre capacité à entretenir Shakti en vous-même et à le transmuer en amour et en union dans votre relation amoureuse :

La passion est l'énergie que l'amour engendre, sans autre objet qu'elle-même.

L'énergie produite par l'amour est créatrice – elle renouvelle tout ce qu'elle touche. Pour comprendre à quel point vous êtes passionné, considérez ce que vous avez créé.

La source de la passion est en vous. Quand la passion décroît elle doit être ravivée à sa source.

—Qu'attendez-vous que je fasse ? Sur la brèche tous les jours pendant quinze ans et tout d'un coup je ne suis plus bon à rien ? C'est criminel. Je les attaquerais tous en justice si j'en avais l'énergie.

Ayant laissé éclater sa colère, Jarrett s'enfonça dans son fauteuil. Je parlais en tête à tête avec lui pendant que sa femme, Gail, attendait dehors. Nous avions discuté pendant une demi-heure, en vain. La situation que vivait Jarrett l'avait rendu dépressif et apathique. Il avait été licencié après avoir travaillé longtemps dans une entreprise. Il s'était plaint timidement pendant toute la conversation jusqu'à cette explosion finale qui l'avait soulagé.

—Je n'attends pas que vous fassiez quelque chose de précis, répondis-je. Vous avez de l'argent, vous pouvez vous en sortir. Qu'avez-vous d'autre à me dire ?

Jarrett soupira et détourna le regard.

—Gail veut s'installer en Floride, mais je me sentirais vraiment fini là-bas.

Je connaissais ce couple qui faisait partie de mes anciens patients et Gail avait plus ou moins forcé son mari à venir me voir sous prétexte que sa dépression pouvait avoir une cause physique. En vérité, elle cherchait quelqu'un qui pourrait écouter d'une oreille attentive l'interminable monologue aigri de Jarrett sans que ça le rende fou comme elle.

—Gail ne ressemble pas à ce type qui voudrait vous enfermer dans une maison de retraite. Pas à cinquante-trois ans. Peut-être que la Floride représente un nouveau départ pour elle.

Jarrett haussa les épaules.

—Nous avions l'habitude de faire de la voile là-bas quand nous étions gosses.

Je lui demandai de m'en dire un peu plus.

— Nous faisions des régates. Nous avons tous les deux grandi au bord de la mer et en fait Gail s'est intéressée à moi pour la première fois quand j'appartenais à l'équipage du sloop d'un ami. C'est de l'histoire ancienne.

Ce ne fut pas mon avis.

— Cela vous ennuie-t-il que je fasse entrer Gail ? demandai-je.

Jarrett haussa les épaules, la tête pleine de ses doléances et contrarié que je ne veuille pas continuer à en discuter.

Quand Gail revint dans la pièce, elle avait l'air soucieuse mais pas épuisée ni accablée, elle avait su saisir le fil ténu de l'espoir dans la situation qu'elle vivait.

— Pour commencer, votre mari n'a aucun problème physique, dis-je à son grand soulagement. Pas plus qu'il n'a de problèmes psychologiques.

Tous deux eurent l'air surpris et Jarrett protesta :

— Si vous croyez que je n'ai aucun problème, essayez donc de vous mettre à ma place.

— J'aimerais bien, dis-je. Peu de gens ont l'incroyable chance de pouvoir se retrouver à la croisée des chemins. L'ennui c'est que vous assimilez cela à une perte, la perte de votre raison de vivre. Votre ancien travail était-il votre raison de vivre ?

— Cette entreprise n'existerait pas sans moi, répliqua Jarrett, éludant la question.

— Ce qui explique pourquoi vous y avez mis votre cœur et votre âme pendant quinze ans, dis-je. Mais comment vous y sentiez-vous récemment ?

— Il perdait son temps, intervint Gail.

Jarrett lui jeta un regard furieux. Son commentaire ne fut pas une surprise. Elle m'avait déjà informé que ce en quoi Jarrett excellait – apporter des idées novatrices dans la production – n'avait plus beaucoup d'importance dans l'entreprise informatique qu'il avait aidé à créer. Cette entreprise avait abordé une phase de consolidation dans laquelle les capacités de gestion étaient devenues beaucoup plus importantes que les capacités d'innovation. Jarrett ne servait plus à grand-chose, et ce fait l'avait ulcéré.

— Votre situation a changé, mais vous ne voulez pas accepter les émotions qui accompagnent le changement, lui fis-je remarquer. Je ne vous incite pas à faire semblant de ne pas être furieux, et bien que ce soit difficile à admettre, je suis sûr que vous êtes aussi blessé. Vous devez vous sentir trahi par ceux qui devraient vous montrer de la reconnaissance.

— Sacrément raison! bougonna Jarrett.

— Mais en concevant cette situation comme négative, vous avez manqué la beauté du changement, qui consiste en ce qu'elle renouvelle la passion. C'est au fond ce dont vous avez besoin.

Je demandais à Jarrett d'imaginer ce qu'il aimerait faire s'il avait tout l'argent et le temps qu'il voulait. Il secoua la tête.

— Rien, fit-il.

— C'est une réponse de résistance. Vous vous êtes investi dans des émotions négatives et le résultat c'est que vous avez raté la source de la passion qui est aussi proche de vous que tout ce qui appartient à votre vie.

Jarrett eut l'air embarrassé.

— Tournez-vous un peu à droite, ajoutai-je, elle est là.

Maintenant c'est Gail qui avait l'air gênée et déconcertée.

— Dans votre certitude que ce problème ne concerne que vous, dis-je, vous avez tari le flux de la passion en vous et en même temps vous avez exclu Gail. Vous vous êtes emparé d'une merveilleuse occasion de renouveler votre expérience de la vie et l'avez gâchée.

Jarrett se rencogna dans son siège l'air contrarié.

— Je ne suis pas ici pour vous critiquer, mais vous avez beaucoup blessé Gail sans vous en apercevoir. Nous sommes ici pour parler de la façon dont vous pouvez utiliser votre mariage pour retrouver goût à la vie, à un niveau très profond. Autrefois, la raison de votre investissement dans votre entreprise était, entre autres, la passion, mais à présent j'ai l'impression que ce qui vous manque ce sont des buts extérieurs – le pouvoir, l'argent, le statut social, le respect. Au point où vous en êtes, à mon avis, vous ne parviendrez jamais à renouer avec cette forme de passion.

Le couple eut l'air stupéfait et je sentis que Gail voulait intervenir pour défendre son mari. Mais elle se contenta de dire.

— Il n'a tout simplement pas été bien utilisé dans son ancienne entreprise. C'est la raison pour laquelle j'ai pensé que nous pourrions construire des voiliers ou recommencer à participer à des régates.

— Parce que vous voyez Jarrett plus profondément qu'il ne se voit lui-même, dis-je. Vous le voyez avec le regard de l'amour. Vous voulez faire resurgir sa passion parce que la passion c'est la vitalité, ce qui fait du mariage un engagement en faveur de la vie. Mais votre vitalité est aussi importante que la sienne et je ne le vois pas fournir de grands efforts pour l'encourager.

— Vous avez tort, répondit Gail, je ne me sens jamais aussi vivante que lorsque nous faisons des choses ensemble.

— Mais vous n'avez pas eu beaucoup de temps à consacrer à des projets communs, je suppose. Vous devriez envisager sérieusement de recommencer à naviguer ou de vous adonner à toute activité qui vous rendra heureux tous les deux à une condition : que ce soit votre but dans la vie, pas une diversion ou un bref loisir arraché au travail – même quand on l'a perdu. De mon point de vue, le fait que Jarrett soit contraint de prendre sa retraite alors qu'il est encore jeune est la meilleure chose qui pouvait vous arriver à tous deux.

Jarrett eut l'air pensif. Son humeur avait changé. Il avait l'air assez en colère (ce qui au moins l'avait ranimé) mais toute sa vie avait été axée autour de la notion de défi. S'il pouvait entendre ce que je disais comme un défi, je savais qu'il le relèverait.

—Je sais que vous êtes très angoissé en ce moment, lui dis-je avec plus de douceur. Mais la meilleure façon de surmonter cette angoisse est de vous fixer un nouveau but, sinon votre angoisse ne fera que croître. Le plus haut but que vous puissiez vous fixer concerne votre femme. La fusion de deux énergies, mâle et femelle, est beaucoup plus importante que ce qui s'exprime uniquement dans la sexualité ou l'amitié. C'est un potentiel spirituel qui attend de s'épanouir. Ouvrez-vous à ce potentiel. Découvrez ce que votre mariage peut vous apporter qui excède vos qualités personnelles et vos besoins isolés.

Je me tournai vers Gail.

—Et cela est aussi valable pour vous. Que votre devise tienne en un mot : courage. L'amour et la tendresse ne sont pas impuissants. La patience et la tolérance peuvent engendrer des changements énormes. Mais ces énergies doivent être utilisées non avec soumission ou résignation mais avec passion.

Une passion pour la vie est une passion pour la totalité. Ce qui signifie une fusion du principe mâle et du principe femelle en soi. Le mariage de Shiva et de Shakti concerne le potentiel spirituel, rien de moins.

Shakti comprend. Au lieu d'imposer, elle communique.

Shakti est patiente. Au lieu de forcer une réponse, elle attend que l'esprit en propose une.

Shakti est tendre. Au lieu d'ignorer les émotions, elle utilise l'émotion pour s'exprimer quand un autre est prêt à écouter et à agir.

Shakti est pacifique. Aucune situation n'exige jamais l'emploi de la force.

Shakti est créative. Elle crée des réponses là où personne n'en avait jamais vu avant.

Shakti est sage. Elle considère le tableau dans son entier plutôt que quelques parties.

J'avais vu Gail montrer ces qualités dans sa façon d'aborder la crise de son mari. Elle était capable de compatir, de prendre patience, de prodiguer un soutien émotionnel, de permettre, tout cela avec tendresse. Ces qualités ne sont pas seulement des moyens de trouver la solution, *elles sont la solution*.

— Si vous étiez aussi gentil avec vous-même que l'est Gail, dis-je à la fin de notre entretien, si vous vouliez vous comprendre vous-même aussi bien qu'elle, avec autant d'amour et d'absence d'ego, vous auriez résolu votre crise depuis des mois. J'espère que vous serez capable d'accepter son point de vue comme l'incomparable remède qu'il est.

Jarrett acquiesça sans parvenir tout à fait à dire «J'essaierai», parce qu'il restait trop enfermé dans ses vieilles habitudes pour admettre qu'il avait pu se tromper. Mais je sentis qu'il avait compris qu'il se trouvait à la croisée des chemins. Laisser son sentiment d'échec et son amertume derrière lui était la condition de son ouverture au renouveau.

LE MARIAGE DE SHIVA ET SHAKTI

Ayant déjà abordé le thème du mariage sacré, nous pouvons maintenant étendre ce concept en examinant les énergies de Shiva et de Shakti. Il est totalement inadéquat de qualifier Shiva de mâle et Shakti de femelle car ces deux termes limitent Dieu qui ne peut être limité. Nos esprits sont conditionnés à voir le masculin et le féminin comme des contraires, mais Shiva et Shakti étaient déjà mariés à l'aube de la création. Ils sont un tout divin qui choisit de s'exprimer en prenant l'apparence de l'être masculin et féminin.

Mâle et femelle font la même chose. Bien que mon corps puisse être masculin, mon moi intérieur s'identifie avec l'esprit comme un tout et donc mon âme doit inclure aussi bien Shiva que Shakti :

Shiva est silence. Shakti est puissance.
Shiva est créativité. Shakti est création.
Shiva est amour. Shakti est aimante.

Ces qualités ne s'opposent pas mais se complètent, ce qui est la description parfaite d'un mariage sacré. L'amour mûr consiste à être capable de vous voir dans l'être que vous aimez et de voir celui-ci en vous-même. Rester prisonnier de stéréotypes de genre, défendre sa masculinité ou sa féminité, critiquer le sexe opposé pour les problèmes qu'il cause, ces attitudes correspondent toutes à des trahisons de la fondation sacrée du mariage.

Un mariage sacré puise sa passion dans son assimilation réciproque. La passion pour un autre être ne peut que décroître, mais la passion pour la vie elle-même est éternelle.

Quand les deux énergies cosmiques, Shiva et Shakti, sont reliées, le flux de la passion apporte un potentiel créatif illimité. Les pôles du silence et de la puissance instaurent une tension entre eux, semblable au désir entre un homme et une femme qui ne peut être satisfait que par l'échange d'amour. Le courant qui les relie est la force créative de l'univers qui atteint son maximum de concentration en vous. Vous êtes l'espace dans lequel ce courant se déverse, il n'a besoin de personne d'autre. Ce n'est que quand Shiva et Shakti seront mariés en vous que vous serez capables d'aborder un mariage sacré avec quelqu'un d'autre.

Laissons Shiva de côté pour l'instant, car cette énergie est plus abstraite que celle de Shakti, et explorons la féminité de Shakti. Dans notre culture, le rôle d'une femme a longtemps été de servir de compagne, de mère, de servante et de suppliante qui n'exerçait pas le pouvoir elle-même. Le pouvoir au sens védique, en revanche, est toujours créatif et la créativité toujours sexuelle. C'est d'un acte sexuel divin que le monde est né. C'est pourquoi l'élément féminin comme ce qui donne naissance est le véhicule naturel du pouvoir.

Shakti peut être extrêmement viscéral et physique, comme tous ceux qui ont déjà assisté à une naissance le savent. Au moment de la délivrance, toute la pièce se charge d'une énergie vibrante et brute qui émane directement de la mère et l'apparition du bébé ne ressemble à rien tant qu'à la naissance du monde en miniature. Même si le foetus a grandi dans l'utérus pendant neuf mois, cette soudaine apparition d'un être humain complètement formé est miraculeuse. C'est le concept de Shakti que je garde présent à l'esprit, celui d'une force qui peut créer à partir de rien.

Shakti peut totalement transfigurer l'aspect de votre paysage intérieur, en substituer un nouveau à l'ancien. Les yogis ont expliqué que lors de leurs séances de méditation ils ressentent une énergie qui leur parcourt la colonne vertébrale sous forme de frissons (le nom ésotérique de ces frissons d'énergie est *Kundalini*, c'est un des mille noms de la déesse mère). La présence de cette énergie constitue une connaissance directe de Dieu, une perception des autres mondes et une fusion extatique avec le divin. Mais si vous n'êtes pas un yogi ou une mère en train d'accoucher, à quoi ressemble l'expérience de Shakti ?

Shakti est le pouvoir caché qui transforme la matière en vie. Elle est l'étincelle divine, le flux de l'amour divin.

Tous ceux qui sont en relation avec l'esprit ont Shakti en eux, Shakti qui se manifeste de cinq manières différentes qui sont autant de figures possibles de Dieu. (Dieu est aussi bien « il » que « elle ». Chaque fois que j'emploierai l'expression « la déesse », c'est à Shakti que vous devrez penser.) Voici les cinq pouvoirs qui sont recensés dans les *Shiva Sutras*, les « Enseignements sur Shiva » :

Chitta Shakti : la conscience de Dieu
Ananda Shakti : la félicité de Dieu
Icha Shakti : le désir ou l'intention de s'unir avec Dieu
Gyana Shakti : la connaissance de Dieu
Kriya Shakti : l'action dirigée vers Dieu

Si la voix de Dieu vous parlait, les pouvoirs de la déesse vous seraient transmis en quelques phrases simples et universelles :

Chitta Shakti : Je suis.
Ananda Shakti : Je connais la félicité.
Icha Shakti : Je veux ou j'ai l'intention de.
Gyana Shakti : Je sais.
Kriya Shakti : J'agis.

Si un enfant venait à moi et me demandait : « Comment Dieu m'a-t-il fabriqué ? », ces cinq phrases seraient ma réponse, parce que c'est ainsi que Dieu ou la Déesse s'est fait. Elle s'est faite ainsi ou en tout cas elle s'est fait connaître ainsi et à chaque étape de l'engendrement une nouvelle exclamation de découverte a retenti. D'abord, elle s'est éprouvée elle-même comme existence (« Je suis ! »), puis comme joie créatrice (« Je connais la félicité ! »), désir entraînant (« Je veux ! »), esprit cosmique (« Je sais ! ») et finalement force qui modèle et donne forme à toutes choses (« J'agis ! »). Parce que aucune de ces formules sauf le

« Je suis » n'a jamais existé auparavant, chacune d'elles a surgi comme une révélation.

Toutes ces déterminations ont des applications universelles. Le vocabulaire provient de la tradition Shiva/Shakti, mais tout flux spirituel – entre deux amants, entre la main d'un artiste et sa toile, entre un musicien et son instrument – peut exprimer un pouvoir spirituel. Un paysage d'automne brun sous un ciel couvert a l'air morne, mais s'il est peint par Rembrandt il recèle un extraordinaire Shakti – son *kriya*, son action, est reliée à l'esprit.

Un mariage sacré puiserait aussi sa passion et son énergie dans les cinq Shaktis et dans le même ordre où la déesse elle-même les a découverts. Rectifier vos priorités spirituelles implique de préserver la priorité de l'être sur l'action. Être signifie ici l'identité avec l'esprit. L'action signifie l'identification avec la carrière, la réussite sociale et les échanges de la vie quotidienne. Le « Je suis » est premier parce qu'il fait de l'instant présent le moment le plus parfait pour être en vie. La phrase : « Je connais la félicité » rend possible la célébration de la vie d'un cœur joyeux. « Je veux » réalise le désir le plus cher. « Je sais » permet une totale confiance et une auto-acceptation et « J'agis » fait de la créativité le but de chaque jour.

Maintenant examinons chacun de ces pouvoirs tour à tour.

Chitta

Chitta est la conscience de Dieu sous sa forme la plus simple. Quand votre esprit n'est pas occupé par des pensées et des émotions, il repose, seul, en lui-même. La simple conscience est une qualité divine, parce que dans chitta les distractions qui masquent l'esprit sont supprimées. Au lieu des problèmes et des conflits complexes, vous percevez l'amour comme la seule réalité. Vous savez que vous avez toujours été nourri et soutenu. Vous n'avez plus besoin de justifier votre existence. La qualité la plus originelle de Dieu est ce silence et cette autosuffisance qui n'ont besoin de rien d'autre. Si nous pensons à la création comme à une corde qui vibre, attachée à un certain point, ce point fixe est ici. Chitta, simplement, est.

Ananda

Ananda est considéré comme la première qualité de Dieu à se manifester dans la création après le silence primitif. Sa félicité, son amour et sa paix sont les plus subtils et pourtant les plus puissants des pouvoirs créatifs de Shakti. Comprendre ce fait constitue un progrès spirituel énorme. Ananda donne la solution à tous ceux qui souffrent : au lieu d'avoir à lutter contre la souffrance, tout être peut se recueillir en lui-même et trouver un niveau de conscience que la souffrance ne peut atteindre. Ananda est le visage impassible de Dieu. Quand vous comprenez cet aspect de l'esprit en vous-même, l'amour inconditionnel vient aussi naturellement que la respiration.

Icha

Il y a une belle expression dans la tradition de Shiva selon laquelle Dieu a créé le monde à partir de sa « douce volonté » qu'il a remise entre les mains de Shakti. Le mot sanskrit traduit par « volonté » est icha, qui signifie aussi « désir » ou « intention ». La volonté est le degré suivant dans la félicité parce que quand vous êtes plein de joie, toute chose que vous projetez ou désirez doit être accordée avec le divin. À ce stade, il n'est pas question de mauvais désirs ou d'entêtement qui pourraient vous nuire à vous ou aux autres. Dieu peut être comparé à quelqu'un qui regarderait dans un miroir qui l'entoure de tous côtés, de telle sorte que, quelle que soit la direction où il regarde, il ne voit que son propre reflet. Il n'y a rien d'autre à voir, et donc tout ce que Dieu crée n'est qu'une forme modifiée de sa propre félicité.

Gyana

La connaissance de Dieu est de deux sortes, directe et indirecte. Indirectement, nous pouvons lire des textes sacrés, écouter des sermons, consulter des spécialistes et en nous appuyant sur ces sources, parvenir à nous convaincre de l'existence de Dieu. Mais un tel Dieu ne transmet aucun amour sur terre. C'est pourquoi il n'existe aucun substitut pour gyana qui exprime la connaissance directe du divin. Au lieu d'avoir des pensées sur Dieu, vous partagez les propres pensées de Dieu. Ses pensées ne concernent que lui-même. Il ne s'agit pas d'égocentrisme cosmique, cependant. Ce qui confirme le fait que la connaissance spirituelle est essentielle. La vérité, la confiance, la piété et l'amour sont au cœur de nos pensées. Gyana représente la communion de l'esprit humain avec l'esprit du monde.

Kriya

Le dernier Shakti est le plus visible. Quand la déesse a agi, elle a donné vie au monde matériel. Bien que les deux mots signifient « action », kriya n'équivaut pas à karma. Karma est l'action née de la cause et de l'effet, c'est l'action qui renforce la séparation. Kriya est l'action inspirée par l'esprit. Il abolit la séparation et instaure la communion. En Inde, un saint homme qui entre en transe rend le kriya manifeste. Les paroles inspirées qui sortent de sa bouche, les gestes de ses mains, les expressions de son visage et même le rythme de sa respiration sont autant de formes de kriyas. Les textes sacrés védiques contiennent des milliers de descriptions qui expliquent dans le détail quel état intérieur correspond à quel kriya. Mais dans un sens plus large, le changement de comportement de quelqu'un qui a rencontré Dieu et qui passe de la violence à la paix, du conflit à la sérénité, de l'égoïsme à l'altruisme a lieu dans le royaume de kriya. C'est la dernière cascade du divin dans la création. Le calme de la pure conscience cascade dans la félicité, la félicité dans la volonté, la volonté dans la connaissance et finalement la connaissance dans l'action. La quintuple nature de Shakti s'est dès lors révélée complètement.

LE SILENCE DE SHIVA

Si nous éprouvons des difficultés à cause de notre contexte culturel à voir Shakti comme féminine, le silence de Shiva – immobile, sans cause, ineffable, détaché – nous paraît très éloigné de ce que nous concevons comme modèle du pouvoir masculin. Mais le pouvoir masculin ne coïncide pas avec le pouvoir mâle. L'agressivité d'un guerrier ne correspond pas à Shiva qui n'éprouve aucun besoin de faire irruption, de conquérir, de triompher, d'acquérir ou de se mesurer aux autres. Bien qu'il soit appelé le « destructeur des mondes » dans la *Bhagavad-Gita*, ce nom signifie que Shiva réabsorbe l'univers en lui à la fin de la création. Ce n'est pas un acte violent, pas plus que n'est violent pour votre cerveau celui de réabsorber les molécules neurochimiques qui ont formé votre dernière pensée. Dans les deux cas, c'est la fondation d'une nouvelle création, d'une nouvelle pensée qui a été posée.

Shiva est un nom familier en Occident, on sait qu'il est un des trois dieux primitifs de l'Inde avec Brahma et Vishnu. Chacun d'eux a été conçu comme une forme particulière du divin : Brahma est le créateur de l'univers, Vishnu celui qui maintient et Shiva celui qui détruit. Mais ce serait une erreur, comme je viens de l'expliquer, de penser Shiva comme une sorte de vengeur apocalyptique ou même comme un être extérieur à nous.

Dieu est en nous et la division ternaire du divin n'est qu'une image ou une métaphore pour décrire quelque chose d'indivisible. Par analogie, examinez la façon dont une image, comme le visage de quelqu'un que vous aimez, surgit dans votre esprit. L'image apparaît, se maintient pendant un instant, puis disparaît. Nous pourrions par conséquent diviser l'activité spirituelle en trois moments : le créateur, celui qui maintient et le destructeur, bien que l'activité réelle de la pensée forme un tout ininterrompu.

Ainsi en va-t-il de l'esprit universel qui est toujours éprouvé comme un tout, mais contrairement à l'esprit humain, l'esprit universel ne peut pas être localisé, comme nous localisons commodément l'esprit humain dans le cerveau. Dieu n'est ni ici ni là-bas, ni à l'intérieur ni à l'extérieur. Pour comprendre Shiva mieux vaut se représenter une omniprésence, une conscience silencieuse qui s'insinue partout. Dans la trinité des dieux indiens, seul Shiva est assimilé à Dieu car, comme Dieu, il est présent partout.

Dans le partage originel, Shakti a été donnée à Shiva afin de mener à bien le processus de création physique. Cet arrangement évoque de manière frappante la façon dont le code du vivant est inscrit dans chaque cellule de votre corps, sous la forme de l'ADN qui est silencieux, inactif et invisible, mais aussi sous celle de son jumeau chimique, l'ARN, issu de l'ADN et dont la fonction consiste à diriger tout le processus cellulaire de la fabrication proprement dite du corps à partir des enzymes et des protéines. La physiologie du cerveau est elle aussi à la fois active et silencieuse – des milliards de souvenirs sont stockés dans le cortex et reviennent un par un sous forme de souvenirs conscients. Si vous extrapolez ce phénomène à l'échelle de l'univers, vous retrouvez Shiva dont le potentiel créatif demeure infiniment plus grand que celui de ses expressions, même quand ces expressions prennent la forme de galaxies et d'univers entiers.

Shiva élève la conscience pure à un mariage sacré. Il transforme invisiblement toute action en action de Dieu.

En quoi consiste exactement une action de Dieu ? Une intervention miraculeuse, une voix qui retentit au sommet d'une montagne ? Des millions de gens ont attendu de tels signes sans jamais les obtenir. Malgré mes efforts pour dégager Shiva du domaine des généralités abstraites, il reste tentant de l'assimiler à une sorte de fantôme, un concept spirituel sans chair ni os. De la chair et des os, c'est ce que réclament les cinq sens. Quand on prête attention aux choses « extérieures », on mesure leur réalité par la vue, l'ouïe, le toucher, le goût et l'odorat. Pourtant, dans la pratique spirituelle, il existe un autre sens que j'appelle « l'attention seconde ». Grâce à l'attention seconde, vous pouvez capter des phénomènes imperceptibles à vos sens.

L'attention seconde vous rend conscient de l'esprit. Elle procède par intuition et on parle parfois à son sujet de « voyance » ou de « don », bien que ces termes renvoient à une faculté surnaturelle. En fait, l'esprit émet constamment des signaux à chacun de nous, mais comme notre attention seconde n'a jamais été développée, nous ne les comprenons pas. L'intuition est aussi concrète que n'importe quelle autre faculté, une fois qu'on l'a développée. Quel genre de signaux recherche l'attention seconde ? L'esprit est universel et constant, comme la gravité, mais exempt de contraintes physiques. Shiva se réserve à lui-même l'entière liberté d'être ce qu'il veut, quand il veut et où il veut. L'attention seconde est capable de détecter les cinq actions qui, selon les textes classiques consacrés à Shiva, caractérisent Dieu dans son rapport au monde :

> *Dieu crée.*
> *Dieu détruit.*
> *Dieu protège et maintient ce qui a été créé.*
> *Dieu voile ou dissimule sa nature propre.*
> *Dieu révèle ou dévoile sa nature propre.*

La mentalité indienne n'est pas linéaire et elle ne trouve aucune contradiction à voir en Shiva, sous une de ses formes, le destructeur, et l'omniprésent « créateur-mainteneur » sous une autre de ses formes. Les cinq actions de Shiva forment le cadre de toutes les expériences spirituelles que vous puissiez faire. Elles leur donnent signification et forme. Comme la signification est complètement personnelle, il n'est nullement nécessaire que deux chercheurs spirituels s'accordent sur la nature de la révélation qu'ils reçoivent – il s'agit d'une communication intime entre le moi individuel et le Moi.

La connaissance de Dieu est un processus qui se développe dans le temps. Ce n'est pas une expérience instantanée qui a lieu une fois pour toutes. On n'en a jamais fini avec Dieu. Les moments de reconnaissance ne servent qu'à vous approcher de lui. Tout moment de votre vie recèle une révélation possible sur l'amour qui se transmet à vous depuis la source suprême. Comme pour Shakti, il existe quelques formules simples pour indiquer ce que les actes de Shiva essaient de transmettre :

Création : l'amour de Dieu est nouveau.

Destruction : l'amour de Dieu est au-delà de la mort.

Maintien ou protection : l'amour de Dieu soutient.

Dissimulation : l'amour de Dieu transcende toute forme.

Révélation : l'amour de Dieu prend forme.

L'esprit ne cesse de nous avertir de ses intentions par des signaux dans l'ici-bas, le monde relatif. Si votre attention seconde est assez aiguisée, vous pouvez prendre conscience de la présence de l'esprit, soit qu'il croise votre chemin, soit qu'il descende sur vous, soit qu'il vous élève à lui, ou encore qu'il vous murmure des vérités plusieurs fois par jour. Toutes ces communications émanant de Shiva sont silencieuses. Comparé à Shakti, Shiva est plus éloigné de la création, comprise comme volonté ou action, et plus proche de la pure créativité, comprise comme potentiel. Mais ses cinq actions ont pourtant une réelle influence sur le monde. Le silence a une voix qui parle à travers les cinq modes suivants :

Création

Depuis ma source aimante, je crée des situations riches d'enseignements. Ce sont toujours des leçons sur l'amour. Ce qui est créé ne l'est pas en dehors de mon esprit mais seulement à l'intérieur de lui.

Destruction

Je détruis les impuretés qui vous empêchent de percevoir l'amour. Je suis l'auteur de tous les obstacles que vous rencontrez, contrairement à ce qu'indiquent les apparences. Parce qu'ils émanent de moi, les obstacles sont issus de l'amour et quand vous arriverez à un degré de compréhension plus profond, les obstacles disparaîtront complètement.

Protection

Tant qu'une situation particulière est nécessaire pour un certain but spirituel, je la maintiens et la protège. Il ne s'agit pas d'étiqueter une situation « bonne » ou « mauvaise », je protège la vie pour l'amour de la vie elle-même et sans la juger.

Dissimulation

Je dissimule ma nature si cela est nécessaire pour que ce qui doit croître puisse croître. Si vous vous connaissiez déjà totalement vous-même en tant qu'esprit, il n'y aurait ni chemin ni croissance. Par conséquent, certaines choses doivent demeurer cachées à certains moments. Il appartient à mon rôle d'agencer secrètement les différentes étapes du chemin.

Révélation

Je me révèle moi-même comme nécessaire pour ouvrir de nouvelles possibilités. Le temps et l'espace sont en évolution perpétuelle. S'ils se contentaient de prodiguer simplement plus de temps et plus d'espace, on se trouverait face à une éternelle répétition du connu. Mais ils ne sont que les rideaux qui voilent un drame plus profond, le déploiement de l'esprit dans la révélation.

Si vous écoutez la voix qui s'exprime dans ces paragraphes, il est remarquable de voir à quel point le « Je » peut être interprété comme Dieu, esprit, amour ou simplement votre propre nature. Vous êtes simultanément en contact avec tous ces niveaux, bien que votre esprit, partiellement anesthésié par son conditionnement social, ait tendance à vous masquer ce fait. Au fond, Shiva ne se cache pas car aucune cachette ne peut contenir Dieu.

> Le signe suprême de l'amour de Dieu est qu'il veut être connu.

Venons-en maintenant à notre définition la plus profonde de la passion : la passion est le libre flux de la conscience qui va de l'invisible vers le visible. Votre existence, ici-bas, sur terre, fait de vous l'enfant chéri de Shiva dans son amour pour Shakti et réciproquement. Votre vie vous apparaît comme un enchaînement d'événements extérieurs qui se succèdent depuis la naissance jusqu'à la mort. Mais toute cette activité dépend entièrement de la façon dont le flux invisible de la conscience fonctionne à tous les niveaux.

Shiva et Shakti sont mariés pour l'éternité parce que tous deux se composent de conscience. L'un est conscience reposant en silence, l'autre conscience débouchant sur la création.

C'est ce que je voulais dire quand j'ai écrit que vous étiez la passion elle-même, car en vous se conjuguent silence et pouvoir, les pôles entre lesquels s'épanche la conscience. Sans ce flux de la conscience tout ce qui est en vous et autour de vous se réduirait à un tas de matière morte. Quand vous aspirez à un mariage sacré avec un être que vous aimez, vous exprimez votre propre nature et rien de moins.

Le miracle de l'amour tient à ce que l'attraction amoureuse que nous éprouvons pour un autre être peut nous révéler soudainement le divin. Une modification même minime de la perception est nécessaire pour retrouver l'infini. Quand je cesserai de croire à la séparation pour me laisser guider par l'amour, l'être aimé se reflétera dans mon être. Je sentirai l'exubérance, l'exaltation et la joie s'épancher depuis leur source silencieuse. Les manifestations de l'amour se multiplieront parce que l'objet de mon amour me deviendra sacré.

Pratique amoureuse
Prendre garde à l'esprit

Si l'esprit vous envoie des signaux, comment y être attentif ? L'attention seconde a beaucoup d'affinités avec l'intuition et la créativité. Il est bien connu que toutes deux sont des facultés de l'esprit humain. D'un point de vue spirituel, vous êtes toujours un créateur. La situation la plus anecdotique de votre vie n'est pas créée « de l'extérieur » mais « de l'intérieur », de la source même de réalité qu'est la conscience. Les gens qui croient que c'est le monde matériel qui est responsable des événements ne sont que des créateurs inconscients – ils n'assument pas leur responsabilité en refusant d'être les auteurs de leur propre vie.

L'attention seconde vous rend capable d'assumer la responsabilité principale de votre vie, elle vous place au centre du processus quotidien d'élaboration de la réalité que vous percevez. Comme nous sommes tous conditionnés à croire que la nature agit indépendamment de ce que nous pensons, souhaitons, rêvons et sentons, revendiquer la responsabilité principale sur notre réalité est un processus graduel.

> Les signaux de l'esprit concourent tous au
> même but : vous restituer votre vie de créateur.

L'attitude envers la vie de quelqu'un qui s'assume comme créateur est fondée sur cinq croyances cardinales, que peu d'entre vous ont apprises, à moins d'avoir eu beaucoup de chance :

1. Je suis un récipient vide. L'inspiration m'emplit chaque jour, mais je ne suis pas ici pour m'accrocher à ce qui m'est donné.

2. Je suis ici pour convertir de l'énergie d'une forme

dans une autre forme. J'espère la convertir d'une forme inférieure vers une forme supérieure car mon but est de tout faire converger vers l'esprit.

3. Je n'ai pas à contrôler le flux de la réalité. Je me laisse diriger par l'esprit.

4. C'est la plénitude de l'esprit et non mon ego qui prodigue.

5. Si je puise dans la source de la création, il ne peut m'arriver que de bonnes choses. Tout ce qui vient de l'esprit vient de l'amour.

Faire vôtres ces croyances et les laisser influencer votre vie est un but auquel l'esprit peut vous aider à parvenir. La société en général n'est pas adaptée à une telle vie et c'est la raison pour laquelle les artistes et les vrais amants ont été contraints de faire éclater les conventions sociales en vigueur. La société encourage la lutte, la compétition, l'ego, ce qui signifie qu'elle encourage la séparation. Il suffit de passer en revue tous les exemples de séparation dans le monde pour s'en convaincre : des millions de gens consacrent chacune de leurs journées simplement à essayer de survivre. Mais la vie dans la séparation n'est pas l'amour. Par définition elle ne peut pas vous apporter l'unité.

> L'esprit est votre chef et votre seul allié dans votre quête d'unité. Les tactiques non aimantes ne vous mèneront jamais à l'unité.

Dans l'exercice suivant, vous allez apprendre à transmuer les croyances et les comportements de séparation en croyances et comportements aimants, en utilisant les signaux que l'esprit envoie sans cesse.

Première partie

La voix de l'esprit est constamment en concurrence avec des voix qui résonnent en vous et l'issue de votre vie dépend de la voix que vous écouterez. Comme les voix intérieures s'expriment sans arrêt, on peut estimer ce qu'une personne attend de la vie en écoutant ses voix intérieures sur une période d'environ vingt-quatre à quarante-huit heures au plus.

Lisez les affirmations suivantes et cochez celles qui se sont appliquées à vous ces deux derniers jours :

1. J'avais peur que quelque chose ne marche pas pour moi.

2. J'ai résolu une situation en agissant avec plus de gentillesse que je n'en éprouvais réellement.

3. Je n'arrivais pas à y voir clair dans mon sentiment sur un certain problème.

4. J'avais des doutes sur ce que quelqu'un qui est proche de moi ressent vraiment à mon sujet.

5. Je n'ai pas dit la vérité à un moment où j'aurais dû.

6. Quelqu'un m'a blessé mais je n'ai pas réagi.

7. J'avais des inquiétudes quand je suis allé me coucher, *ou* j'ai fait des cauchemars *ou* j'ai mal et peu dormi.

8. Quelqu'un m'a laissé tomber.

9. Je me suis rappelé à quel point les choses étaient heureuses avant et j'aurais voulu pouvoir revenir en arrière.

10. Je me sentais frustré parce que j'avais le sentiment de ne plus contrôler une partie de ma vie.

11. J'ai regretté quelque chose que j'ai dit.

12. Mes propres sentiments me rendaient malheureux.

13. J'ai tenu des propos malveillants sur quelqu'un.

14. Je me suis plaint à quelqu'un qui ne pouvait pas résoudre le problème que je lui soumettais.

15. Quelqu'un m'a contrarié mais je ne le lui ai pas dit.

16. J'ai eu peur de demander ce que je voulais.

17. Je n'ai pas dit « Je t'aime ».

18. Je me suis senti mal dans ma peau.

19. Je regardais les nouvelles à la télé et je me disais que les choses allaient de plus en plus mal.

20. J'ai eu le sentiment que rien ne marchait bien.

Comptez un point par phrase cochée. Totalisez vos points. Vous vous situez dans une de ces trois grandes catégories :

De 0 à 5 points : Vous vivez dans le présent et ne prêtez pas l'oreille à des signaux intérieurs violents de peur ou de culpabilité. Votre estime de vous-même est fondée sur de réels espoirs. Vous n'êtes pas sans cesse en train de revivre des émotions passées ni d'essayer d'expier des fautes passées. Les autres s'étonnent peut-être de voir à quel point vous êtes détendu, mais c'est le résultat d'un effort quotidien.

De 6 à 15 points : Vous avez tendance à écouter des voix intérieures qui ne sont pas vous mais expriment votre peur, votre colère et votre déception. Vous avez l'habitude de ne pas être totalement sincère à propos de vos émotions, que ce soit avec vous-même ou avec les autres. Votre doute sur vous-même s'accroît au fur et à mesure que votre tension augmente. S'il y a un choix à faire entre ce que vous voulez et ce que vous pensez devoir faire pour des raisons de sécurité ou pour mieux vous entendre avec les autres, vous choisirez la seconde option. Dans un moment de conflit ou de crise, vous préférerez vous évader en regardant la télé ou en vous plaignant à des amis plutôt qu'en vous attaquant au problème et en vous efforçant d'en modifier les données. Vous avez tendance à dire « les choses vont s'arranger » alors qu'au fond de vous-même vous craignez que rien ne s'arrange.

De 16 à 20 points : Vous avez le plus grand mal à dire où vos voix intérieures finissent et où vous-même commencez. Vous détestez la confrontation parce qu'elle signifie en fait être honnête avec vous ou avec les autres. Vous vous surprenez à dire des choses que vous ne pensez pas : vous faites des promesses que vous regrettez ensuite. Parfois vous regardez autour de vous en vous demandant quel genre d'amis sont les vôtres et avez l'impression de ne pas vraiment les connaître, ce qui signifie que vous ne vous approchez pas des gens ou ne les laissez pas approcher de vous. Vous avez un peu trop tendance à en vouloir à vos parents, ou bien vous courez vous réfugier dans leur giron quand les choses tournent à l'aigre. Vos croyances intimes sont encore enfouies au fond de vous mais, si elles resurgissaient, vous en concluriez que la survie est un problème redoutable et que l'amour n'a pas le dessus en ce bas monde.

Toute cette affaire des voix intérieures est extrêmement complexe, mais d'un point de vue spirituel, la seule voix intérieure que vous ayez à suivre est celle du Moi. Afin de savoir si vous êtes attentifs à cette voix, lisez la liste d'affirmations suivantes et cochez celles qui se sont appliquées à vous au cours des deux derniers jours :

1. J'ai décidé de régler seul un problème qui m'importe.

2. J'ai eu une nouvelle idée géniale.

3. J'ai trouvé une solution à un problème comme par miracle.

4. J'ai dit « Je t'aime ».

5. Je me suis délivré de quelque chose qui me pesait et que je voulais dire depuis un certain temps.

6. J'ai ravalé ma fierté et j'ai reconnu que j'avais tort.

7. J'ai encouragé quelqu'un qui doutait de lui ou voulait entreprendre un changement difficile.

8. J'ai dit ce que j'avais à dire, même si cela m'angoissait.

9. Malgré les nouvelles du jour, je trouve la vie belle et bonne.

10. Je n'ai fait de reproche à personne.

11. Je ne me suis pas plaint.

12. J'ai creusé tout au fond de moi.

13. J'ai fait en sorte que quelqu'un aille nettement mieux qu'avant.

14. J'ai vu quelque chose de bon chez quelqu'un qui m'avait fait une mauvaise impression auparavant.

15. J'y ai cru et ça a marché.

16. Ma foi en Dieu a été justifiée.

17. J'ai eu un moment de lucidité particulière.

18. Je me suis pardonné *ou* J'ai été gentil envers moi-même.

19. J'ai été tenté de conclure prématurément mais je ne l'ai pas fait.

20. J'ai été en paix.

Attribuez-vous un point pour chaque affirmation que vous cochez et totalisez vos points.

De 0 à 5 points. Votre vie est fondée sur des valeurs qui ne sont pas spirituelles. Vous n'en êtes peut-être pas conscient parce que vous avez du succès, de l'argent et une vie de famille agréable – il se peut aussi que vous en soyez conscient. En tout cas, votre intériorité est dominée par la routine. La créativité et la sensibilité n'occupent pas une position élevée sur la liste des choses que vous estimez, ou vous ne vous voyez pas vous-même comme créatif. Vous ne regardez pas très souvent au fond de vous, parce que vous avez peur de ce que vous pourriez trouver. Pour vous, la signification du mot « amour » est que quelqu'un pourvoie à vos besoins. Vous vous décririez probablement comme athée, pessimiste ou sceptique.

De 6 à 15 points. Vous êtes pratiquant ou en tout cas vous croyez en Dieu, mais vous n'avez pas une relation personnelle forte à l'esprit. Vous n'êtes pas guidé par le succès ou l'argent, ce qui vous assure une certaine tranquillité d'esprit, mais vous n'avez pas trouvé de réelle passion en vous-même. Les problèmes ne vous accablent pas quand ils ne sont pas trop complexes, mais vous ne vous sentez pas dans la peau d'un grand innovateur ni d'un créateur au sens propre. Vous vous situez dans une honnête moyenne et vous vous en contentez, pourtant il vous arrive de craindre le futur. « L'amour » signifie pour vous une famille à l'abri du besoin, une épouse affectueuse et un rapport agréable aux autres.

De 16 à 20 points. Vous êtes en accord avec l'esprit. Les croyances religieuses conventionnelles ont beaucoup moins d'importance pour vous qu'une invention active, autonome, de votre propre style de vie. Votre croyance en Dieu est fondée sur l'expérience, mais en même temps vous vous considérez vous-même comme l'auteur de votre propre existence. Dans des situations de crise, il vous arrive d'être submergé par vos émotions, mais quand celles-ci se décantent, vous vous mettez en quête de solutions positives et les trouvez presque toujours. Vous pensez non en termes de sécurité mais de ce que vous voulez faire et être – vous suivez votre étoile. Vous comprenez l'amour comme une force qui dépasse votre personnalité, qui peut être vue et sentie partout où vous regardez, à condition d'y regarder d'assez près.

Dans la plupart des cas un score élevé à l'un de ces tests signifie un score faible à l'autre, parce que celui qui suit la voix de l'esprit a une démarche inverse de celui qui suit les voix de la peur, de la colère et du doute. La voix de l'esprit est plus difficile à suivre parce qu'elle n'est jamais bruyante et que ses appels sont discrets, alors que la voix de la peur, par exemple, est extrêmement sonore et parfois étouffante dans son insistance même. Les autres voix proviennent du passé : vos pensées ne sont pas vraiment les vôtres mais elles sont empruntées à des figures d'autorité qui ont eu de l'influence sur vous autrefois. Ces voix disent « C'est plutôt ça que tu devrais faire », elles vous avertissent et vous punissent souvent. D'autres voix du passé expriment habitudes et croyances. Quand quelqu'un s'exclame : « Quand je m'écoute, j'entends parler ma mère », ce qu'il veut vraiment dire par là, c'est qu'un système de croyances empruntées guide son comportement. La source de ces croyances – père, mère, ami, professeur, gourou – a toujours droit de cité en vous et elle assène ses principes auxquels vous vous accrochez.

Mais c'est vous qui vous accrochez. Vous êtes celui qui décide quelle voix écouter, quelle voix rejeter. La plupart du temps, les gens n'écoutent pas la voix qui les rendrait heureux ou aimants. Ils sont conduits à des solutions qui les écartent de l'amour et du bonheur parce qu'ils écoutent la mauvaise voix.

L'exercice suivant vous aidera à reconnaître les moments où l'esprit vous parle et vous apprendra comment prêter attention à sa voix.

Deuxième partie

Pour se débarrasser des voix négatives que vous entendez, il ne suffit pas de discuter avec elles, de les ignorer ou de faire comme si elles n'étaient pas là. Il faut une démarche qui « laisse aller ». Le chapitre de Pratique amoureuse consacré au « laisser aller » étudie en détail le fonctionnement de ce processus. Mon objectif est maintenant d'examiner comment vous accorder à la voix de l'esprit. Vous avez d'autant plus de mal à écouter l'esprit que vous êtes prisonnier de vos vieilles croyances et de votre conditionnement social pour les raisons suivantes :

• L'esprit ne s'exprime pas par des mots, à la différence de vos autres pensées. Il agit par révélation, comme un déclic qui vous fait voir les choses dans une lumière neuve.

• L'esprit n'argumente pas, il n'essaye pas non plus de persuader. Il vous montre ce qui est réel dans une situation donnée, pure et simple.

• L'esprit ne dit pas « Si tu ne fais pas ceci, voilà ce qui va arriver ». Il ne profère ni ultimatums ni menaces.

• Le registre de l'esprit n'est pas celui du bien et du mal. Quoi que vous décidiez de faire, l'esprit vous encouragera.

• L'esprit fait toujours en sorte que vous vous sentiez plus en harmonie avec vous-même, mais il peut vous confronter à des choix qui impliquent courage, patience et foi.

• Vous ne pouvez contraindre l'esprit à faire quoi que ce soit. Il parle quand il veut, mais vous pouvez être sûr qu'il parlera au bon moment.

• L'esprit ne procède jamais d'autre chose que de l'amour. Si vous cherchez un moyen de vous venger, de démontrer que vous avez raison, de vous opposer aux autres, de les vaincre ou de les punir, alors la voix qui parle en vous n'est pas celle de l'esprit.

Telles sont les directives générales qui vous permettront de vous accorder à votre attention seconde. L'attention première est dominée par des événements extérieurs, par des espoirs concernant la tournure que devraient prendre les circonstances et par un vieux conditionnement. Si vous détectez l'une de ces influences, quelle qu'elle soit, vous saurez que vous n'êtes pas dans l'esprit. Posez-vous les questions suivantes chaque fois que vous avez un doute à ce sujet :

Suis-je en colère ou anxieux ?

Suis-je soupçonneux ou dubitatif ?

Ce qui se passe autour de moi a-t-il tendance à m'accabler ?

Quelqu'un d'autre essaie-t-il de prendre les décisions qui me regardent à ma place ?

Mon corps est-il tendu, est-ce que j'éprouve une sensation de malaise ?

Tout cela m'est-il déjà arrivé auparavant ? Suis-je seulement en train de répéter un scénario bien connu ?

Est-ce que je fais toujours en sorte que les choses arrivent d'une certaine façon ?

Est-ce que j'éprouve une sensation de danger ?

Ces questions constituent autant de signaux venant de votre ego. Très éloignés de l'esprit, ils ont pourtant une influence permanente sur notre comportement quotidien. L'esprit ne s'adresse à vous qu'en l'absence de ces signaux. Les signaux de l'attention première n'ont rien de commun avec ceux de l'attention seconde, ils ne sont pas interchangeables. Transformer votre comportement, vous arracher à la domination de l'ego et devenir plus attentif à l'esprit implique de cultiver votre attention seconde. Si vous agissez en laissant votre esprit commander, vous verrez des résultats que vous n'auriez jamais espérés, comme ceux-ci :

Les choses que vous craignez de voir arriver cesseront de se produire.

Votre bonheur ne dépendra plus de vos attentes.

Vous vous sentirez en sûreté.

Vous vous sentirez aimé.

En commençant à écouter les signaux de l'esprit, vous ne pouvez qu'accroître votre capacité d'amour – la passion pour la vie va apparaître naturellement. Nous sommes semblables à des récipients vides qui sont sans cesse remplis à nouveau par l'esprit. Être amoureux de quelqu'un signifie partager ce flux inépuisable. L'amour est le partage de la conscience et de l'être. C'est une communication silencieuse qui unit deux êtres dans une réalité spirituelle qu'ils ne pourraient jamais connaître en dehors de leur intimité. Ils sont rentrés en possession de leur vie en devenant les auteurs de leur propre réalité.

Dans nos vies
Courtiser la déesse

— Je suis sûre que vous ne voulez pas entendre mes problèmes, commença Amy. Encore une de ces ennuyeuses femmes mariées qui viennent pleurer. Combien en avez-vous rencontré durant votre carrière de médecin ? Une centaine ? Un millier ?

Elle semblait éperdue.

— Est-ce de l'ennui que vous ressentez ? demandai-je.

Les yeux d'Amy prirent une expression atone.

— Ce que je ressens n'a pas beaucoup d'importance, répondit-elle.

Après vingt ans de mariage à un cadre supérieur de San Diego nommé Fred, Amy se considérait comme une épouse délaissée.

— Est-ce que Fred voit quelqu'un d'autre ? Veut-il divorcer ? ajoutai-je.

Amy secoua la tête.

— Je ne sais pas ce qu'il veut. Nous ne nous voyons pas souvent ces temps-ci. Je suis seule toute la journée jusqu'à ce qu'il rentre, vers six heures du soir – quand il rentre. Il pourrait aussi bien avoir un téléphone portable greffé dans l'oreille, pour l'attention qu'il m'accorde quand il est à la maison... et aller se coucher signifie aller dormir.

— Pensez-vous que Fred veuille changer quelque chose à cette situation ?

— Pourquoi le devrait-il ? Sa vie est excitante, je ne suis qu'un ennuyeux vestige de son passé.

Amy avait l'air triste, mais au lieu de pleurer elle soupira et se redressa sur son fauteuil.

— Vous avez employé deux fois le mot « ennuyeux » soulignai-je. Voulez-vous que nous parlions de cela ?

Amy haussa les épaules et détourna le regard.

— Pourquoi pas ? fit-elle.

— Comme nous avons tous tendance à trouver plus facile de regarder à l'extérieur qu'à l'intérieur, continuai-je, nous remettons rarement en question le fait qu'il existe des gens « ennuyeux » et des situations « ennuyeuses ». Quand quelqu'un se plaint du fait que son mariage soit devenu ennuyeux, le remède habituel est extérieur. La femme décide d'essayer d'avoir l'air plus séduisante et donc elle achète un déshabillé transparent, et crée une ambiance « romantique » avec lumières tamisées et musique sensuelle. L'homme rapporte à sa femme des petits cadeaux ou des fleurs et lui promet de l'emmener danser.

Un demi-sourire traversa le visage d'Amy comme pour dire : « Nous en sommes bien loin. »

Je poursuivis.

— Étant extérieurs, ces gestes ne peuvent être que superficiels. Le fond du problème ne réside pas dans une relation ennuyeuse (et par conséquent un partenaire ennuyeux) mais dans une incapacité à découvrir la source de la passion et le moyen de la maintenir vivante. C'est du reflux de la passion dont vous parlez en ce moment. Fred en est-il vraiment totalement responsable ? Est-il très sexy ?

— Ça n'a guère d'importance, en tout cas pas pour lui, fit Amy.

— Vous vous sentez simplement plus coupable que lui, dis-je. Je serais surpris qu'il se sente plus désirable que vous-même en ce moment.

Amy eut l'air étonnée. Il était clair qu'elle s'était résignée à un mariage ennuyeux et qu'elle s'en attribuait toute la responsabilité.

— Avant de vous demander ce qu'il est advenu de votre passion, lui dis-je, vous devez d'abord vous demander : Pourquoi ai-je voulu qu'elle s'épuise ? La passion est le flux de la vie dans toute son exubérance naturelle. Elle ne s'épuise pas tout simplement. Il arrive qu'elle soit comme bloquée et vous devez vous demander pourquoi vous l'avez bloquée. Je n'attendis pas la réponse d'Amy car elle avait l'air déconcertée. La réponse, presque toujours, est à chercher dans le passé. Nous avons tous appris avec une étonnante unanimité à approcher la passion avec prudence, comme quelque chose qui peut nous blesser. Un censeur inconscient dans votre esprit décide de vous autoriser ou non à éprouver de la passion.

— J'ai toujours soupçonné Fred de me trouver froide. Nous n'étions jamais d'accord sur la fréquence « normale » des relations sexuelles.

— Ce qui signifie que vous étiez étiquetée comme celle qui en a le moins envie ? demandai-je.

Son silence fut particulièrement éloquent.

— La question de la fréquence des rapports et du trop ou trop peu est une tactique de diversion. La fréquence normale est celle qui permet aux deux partenaires de se sentir à l'aise, tant qu'ils s'aiment. Le vrai problème ne serait-il pas que vous ne preniez pas beaucoup de plaisir à la relation sexuelle et que vous vous en êtes peu à peu lassée ?

— Fred n'est pas le champion qu'il croit être, affirma Amy avec une soudaine bouffée de ressentiment.

Elle s'arrêta net et se mordit la lèvre.

— Fred est obsédé par la compétition et chez de tels hommes, la notion de performance est essentielle. La tendresse n'est pas une attitude très spontanée chez eux. Ils ne sont pas très réceptifs à leurs partenaires. Mais ils s'absolvent de ce reproche en déclarant que la femme a une libido défaillante ou que c'est lui, l'homme qui a une libido excessive. Encore une fois, le vrai problème ne se résume pas à une question de fréquence. Il s'agit bien plus de savoir quelle quantité d'émotion vous avez le sentiment de pouvoir épancher en toute sécurité dans votre activité sexuelle – en d'autres termes jusqu'à quel point vous vous prononcez contre votre passion.

— Je ne me prononce pas contre elle, protesta Amy.

— Vous vous prononcez contre vos émotions, ce qui revient au même, dis-je.

La sexualité se rapporte toujours à nos émotions. La bonne sexualité exprime des émotions libres, la mauvaise des émotions bloquées.

— Qu'est-ce qui bloque le flux de vos émotions ? Ce blocage, vous le ressentez comme un ennui, puisque c'est de l'ennui que vous et Fred éprouvez.

— Peut-être que je suis tout simplement ennuyeuse, lâcha Amy.

— Non, c'est la culpabilité qui parle, et toute la colère qu'elle recèle. L'ennui n'est jamais un sentiment initial. Il dérive d'une réaction beaucoup plus instinctive, une blessure intérieure qui vous a comme déconnectée de vous-même. L'ennui commence à partir du moment où vous ne vous autorisez plus de stimulations émotionnelles, ou presque plus, et c'est de là que découlent les réactions d'ennui, de léthargie et de dépression.

« Écoutez, poursuivis-je. Tout ce que vous attendez de Fred, vous pouvez vous l'offrir à vous-même. Amy me jeta un regard incrédule. Mettre vos frustrations sur le dos de votre compagnon a aussi peu de sens que de le rendre responsable de votre bonheur, c'est la même attitude inversée et ça ne marchera jamais. Où donc allez-vous trouver la passion sinon en vous-même ? Une fois que vous l'aurez trouvée, vous pourrez donner à Fred autant que vous voulez qu'il vous donne. C'est toujours la solution.

Je suggérai que nous ne parlions plus du tout de Fred pour le moment et que nous discutions plutôt des émotions.

— Que ressentez-vous vis-à-vis de vous-même en ce moment précis ? demandai-je.

— J'ai peur de vous le dire, répondit Amy avec un sourire crispé.

— Parce que vous allez me dire que vous vous trouvez « ennuyeuse », c'est ça ? Elle acquiesça. L'ennui est une sorte d'engourdissement, lui fis-je remarquer. Une personne qui dit : « Je n'éprouve rien », veut dire en réalité : « Je n'arrive plus à y voir clair dans mes sentiments. »

Cette dernière phrase avait fait mouche. Amy commença par me parler des nuits où elle avait peur de ne rien ressentir pour Fred, quand leurs relations sexuelles étaient devenues si formelles qu'elle avait hâte que ces moments finissent.

— Mais quel était le sentiment que vous repoussiez ? lui demandai-je. Si vous regardez assez loin en vous, vous découvrirez que ce sentiment a été blessé. Ce serait le sentiment le plus naturel pour n'importe qui, homme ou femme, avec qui son partenaire ne fait pas vraiment l'amour. Faire l'amour ne consiste pas d'abord à atteindre l'orgasme, mais à s'abandonner à l'autre et Fred, apparemment, n'a jamais été capable de s'abandonner.

— Je ne suis pas sûre qu'il comprenne ce que ce mot signifie, acquiesça doucement Amy.

Il était évident que personne n'avait dit à Fred que l'essence de la communication consiste à prêter attention aux émotions de l'autre. Mais je compris qu'à l'évidence il fallait commencer par parler des sentiments d'Amy, ou de leur absence.

— Essayons de comprendre quelque chose, suggérai-je. Pourquoi éprouvez-vous certains sentiments et quelqu'un d'autre des sentiments différents ? Nous devons revenir à cette question des frontières entre les êtres. Dans la plupart des cas, nous avons appris dès notre plus jeune âge qu'un comportement froid et retenu était préférable à un comportement émotif. La passion a été peu à peu assimilée aux émotions qui sont « excessives » pour notre bien. Les parents apprennent à leurs enfants à respecter les frontières émotionnelles qu'ils ont eux-mêmes définies. Cet apprentissage n'est généralement pas direct, mais il n'a pas besoin de l'être. Un petit enfant n'a pas besoin qu'on lui tende un manuel pour apprendre rapidement à reconnaître quand il pleure ou rit «trop bruyamment», ou quand il fait trop de tapage.

Pourtant toute émotion est par nature spontanée, ce qui signifie qu'une émotion comme le rire ou les larmes suivra son cours si on l'y autorise. On ne pleure jamais «excessivement», on pleure simplement jusqu'au bout et on est au bout quand l'énergie sous-jacente de la blessure s'est épuisée. De la même façon, on ne rit pas «trop bruyamment», on ne se met pas «trop» en colère, on n'éprouve pas de chagrin démesuré.

Les limites que nous imposons à toutes nos émotions proviennent du malaise de nos parents. Nous avons élaboré nos frontières en réagissant aux leurs. Eux aussi ont appris dans leur enfance à savoir reconnaître quand leur émotion était «excessive». Leur sens du convenable était lui-même hérité et ils n'avaient guère d'autre choix que de le transmettre.

— Ce que cela signifie, expliquai-je à Amy, c'est que votre vie émotionnelle ne vous appartient pas complètement. Elle a déjà commencé une ou deux générations avant vous. Toutes les larmes que vous pleurez, toutes vos explosions de colère, vos éclats de rire reflètent la gamme des émotions de vos parents et grands-parents, bref, de gens qui sont différents de vous.

J'insistai sur la fin de la phrase, ce qui fit sursauter Amy. Elle réfléchit un moment.

— Bon, mais qu'est-ce que je suis censée faire, me laisser complètement déborder par l'émotion, perdre tout contrôle ? J'ai passé l'âge de ce genre de jeux.

— Je ne suis pas en train de dire que toute exhibition émotionnelle est pertinente, si extrême soit-elle. Si nous avions été autorisés à dévoiler nos émotions sans inhibition, elles ne prendraient pas des formes extrêmes. La nature respecte les limites qu'elle se fixe elle-même.

L'épanchement des émotions contribue à maintenir l'équilibre de la psyché et quand on s'en remet à son équilibre naturel, la psyché détermine sans peine quand elle doit rire, pleurer, se mettre en colère ou trembler de peur. Le lien avec la passion est celui-ci : la passion n'est que le libre flux de l'énergie émotive naturelle.

— Ce que tout cela me suggère, poursuivis-je, c'est qu'une thérapie émotionnelle serait appropriée. Mais si Fred refuse de reconnaître qu'il y a un problème ? S'il trouve trop menaçant d'explorer ses émotions ? Au lieu de dépendre de lui, examinons la passion d'un point de vue spirituel, afin de voir si vous pouvez retrouver la vôtre. En fin de compte, n'est-ce pas le véritable problème ? La réaction de Fred n'est que le reflet de ce qui se passe spirituellement en vous.

Non sans hésiter, Amy accepta de s'engager dans cette direction. Il était clair que les difficultés émotionnelles qu'elle rencontrait dans son couple depuis déjà longtemps n'allaient pas être réglées par une conversation avec moi, mais les problèmes spirituels soulevés allaient bien au-delà de l'émotion.

— Si, en creusant, nous pouvions dépasser le niveau des sentiments négatifs, dis-je, nous arriverions à une strate plus profonde. De quoi est faite cette strate ? Les paramètres en jeu sont nombreux – la croyance que la séparation est inéluctable, l'habitude d'être isolé, un vieux défaitisme qui vous empêche d'essayer de vous ressaisir. Mais une fois achevé l'examen, le diagnostic qui se dégage est étonnamment simple.

> Nous éprouvons de l'ennui quand nous ne pouvons pas admettre que nous éprouvons des désirs.

— Quand les désirs ne sont pas autorisés à s'exprimer librement, l'existence semble vaine. Cette situation n'est pas le fait de votre partenaire, vous en êtes seul responsable. Ce sentiment de vacuité traduit un état dépressif dont le sous-entendu peut s'exprimer ainsi : « Ce que je veux n'a aucune importance. » Cette pensée est associée à des croyances parallèles telles que « Personne ne tient compte de ce que je ressens » ou « Ce que je dis n'est pas entendu ». Le fil conducteur qui relie toutes ces pensées est que vous êtes impuissant. Quelqu'un d'impuissant éprouve le désir comme vain puisqu'il ne peut être satisfait. Ne vaut-il donc pas mieux d'emblée refuser tout désir ?

Amy est une femme intelligente et elle a bien saisi le fait qu'elle avait subordonné son pouvoir à celui de Fred. Comme c'est le cas de la plupart des gens déprimés, elle n'avait pas de Shakti propre. Les cinq pouvoirs dans lesquels nous devrions tous puiser nos forces étaient profondément affaiblis chez elle.

Au lieu de « Je suis », elle se disait : « Est-ce que je mérite de vivre ? »

Au lieu de « Je suis heureuse », elle se disait : « Je n'éprouve rien. »

Au lieu de « Je veux », elle se disait : « Je ne peux pas. »

Au lieu de « Je sais », elle se disait : « Je doute. »

Au lieu de « J'agis », elle se disait : « Je ne sais pas quoi faire. »

Où son Shakti était-il parti ? Les racines de l'impuissance plongent au plus profond des êtres. Certaines personnes ont l'impression d'avoir été dépouillées de leur pouvoir par leurs parents, par le destin, par Dieu. Dans les faits nous nous dépossédons nous-mêmes. Il est impossible d'exister sans désirs, situation que Shakti utilise pour nous conduire d'une satisfaction à l'autre. Si le désir est nié, cependant, Shakti devient inutile. Il faut un réel effort pour se donner l'illusion que le désir a disparu.

L'absence de passion ne s'explique pas par un déclin mais par une tentative de suppression.

L'ennui n'est que le visage passif de cet effort qui tend à refuser de voir le désir, le masque d'indifférence que l'on utilise pour cacher un énorme conflit intérieur. La croyance que vous n'obtiendrez jamais ce que vous voulez suppose une haine et un jugement négatif violents sur vous-même. Garder ses sentiments sous contrôle exige un travail, car même si vous croyez sincèrement que vous ne méritez pas d'avoir des désirs, vous ne pouvez stopper tout à fait la vitalité de l'existence.

Les gens qui se sont détournés eux-mêmes de la passion ne font, en fait, que substituer un autre maître à l'ancien, presque aussi fort que celui-ci. Comme le flux de la vie ne peut être arrêté, il faut une force contraire pour bloquer la passion. Cette force contraire est la peur. La peur de la vie est extrêmement fréquente chez les patients qui parlent d'ennui.

La peur, à quelque niveau de la psyché qu'elle intervienne, rend beaucoup plus difficile la croyance en l'innocuité de la passion. Si ma femme me critique, une voix d'avertissement que je remarque à peine va saper mon désir pour elle. Si mon mari n'aime pas la façon dont je tiens la maison, je me sentirai partiellement inhibée dans l'expression de mes désirs sexuels. C'est ainsi que des obstacles de la vie quotidienne génèrent des problèmes existentiels.

Dans les relations amoureuses où deux êtres ont permis à la guerre souterraine qui oppose peur et désir de se prolonger trop longtemps, supprimer les passions devient un véritable but. Dans un système de valeurs altéré par la peur, « s'approcher de trop près » ressemble plus à un problème qu'à une solution. Les êtres humains sont naturellement portés à rechercher le plaisir, c'est un but « normal ». Mais une personne dominée par sa peur cherchera d'abord à éviter la douleur.

—Que vous soyez disposée à l'admettre ou non, expliquai-je à Amy, vous ennuyer est devenu un but dans votre vie. L'ennui ne vous tombe pas dessus du ciel. Vous vous en servez comme d'un outil dans votre quête de sécurité morale et physique. Pourquoi ne pas engueuler Fred, lui jeter un vase à la tête ou fondre en larmes ?

Amy eut l'air stupéfaite.

—J'en suis complètement incapable, bredouilla-t-elle, le visage baigné de larmes qu'elle n'essuya pas.

J'ajoutai, plus délicatement :

—C'est en éclairant les profondeurs obscures de votre dilemme que nous pourrons améliorer votre état. En ce moment, votre position à l'égard de la rivière de la vie consiste à vous tenir sur la rive et à essayer de ne pas tomber dedans. Mais pourrez-vous survivre sans tomber dedans ? La réponse spirituelle à l'ennui consiste à vous ouvrir à cela même que vous avez craint jusqu'à maintenant : le flux constant du désir qui veut s'exprimer à tout moment.

La reconnaissance de nos désirs est le préalable au retour de la passion.

La raison pour laquelle l'état amoureux est si passionné est simple : le désir cesse d'être un choix. La passion amoureuse fait sauter les digues de l'inhibition. Son pouvoir érotique est trop impérieux pour que la peur et la répression puissent le contenir. Au plus profond d'eux-mêmes, les gens ne tombent jamais amoureux par accident. Ils finissent par se lasser de leur vie sans passion, décident inconsciemment de rompre avec elle et une fois cette décision prise, ils s'ouvrent de nouveau à l'autre et s'autorisent à recevoir de l'amour.

Sans attendre de tomber amoureux, vous pouvez raviver la passion en imitant ce processus. Quand la passion a disparu d'une relation, les deux partenaires doivent d'abord reconnaître honnêtement qu'ils éprouvent des désirs. Cela peut bien sûr se révéler difficile, car si chacun des partenaires se répète « Je m'ennuie avec toi » il sera d'autant plus difficile de dire : « Je te désire. » L'étape décisive consiste à cesser complètement d'identifier votre partenaire comme la cause du problème et à assumer la responsabilité de vos sentiments personnels.

La question essentielle ne se pose pas dans les termes : « Je m'ennuie avec toi », mais dans ceux-ci : « J'éprouve de l'ennui. » En supprimant de l'équation le reproche fait à l'autre, vous supprimez aussi la menace. C'est très important parce qu'on ne peut s'empêcher de craindre celui qu'on attaque mentalement.

— Tout votre effort demande à être concentré sur la question de découvrir ce que vous voulez réellement puis de sentir que vous méritez que vos désirs soient satisfaits, dis-je à Amy. Le fossé entre vous et vos désirs ressemble à un tampon qui amortit le sentiment. La seule solution pour en finir avec l'ennui réside dans ce que vous sentez.

Si vous êtes honnête dans la quête de vos sentiments intimes, vous rencontrerez l'amour, même si ce n'est que sous la forme de l'étincelle minuscule de la séduction et du désir. Si engourdi que vous soyez, vous portez nécessairement en vous une ébauche de désir. Au lieu de décider que ces légers élans sont trop insignifiants pour prendre appui sur eux, choisissez la démarche inverse. Déposez vos sentiments tout neufs aux pieds de votre bien-aimé(e), montrez-lui votre gentillesse par des attentions même infimes, louez la plus humble de ses qualités, souriez franchement quand un sourire intérieur hésite sur ses lèvres. De cette façon, vous encouragerez une nouvelle et fragile émotion à croire qu'elle est légitime, qu'elle a le droit d'exister.

Pour la première fois au cours de notre conversation, Amy parut reprendre confiance.

—Fred ne sait pas vraiment que je l'aime toujours, me confia-t-elle d'une voix qui semblait très vulnérable.

—Et n'espérez pas qu'il lise dans votre esprit, ça ne marchera pas, ajoutai-je. Le voile de tendresse qui vous unissait autrefois s'est déchiré, mais il peut être retissé, je vous le promets.

À partir de ce point de départ – « Je t'aime » – les voies de la passion s'ouvrent progressivement. La relation qui semblait frustrer et tuer le désir devient ce qui guérit le désir.

—J'utilise un nom spécial pour le genre de guérison que je vous demande d'essayer, lui expliquai-je. Je l'appelle «courtiser la déesse». Ce que vous voulez en dernier ressort, ce n'est pas Fred ou une vie sexuelle plus palpitante. Vous voulez être à nouveau habitée par l'esprit, c'est-à-dire par Dieu. Le côté passionné de Dieu, c'est Shakti, la déesse. La passion est le cadeau de mariage, la dot qu'elle a apportée à Shiva. C'est aussi le présent que les femmes apportent aux hommes aujourd'hui, car le principe femelle est par nature désirable. C'est grâce à lui que le désir et l'excitation enflamment la conscience. Il fond les opposés en union et transforme le chaos en danse. Cette passion est innée chez vous, elle est votre héritage.

—À vous entendre, je me dis que je pourrais redevenir passionnée, répondit Amy qui se mit à rire pour la première fois.

—Si vous ne vous sentez pas en phase avec la déesse, lui dis-je, courtisez-la. Apprivoisez-la avant d'espérer apprivoiser qui que ce soit d'autre. Affrontez la peur et la blessure. Exercez-vous à laisser aller vos vieilles croyances. Apprenez à vous pardonner.

Choisissez les moments où vous pourrez traiter votre intériorité avec l'aménité requise. Apprenez à revendiquer vos bons côtés et pas seulement vos défauts. Suivez tous vos enthousiasmes, peu importe où ils vous mènent, car la source de l'enthousiasme est toujours la passion.

L'esprit attend que vous vous unissiez à lui. Il transcende les limites que vous vous êtes imposées. Aucune passion n'est trop grande pour lui. Vous ne vous perdrez jamais en cherchant l'infini. Il est le plus tendre des infinis, son seul désir est de vous protéger et de vous emporter dans ses bras, loin de la peur, vers l'amour.

7

EXTASE

Comment fonder une relation dans l'amour à travers l'abandon, le non-attachement et le renouvellement de la passion ? Telle est la question dont nous avons discuté jusqu'à maintenant. Quand deux personnes ont trouvé une telle base d'amour, durable, elles sont prêtes pour l'étape suivante sur le chemin vers l'amour, étape que nous appelons l'ascension. L'ascension est fondée sur la capacité de l'amour à s'étendre au-delà du monde des limitations vers le monde de l'illimité. Avant l'ascension, « Je » renvoie à un individu isolé dans le temps et l'espace. Après l'ascension, « Je » renvoie à un moi qui observe le temps et l'espace sans se sentir pris au piège par eux – vous avez traversé une mince tranche temporelle pour déboucher dans l'intemporel. Avant l'ascension, « toi » signifiait quelqu'un qui pouvait être aimé mais avec qui la fusion restait impossible. Après l'ascension, « toi » signifie une part de soi aussi intime pour vous que votre propre respiration. Avant l'ascension, « nous » renvoyait à un couple qui partageait des besoins identiques. Après l'ascension « nous » n'a plus de signification, car l'osmose est complète.

L'ascension relève d'un processus comme le fait de tomber amoureux ou la relation amoureuse. On n'est nullement emporté dans un « autre monde ». Ce monde-ci se transforme en un paradis d'épanouissement, on est toujours en paix, toujours aimant. Le processus de l'ascension ne mobilise pas quelque chose de nouveau en vous, rien d'autre que le laisser aller, un laisser aller total. L'ascension est l'étape finale dans le renoncement à l'attachement et à la séparation. Celui qui est arrivé au terme de l'ascension a réalisé l'injonction du Christ : être dans ce monde mais pas de ce monde.

L'ascension transforme votre amour en extase.

L'expérience de l'extase est le privilège de ceux qui sont arrivés à ce point du sentier où commence l'ascension. Si vous n'avez pas encore atteint ce point, l'extase n'appartient pas à votre palette ordinaire de sentiments. Vous connaissez peut-être la joie, la délectation, l'exubérance, la satisfaction et le bonheur, mais ces états ne sont que des échos atténués de l'extase. Celle-ci est un idéal plus ou moins inaccessible aux émotions de l'ego.

Le fait que l'extase transporte notre personnalité par-delà les limites de l'ego est suggéré par la racine étymologique du mot lui-même – en grec, *ekstasis* signifie « se tenir ou se placer en dehors ». On peut lire cela de deux manières : soit l'extase implique que vous sortiez de vous-même, soit elle vous cerne de toutes parts, attendant d'être remarquée. La différence entre ces deux définitions n'est pas mince. Pour trouver l'extase, devez-vous aller quelque part, entreprendre un voyage extraordinaire vers des royaumes inconnus ? C'est ce que les mystiques et les poètes semblent faire, eux qui rapportent des expériences semblables à de précieux viatiques de contrées fabuleuses. Ou bien l'extase est-elle si proche que nous la manquons parce que personne ne nous a montré comment l'atteindre ?

L'extase est l'étape finale de votre intimité avec vous-même.

Avant l'ascension, l'intimité est atteinte en se projetant vers autrui. Cette projection suppose un fossé et nous avons appris jusqu'à maintenant que ce fossé entre « vous » et « moi » se trouve en réalité en chacun de nous. Par conséquent, ce que les amants guérissent vraiment quand ils aiment intimement, c'est leur relation avec eux-mêmes. Depuis longtemps, vous avez cherché à vous aimer vous-même, à vous soigner vous-même, à vous pardonner vous-même et à trouver Dieu en vous. Toutes les relations extérieures, dans leur caractère éphémère, servent cette relation éternelle. Finalement, votre quête s'achève. Le moment vient où vous faites l'expérience d'une fusion, semblable à cette expérience merveilleuse dont parle Emily Dickinson :

La goutte d'eau qui se débat dans la mer –
Oublie sa propre localité –
Comme moi, allant vers toi.

Tel est l'instant cristallin dans lequel l'amour pur se fond en pure piété religieuse, car l'extase triomphe de toute séparation. L'ego cède la place à un flux d'être pur.

L'état d'extase permanente est connu en sanskrit sous le nom de Moksha, qu'on traduit habituellement par « libération ». On pourrait tout aussi justement l'appeler ascension car au terme du voyage de l'amour vous devenez l'observateur, le témoin et le visionnaire qui vous a accompagné à chaque étape du chemin et se situe au-dessus et au-delà du monde de l'ego et de ses besoins. Le moksha met fin à la limitation du karma. Il abolit la mémoire, l'identité et le désir individuels dans l'océan cosmique. Pourtant d'une certaine manière, mystérieuse, cette libération ne constitue pas une extinction ou une annihilation mais une nouvelle naissance, une naissance à la plénitude. Quand survient le moksha, l'individu prend conscience de trois vérités distinctes :

Je suis cela.

Tu es cela.

Tout ce qui est, est cela.

Ces affirmations simples, d'abord énoncées il y a des milliers d'années dans les Upanishads de l'Inde, sont les révélations les plus intimes que l'esprit puisse transmettre aux humains. Le mot upanishad dérive d'une phrase sanskrite qui signifie « se tenir à côté de » : la compréhension de ces enseignements exige que l'on soit proche de Dieu.

« Je suis cela » est la première révélation. Elle abolit toute séparation entre l'âme et Dieu. C'est le moment où la goutte se dissout dans l'océan, où une personne examine tous les bons et les mauvais aspects de son existence, la lutte entre la lumière et les ténèbres, l'opposition entre la vertu et le péché, et les considère comme équivalents. Tous les problèmes que se posait l'esprit se voient réduits à un jeu de l'être avec lui-même. « Je suis cela » signifie « Je suis être et rien d'autre ».

« Tu es cela » est la deuxième révélation. Elle traduit le caractère sacré de l'être aimé, car « Tu » est à la fois Dieu et l'être aimé. Cette révélation jette un pont entre deux âmes. Toute séparation est impossible parce que la perception du « Je » se fond dans la perception du « Toi ». Deux souffles se confondent. La vision céleste du créateur devient personnelle.

« Tout ce qui est est cela » est la troisième révélation. Elle dérive des deux précédentes révélations et embrasse chaque parcelle de l'univers. Cette extension permet une unité totale dans la mesure où l'ego individuel découvre qu'il est en fait un ego cosmique. Le « Je » cesse d'être un point isolé, un point de vue limité par le temps et l'espace. Au lieu de sentir que j'habite un corps, je m'éprouve moi-même comme une conscience infinie qui se dilate à une vitesse infinie à travers des dimensions infinies.

Ces trois aspects du moksha demandent une conscience extrêmement pure et élevée pour être embrassés. Les plus grands maîtres et saints de l'histoire ont été capables de cette libération. C'est la quête que chacun de nous entreprend en avançant sur le chemin vers l'amour. Sans extase, l'expérience de la libération pourrait sembler inaccessible étant donné son incroyable ampleur.

Pourtant le moksha se ramène à une modification de la conscience, une perception ultime de notre identité. C'est pourquoi les visions extatiques sont beaucoup plus en rapport avec l'extension finale de la conscience qu'avec tout autre sentiment ou émotion, si remarquable soit-elle.

> Grâce à l'extase, vous transcendez complètement les limitations de votre ego.
>
> Dans l'extase, vous vous reconnaissez vous-même comme ego cosmique illimité dans le temps et l'espace.
>
> La fin du voyage de l'amour retourne à la source de toute conscience, de tout pouvoir, de tout être.
>
> Le moksha n'est pas une fin mais un commencement – nous ne commençons à vivre dans la plénitude qu'après la libération.
>
> Une âme libérée est un citoyen de l'univers.

Il n'existe aucun véritable équivalent adéquat pour le moksha dans la culture occidentale. « Rédemption » est peut-être le synonyme le plus proche. Le moksha unit le moi et l'âme dans le mariage mystique qu'on nomme dans la religion chrétienne communion avec le Rédempteur. Les anges fournissent l'exemple de cette communion, et leur louange de Dieu en est l'illustration. L'aspect délicat de la rédemption, toutefois, c'est qu'elle est présentée au futur, comme un état qu'on n'atteint qu'après la mort. C'est pourquoi il est beaucoup plus mystique que le moksha, qui peut advenir ici et maintenant.

L'HISTOIRE DE DREW

J'aimerais maintenant vous raconter l'histoire de quelqu'un qui a vécu cette nouvelle naissance que constitue la libération, mon ami mystique Drew. Mystique est un terme qui s'est attaché à Drew depuis le jour où nous nous sommes rencontrés. C'était lors d'un cours de méditation, il y a des années, et l'apparition de Drew a suscité une intense fascination. Il arborait un costume indien blanc, des sandales et plus de chapelets de perles que je n'en ai jamais vu sur un yogi de l'Himalaya. Quand tous les participants se sont rassemblés et assis pour les présentations, avant la session en plein air, il s'est assis dans la position du lotus sous un bouquet d'arbres sur une colline voisine. Je n'avais jamais rencontré personne d'aussi résolument engagé que lui dans « l'autre monde » et dans son discours exubérant se mêlaient expériences hallucinatoires, voyages cosmiques et visitations angéliques.

Quand j'entendis parler pour la dernière fois de Drew, il se trouvait au Népal, il avait prononcé ses vœux et était entré dans un ordre religieux établi au fin fond des montagnes. D'une certaine façon je me sentais jaloux de la vie qu'il avait choisie.

Puis, un jour, il m'appela et demanda à me rencontrer. Il se présenta à ma porte sans perles, sandales ni costume indien, mais vêtu d'un sweater et de pantalons kaki. Nous parlâmes et je découvris rapidement que, contrairement à ce qu'il faisait dix années auparavant, Drew ne rendait plus du tout visite à des voyants ni à des conférenciers d'aucune sorte et éprouvait désormais une totale indifférence devant les phénomènes paranormaux. « Je n'ai pas renoncé à tout cela. Quelque chose de plus profond a pris sa place », m'expliqua Drew. Il poursuivit en me parlant d'un progrès décisif qu'il avait accompli, si puissant qu'il avait transformé sa vie.

« Vous ne me connaissez pas très bien, mais j'ai toujours été ambitieux, dévoré d'ambition diraient certains. Je me suis battu pour être dans la meilleure école privée, la meilleure université, la meilleure congrégation religieuse. Je ne me rappelle plus comment m'est venu mon engouement pour l'idée de mysticisme et d'illumination – peut-être par une vieille amie ou au cours d'un « trip » au LSD – mais une fois accroché, il n'était plus question que je renonce avant d'être devenu un être magique, un sorcier, un guerrier, un visionnaire, un illuminé ou un prophète, si possible. Tout cela n'était que l'expression insidieuse de mon ego, tel que je le comprends après coup, mais sur le moment mes expériences furent assez extraordinaires – il y avait des lumières, des bouffées de félicité, des voix angéliques et quand tout ça m'est arrivé, je ne me suis jamais rendu compte que cette expérience ne traduisait qu'une chose : mes espoirs. Ce mysticisme était un grand moment de théâtre dont j'étais le spectateur enchanté. Dix années de visions extraordinaires. Puis un jour, dans le Vermont, je gravissais une colline d'un vert splendide, et tout s'est effondré. C'était comme si j'avais été aspiré dans un égout. J'avais la tête qui tournait et j'ai dû m'asseoir. Je ne comprenais pas si c'était moi qui dégringolais au fond d'un trou ou si c'était le sol qui se dérobait sous mes pieds. C'était une sensation terrifiante. Ce tournoiement m'épouvanta car je m'attendais à voir le ciel s'ouvrir en un gigantesque entonnoir qui aspirerait le monde. Je fermai les yeux et m'étendis par terre.

« Je restai dans cet état environ une heure. Peut-être me suis-je évanoui tout ce temps – je n'avais pas de montre – parce que même quand j'ai senti que je reprenais mes esprits, ma tête bourdonnait. Je me levai, toujours complètement tremblant, et redescendis la colline vers ma cabane. Cette sensation de vertige ne se dissipa pas complètement pendant plusieurs jours et je continuai à me sentir désorienté. Qu'en pensez-vous ? »

J'avais écouté Drew sans rien dire.

—Eh bien, si un patient venait me voir pour me raconter ce type d'expérience, je crois que je demanderais une expertise neurologique et psychiatrique avant de risquer un diagnostic.

—Exactement. Ou bien j'étais en train de mourir d'une tumeur au cerveau, ou bien j'étais en train de basculer dans la psychose. C'est exactement ce que je me suis dit. J'ai couru à la bibliothèque municipale et j'ai parcouru frénétiquement quelques livres de médecine. En fait, je n'avais pas de dédoublement de la vision ni de graves bouffées de vertige. Mes pensées n'étaient pas particulièrement désordonnées ni accélérées. Les explications cliniques que je trouvai ne semblaient pas s'appliquer à mon état. Peu à peu mes symptômes disparurent, mais non sans laisser des séquelles.

« J'étais devenu différent. Comme si on m'avait vidé de mon fluide vital. Il ne me restait aucune énergie. Ni ambition, ni curiosité, ni but, ni pulsion. J'avais perdu ma motivation et mes expériences mystiques étaient complètement parties en fumée. Quand je fermais les yeux pour méditer, je ne voyais plus aucune lumière. Ma conscience ne se dilatait plus hors de mon corps et je ne voyais plus d'anges. J'éprouvais une extrême anxiété pendant quelques jours encore, comme si des démons allaient venir me chercher, mais cela ne se produisit pas non plus. Donc s'il ne s'agissait ni de tumeur, ni de folie, ni de punition divine, de quoi s'agissait-il ? J'attendis la réponse.

—En avez-vous reçu une ?

— Oui, mais elle fut différente de celle que j'attendais. Je l'appellerai « chirurgie de l'ego ». J'eus le sentiment que durant ce moment saisissant sur la colline, un chirurgien invisible m'avait ouvert la poitrine et qu'une fois ouvert, je ne parvenais plus à me refermer. Je n'avais pas compris, dans ma poursuite forcenée d'une exaltation perpétuelle – telle était pour moi la signification de la vie spirituelle –, que l'esprit se détache des aspects de lui-même qu'un être ne veut pas affronter. Comme la plupart des gens, je ne voulais pas être triste, anxieux, impuissant, indigne d'amour et hostile. Je voulais « Cela », la grande révélation spirituelle, mais ce que j'avais finalement récolté, c'était toutes les tares, tristesse, colère, anxiété, etc., que je croyais avoir surmontées.

— Ça a dû être une période difficile, dis-je.

— C'est un euphémisme. Ce chirurgien, quel qu'il soit, a incisé profondément, traquant le moindre secret caché, la moindre trace de culpabilité et de honte. Il y avait des matins où je sentais que rien ne pourrait être pire que le tête-à-tête avec moi-même. Mais j'ai fini par m'habituer à ce qui m'arrivait, une fois que j'ai compris que ce chirurgien n'était autre que moi-même travaillant sur moi. À un degré très profond, je m'étais autorisé à traverser les régions les plus opaques de l'âme.

« J'avais toujours pensé naïvement que la rencontre avec Dieu ressemblait à l'acte de gravir une montagne et de se rapprocher si près de lui qu'il dirait : « Ah, tu y es arrivé, je vois. » Avec un sourire d'approbation, il me prendrait la main et me ferait entrer au paradis. Il n'y a qu'un seul problème avec ce scénario. Qu'arrive-t-il à ce que vous laissez derrière vous ? Je ne m'attendais certainement pas à ce que Dieu dise : « Apporte aussi ta honte et ta culpabilité. » Pour moi, être spirituel signifiait jeter le « mauvais » par-dessus bord et propulser le « bon » moi au paradis.

— Mais cela impliquerait que Dieu désapprouve le

« mauvais » vous, et n'aime que le « bon ». Un tel Dieu ne pourrait pas être un Dieu d'amour. Ce serait un « Dieu de l'ego » car c'est exactement ce à quoi s'appliquent en permanence nos ego : désapprouver le mauvais et n'accepter que le bon.

— Exactement, fit Drew, je suppose que c'est pour cette raison que la chirurgie de l'ego était si difficile à affronter. Une fois que ces habitants effrayants – je les appelle les fantômes du sous-sol – furent démasqués, il fallut que je les admette chez moi. Vous n'imaginez pas à quel point cela me sembla dégoûtant au premier abord. Je veux dire que tous nos secrets honteux paraissent hideux à nos propres yeux, peu importe s'ils semblent très ordinaires aux autres.

— Je ne crois pas que ce soit le caractère effrayant de l'inconscient qui constitue le principal blocage, suggérai-je. Ce sont plutôt nos peurs à propos du pardon. Ce dont vous parlez, c'est de vous pardonner afin de pouvoir reconquérir vos énergies négatives pour les transformer en amour. Mais si cela échoue ? Si, paralysé par vos pires jugements, vous vous voyez comme un être affreux, coupable et indigne ? Cette perspective est si terrifiante que les plus petites fautes, les défauts les plus insignifiants deviennent de monstrueuses aberrations.

Drew acquiesça et se tut quelques instants.

— Il y eut des moments où je pensais que je ne m'en sortirais pas. Une voix en moi ne cessait de crier : tu vas mourir, tu ne peux en supporter plus. Mais je savais que je n'allais pas mourir. Ma vie spirituelle m'avait au moins appris cela. J'ai repris mon ancien travail d'agent de change et pour autant que je sache, personne n'a eu la moindre idée de ce qui m'arrivait.

Il remarqua mon amusement devant le type de travail qu'il avait choisi.

— Vous aimez la littérature, si je me souviens bien. Hawthorne n'a-t-il pas écrit quelque part qu'un homme peut faire le tour du monde en ayant l'air de n'importe quel autre homme tout en abritant les idées les plus extraordinaires dans sa cervelle ?

— Dans son journal, il me semble, mais cela pourrait s'appliquer aussi bien aux psychotiques qu'aux visionnaires, répondis-je.

— C'est vrai, mais je veux souligner que quelque chose qui semble très normal peut être complètement détraqué à l'intérieur. Cela ne m'était pas apparu quand je passais mon temps à vouloir devenir un visionnaire. Je déambulais dans les rues de New York en me demandant : Est-ce qu'un arbre est un arbre, un gratte-ciel un gratte-ciel ? Nous décidons que ces objets sont « normaux » parce qu'ils ont l'air solides, distincts, mais ce n'est pas vrai. Ce sont des tourbillons d'énergie détachés du magma d'énergie de l'univers, tout comme vous et moi. C'est pourquoi vous et moi ne sommes pas simplement en relation avec cet arbre et ce gratte-ciel. D'une certaine manière, nous sommes cet arbre et ce gratte-ciel. Tout le savoir d'un mystique se résume à cela et rien d'autre.

— Vous avez refermé la faille, lui répondis-je, à la fois ému et impressionné.

— Quelque chose comme ça. Vous est-il arrivé de vous asseoir au bord d'une rivière, seul, et d'essayer de la « ressentir » ? Bien sûr, vous ne pouvez pas. Vous pouvez dire que vous éprouvez la rivière – son débit, ses profondeurs immobiles, son flux perpétuel que rien n'entrave – mais tout ce que vous éprouvez c'est vous-même. Si vous y regardez d'assez près (et il est très difficile d'approcher de telles sensations), la délectation que vous ressentez assis au bord d'une rivière émane d'un minuscule point de votre cœur. Ce point de délectation est parfaitement immobile. Il ne cherche pas à communiquer avec vous, mais il ne vous abandonne jamais non plus. Que contient ce point de délectation ?

— Tout, répondis-je.

— Oui, tout.

Nous restâmes silencieux, savourant cet instant de communion. Puis Drew ajouta :

— La chirurgie de l'ego cessa. À un certain moment je fus comme éjecté en dehors de ce processus. Je ne peux pas dire que j'ai fait quoi que ce soit, mais d'une certaine façon j'avais été trempé dans un creuset et maintenant, sorti des flammes, qu'étais-je devenu ? Un être réel. C'est surprenant comme cela vous change de découvrir que vous n'êtes pas un mirage, car pour l'esprit rationnel, ma « réalité » est une évidence, un fait acquis. Mais être réellement réel, c'est le grand bonheur, la révélation, l'extase.

L'extase fait de ce monde un monde divin.

Le présent le plus précieux que l'extase nous apporte est probablement la certitude de notre qualité divine. C'est ce thème qu'évoque Walt Whitman dans son poème : *Chant de moi-même* :

> *Je sais que la main de Dieu est la main aînée de ma main,*
> *Et je sais que l'esprit de Dieu est le frère aîné de mon esprit,*
> *Et que tous les hommes nés un jour sont aussi mes frères... et toutes les femmes mes sœurs et amantes.*

Ces paroles expriment une fusion directe et indéniable du moi et de l'amour. La sensation d'osmose qui annonce l'extase n'est pas un feu de paille. Quand on reste ouvert à l'esprit, on devient l'esprit et l'amour universel devient alors votre état naturel. C'est une vérité valable pour tous les amants : dans certains moments de joie intense, une frontière cède et le bonheur d'aimer une autre personne se change en émerveillement. On accède à une sphère où les derniers vestiges de l'ancienne personnalité s'amenuisent et deviennent si imperceptibles que l'ego se fond dans le flux de l'amour comme une goutte d'eau qui retourne à l'océan.

Les amants n'ont pas entrepris d'extraordinaires voyages, du moins quand on les compare à ces voyageurs mystiques qu'on appelle souvent les « illuminés ». La joie intense de la passion amoureuse est une expérience accessible à tous, une étape sur ce même chemin que les mystiques empruntent en allant beaucoup plus loin. Il est temps maintenant pour nous de prendre en vue notre destination finale.

LES VARIÉTÉS DE L'EXTASE

Plutôt que de nous appuyer sur un terme vague comme celui de « mystique », nous allons explorer les différentes expériences qui ont été qualifiées d'extatiques au cours de l'histoire. L'extase peut d'abord être considérée comme une expérience physique. Notre culture en est restée à ce niveau, à tel point qu'une drogue a été baptisée Ecstasy, ce qui semble signifier qu'elle est capable de nous faire accéder à cet état. Le plaisir sensuel poussé à ses limites extrêmes est censé se confondre avec l'extase, comprise dans son sens le plus grossier. Les livres qui détaillent les techniques érotiques se présentent comme des manuels d'initiation à l'extase.

Mais dans tous ces cas, la vraie nature de l'extase est méconnue, parce que aucune de ces « extases » n'aboutit à une transformation durable. Une drogue peut, en altérant le fonctionnement biochimique du cerveau, reproduire certaines des sensations spontanées qu'on observe dans des états extatiques, mais cette expérience reste vide de sens. Un fonctionnement cérébral artificiellement altéré ne permettra jamais d'atteindre la vérité poétique de ce passage exalté du Cantique des cantiques :

Mon cœur était déchiré, et une fleur
apparut ; et la grâce surgit ;
et elle porta un fruit pour mon Dieu.

Ces vers sont suprêmement sensuels, ces images indéniablement sexuelles. Pourtant le poète ne confond pas son extase avec un simple plaisir, si profond et captivant soit-il. Il déclare :

Et mon ivresse était clairvoyance,
intimité avec ton esprit.

Sans cette clairvoyance, l'extase pourrait légitimement être assimilée à une intensité sensorielle du genre de celle que les drogues peuvent offrir. Mon intention n'est certes pas ici d'éliminer le plaisir. Les amants qui peuvent s'abandonner librement dans la relation sexuelle sont capables de dépasser de beaucoup l'expérience de partenaires qui se sentent inhibés l'un par l'autre. Le plaisir n'est nullement un acquis dans une société qui ne s'est pas encore réellement confrontée à la culpabilité et à la honte qui entachent le désir sexuel. Pourtant les frontières franchies dans l'expérience de l'extase sont d'une autre sorte. Comme le disent les vers les plus célèbres du Cantique des cantiques :

Et tu as fait toutes choses neuves
Tu as tout fait resplendir à mes yeux.
Tu m'as octroyé un bien-être parfait
Je suis devenu semblable au Paradis.

Pour que toute chose devienne nouvelle et brillante, il faut que s'ouvre une dimension plus large que la seule sensualité. En effet une relation sexuelle intense aboutit au soulagement et à l'épuisement. La « petite mort » de l'orgasme est une forme d'oubli, pas une élévation de la conscience. Mais attention à ne pas porter de jugements trop tranchés : l'énergie sexuelle est neutre. Nous l'utilisons selon nos propres intentions. Pour certains amants, il est possible d'utiliser l'orgasme comme un moyen d'atteindre des états de conscience élevés, pourtant même dans ces cas, les visions, sensations et émotions évoquées ne sont pas nécessairement de l'ordre de l'extase. Elles sont ce que les amants en font.

Rendre les choses brillantes et neuves, cette expression renvoie clairement à la perception. Cela nous amène à la seconde définition générale de l'extase qui est mythique ou archétypale. Notre vision ordinaire de nous-même est non mythique : ces références sont occultées par notre affairement trivial. Ulysse ignorait tout des trajets en voiture le matin au milieu des embouteillages. Athéna ne se demandait pas avec angoisse comment elle allait pouvoir régler les traites de son emprunt immobilier à la fin de chaque mois. Mais, comme Carl Jung l'a souligné il y a longtemps, derrière le tourbillon de l'activité quotidienne nos motivations inconscientes plongent leurs racines dans le monde des mythes.

Au fond de nous habitent les dieux et les déesses originels. Nous savons cela sans le savoir vraiment, dans la mesure où nous obéissons à nos pulsions mythiques sans en être conscient. D'un point de vue mythique, l'extase est un voyage sacré dans l'inconscient assimilé à un monde souterrain. On retrouve cette représentation dans de multiples aventures des héros de l'Antiquité depuis l'enlèvement de Perséphone par Pluton jusqu'à Orphée qui descend chercher Eurydice au royaume des morts, chez Hadès. L'inconscient est un domaine très riche. Les archétypes nous en apprennent beaucoup sur notre moi primal. Pourtant les messages des mythes nous paraissent souvent préfabriqués parce qu'il leur manque, me semble-t-il, l'immédiateté de la vraie extase.

Cela nous amène à la troisième définition de l'extase ressentie comme libération spirituelle. L'extase spirituelle n'est pas un sentiment ou une idée mais une modification de la perception dans laquelle on établit un contact direct avec l'esprit. L'état extatique ne passe nullement par l'expression d'une intensité de quelque ordre qu'elle soit. L'injonction biblique « Sois en paix et sache que mon nom est Dieu » est une invitation à l'extase.

Je préfère la définition spirituelle parce qu'elle sous-entend la dimension physique et mythique. Le plus célèbre exemple d'extase spirituelle est probablement celui de celle de sainte Thérèse qui rêva qu'un ange surgissait et lui transperçait le cœur d'une flèche d'or. Elle décrit cette expérience dans des termes d'une intensité purement physique, en parlant comme d'une douleur cuisante et presque insupportable jusqu'à ce qu'elle se transforme miraculeusement en un plaisir d'une égale intensité. On ne peut se méprendre sur les éléments mythiques de l'ange et de la flèche si l'on repense au dieu Éros, porteur de l'arc et de la flèche. Dans son extase, Thérèse a ressenti rien moins qu'un embrassement divin intime et les connotations mythiques et érotiques de son expérience ne la rendent pas moins divine. Son extase, suprêmement spirituelle, recoupe cependant les différentes interprétations de ce concept.

Ce qui rend en général l'extase si intense et extrême n'est pas l'expérience elle-même mais le chemin qui y conduit. Les images habituelles de Dieu ou d'un ange descendant du ciel pour percer, briser et pénétrer l'adepte de l'extase ne doivent pas être comprises dans un sens littéral. Elles servent à nous rappeler qu'une épaisse carapace nous prive d'un contact direct avec l'esprit. Recevoir le présent de l'extase constitue une expérience exquise comme le confirme ce remarquable passage extrait d'un manuscrit grec orthodoxe écrit il y a environ mille ans :

> *Car si nous l'aimons authentiquement*
> *Nous nous réveillons à l'intérieur du corps du Christ*
> *Où tout notre corps, partout,*
> *dans ses parties les plus cachées*
> *est accompli dans la joie comme Lui,*
> *et Il nous rend, totalement, réel.*

Ces vers sensuels qui ont choqué ses contemporains et suscité des controverses ont été écrits par un obscur moine connu sous le nom de Siméon le Nouveau Théologien. Sa description de l'esprit comme un amour qui pénètre et transforme, transmute nos cellules en une substance divine peut encore sembler trop intime pour ne pas susciter un malaise :

> *Nous nous éveillons dans le corps du Christ*
> *Comme le Christ éveille nos corps...*
> *Je déplace ma main et merveilleusement*
> *Ma main devient le Christ, devient tout de lui...*
> *Je déplace mon pied et aussitôt*
> *Il apparaît comme un coup de foudre.*

Siméon était bien conscient que cette intimité amoureuse avec la divinité serait considérée comme blasphématoire. Condamné par les autorités de l'Église, il passa ses dernières années en exil dans un village turc reculé, mais aujourd'hui nous pouvons reconnaître dans ce texte la complète sincérité d'un véritable amant. Pour Siméon « tout ce qui nous semblait obscur, discordant, honteux, mutilé, affreux, irréparablement abîmé est en Lui transformé et reconnu comme entier, aimable et rayonnant dans Sa lumière ».

Cela évoque bien sûr la voix d'un saint et d'un saint très extatique. Mais je crois que la même vision nous est accessible à tous – nous sommes tous des amants essayant d'atteindre la perfection. Nous le faisons, comme Siméon l'enseigne quand «nous nous éveillons comme le Bien-aimé dans les moindres parties de notre corps». À l'époque de Siméon, ces paroles violaient la croyance dogmatique selon laquelle le corps était foncièrement mauvais et corrompu. À notre époque, c'est le préjugé contraire qui prévaut : celui ou celle que nous aimons nous attire pour des motifs essentiellement physiques, sexuels. Dans ces deux cas, la fusion de l'esprit et du corps a été manquée.

Pourtant, à certains moments, la joie perçante de l'amour apparaît malgré le dogme. Une caresse de l'être que vous aimez ou simplement le fait de le voir peut vous plonger dans un émerveillement soudain tout à fait semblable au coup de foudre dont parle Siméon. Mais ce même sentiment peut s'emparer de vous inopinément parce que l'amour est inhérent à la vie elle-même.

Le divin n'a rien à voir avec la douleur. Parce qu'il se tient en dehors (ek-stasis) de l'enveloppe spatio-temporelle, l'esprit ne peut être sensoriel. Nos cinq sens ne peuvent nous faire accéder à l'extase. Mais quand une vraie extase commence à se produire, nos sens réagissent évidemment. Cette réaction est entièrement individuelle et imprévisible dans la mesure où l'intense ouverture érotique d'un être correspond chez un autre être à un effroyable effondrement de ses défenses. Ce qui ressemble à une expansion de l'âme dans l'espace infini pour moi pourra vous sembler une terrifiante chute dans le vide.

Quand nous disons que l'extase ressemble à une goutte d'eau qui se fond dans l'océan, il faut clairement entendre que nous sommes à la fois la goutte et l'océan, mais à des degrés différents.

L'extase est la libération de l'individualité dans la totalité.

Tout ce qui vous rapproche de la totalité vous rapproche de l'extase.

Ici, je pense que nous touchons au secret de l'extase. La plupart d'entre nous ne se considèrent pas comme de remarquables experts sexuels et l'extraordinaire mysticisme d'un saint nous semble tout aussi difficile à atteindre. L'extase ne sera jamais un phénomène ordinaire, mais une fois que nous comprenons sa vraie nature elle devient plus accessible. Bien que l'expérience de l'extase renvoie aux situations les plus extrêmes, elle est une aptitude de l'esprit aussi naturelle que toute autre. Nous n'avons pas à nous plonger dans les profondeurs obscures des mythes du passé pour la retrouver. Tout ce dont nous avons besoin, c'est d'un patient travail d'évolution intérieure.

Pour provoquer l'extase, il faut d'abord parvenir à l'immobilité intérieure. Il n'est pas nécessaire de ruser ou de manipuler son intériorité pour atteindre cette immobilité. Notre esprit ressemble à un coureur à qui l'on demande de ralentir pour marcher puis de ralentir encore pour arriver à l'immobilité. Ce processus de passage de l'activité à l'immobilité donne une définition très simple et pourtant très profonde de la méditation. Nous pourrions modifier l'injonction biblique précitée en « Sois en paix et connais l'extase ». La route qui mène à cette paix de la méditation n'est pas unique, mais pour être unique toute méditation doit dépasser la nature superficielle de l'esprit qui est agitation et chaos pour plonger dans sa nature profonde : la paix qui transcende toute compréhension.

On peut parvenir à l'immobilité dans toutes sortes de circonstances. Arjuna a atteint son moksha sur un champ de bataille après que des familles rivales se furent massacrées. Les saints du Moyen Âge trouvaient le leur dans une retraite complète hors du monde. La libération n'est jamais le fruit d'un hasard ou d'un accident. L'extase s'annonce par des pressentiments fugaces, mais l'immobilité complète de l'esprit implique de parcourir le chemin spirituel jusqu'à son terme, avec discipline et foi.

> L'expansion de la conscience est la route qui mène à l'extase.

L'expansion de la conscience est une expression générale qui englobe à peu près tous les sujets débattus dans ce livre. Le chemin vers l'amour est entièrement dédié à une telle expansion. L'amour vous libère des limitations de l'ego et quand toutes vos actions procèdent résolument de lui, vous devenez capable de vivre en esprit. Nous avons déjà traité un grand nombre de thèmes importants :

Voir l'être aimé comme le miroir de votre moi le plus élevé.

S'abandonner à l'amour comme à une force directrice.

Laisser aller l'attachement au faux moi et à ses besoins.

Consacrer son temps à réaliser la vraie union et à guérir les blessures de la séparation.

Un nombre incalculable de gens vivent avec l'être qu'ils aiment sans suivre aucun de ces principes. Leur amour ne leur procure pas une base assez solide pour leur permettre d'échapper à leur ancien conditionnement. Jusqu'à ce qu'ils découvrent le chemin de l'esprit, peu d'êtres sont capables de se montrer attentifs à sa voix, car elle s'adresse à l'intuition. Quand vous la percevez, c'est que vous avez atteint un état d'extase permanent et inébranlable. Mais ces éclairs de réalité ne vous atteignent que par intermittence quand vos limitations ordinaires s'estompent. C'est alors qu'une connaissance intuitive directe devient possible et que vous devenez capable de vous voir tel que vous êtes, sublime et extatique. Il y a des milliers d'années, les Upanishads exprimaient notre double nature dans une belle métaphore :

> *Deux oiseaux, l'un mortel, l'autre immortel, vivent dans le même arbre. Le premier picore le fruit, qu'il soit sucré ou amer ; le second observe sans manger.*

C'est ainsi que le moi personnel, abruti par la souffrance, toujours avide de plus, picore le fruit de ce monde ; quand il rencontre le vrai Moi, le Dieu resplendissant, la source de la création, toutes ses envies s'apaisent.

Les deux oiseaux dans l'arbre, le moi individuel et le moi cosmique sont inséparables. Tous deux habitent sur le même arbre (le corps) et ont affaire au même fruit (le monde matériel). Pourtant, malgré leur intimité, l'oiseau qui désire le fruit ne connaît pas son compagnon. Il a besoin d'un éveil pour s'ouvrir au moi universel et bien qu'en un sens il soit impressionnant, car il est le « Dieu resplendissant », en un autre sens il n'est que notre ami le plus intime, qui monte fidèlement la garde depuis toujours, attendant seulement d'être vu. Une fois qu'il est vu, tout change dans la vie. Comme le déclarent les Upanishads, la vie du moi individuel, une fois unie avec le Moi, s'élève à un niveau sacré :

Le bien et le mal disparaissent tous deux ;
Tout à sa joie dans le Moi, jouant comme un
enfant avec le Moi,
Il fait ce pour quoi il est appelé, qu'importe
le résultat.

Quand la prise de conscience a lieu, il n'est plus
question de lutte ou d'effort. L'esprit vous engage à
faire ce pour quoi vous êtes appelé, s'accordant
à votre propre caractère. Dans la réalité, l'amour universel n'exige qu'une chose : que le point le plus
tendre du cœur se dilate jusqu'à ce que la félicité et la
paix deviennent la substance de votre vie.

Un simple point du cœur peut se dilater et
libérer le monde.

C'est pourquoi l'extase n'est pas du tout un sentiment individuel mais une révélation fugace de la totalité qui attend de devenir intégralement visible. Les
Upanishads l'affirment explicitement :

Le Moi est partout, rayonnant depuis chaque
être,
Plus vaste que le vaste, plus subtil que le plus
subtil,
Intangible, plus proche que la respiration, qu'un
battement de cœur.

Nos sens nous disent que nous respirons et que nos
cœurs battent, mais une autre respiration nous
habite, l'esprit (dans la théologie chrétienne on l'appelle *afflatus*, le souffle de Dieu).
Si proche soit l'esprit, des siècles de préjugés culturels ont rendu nécessaire une redécouverte directe,
intuitive de celui-ci. Nombre de disciplines et de techniques peuvent être employées ici, particulièrement
la méditation. Dans ce livre, je me suis concentré sur

l'expansion de la conscience que l'on peut atteindre à travers l'amour, expansion rendue nécessaire par la tragique absence d'amour que l'on observe autour de nous. Pourtant le chemin vers le Moi n'est fermé d'aucun côté – le transcendant est «plus proche que la respiration, qu'un battement de cœur» – et heureusement une multitude d'enseignements sont là pour nous aider à parcourir ce chemin.

Finalement celui-ci ne s'élève pas à proprement parler dans le temps ou l'espace. Le moi est toujours le même, l'ego reste l'ego, les sens sont toujours les sens. Nul besoin d'un long voyage pour appréhender ce qui est déjà si proche de vous. Pourtant, de façon mystérieuse, ce chemin sans cheminement, comme les maîtres le nomment, entraîne d'immenses transformations. Il y a un monde de différences entre ceux qui vivent dans l'amour et ceux qui l'effleurent par intermittence. Peut-être la plus grande différence consiste-t-elle en cet état que nous nommons l'extase, la sensation concrète que notre respiration et les battements de notre cœur sont à l'unisson de Dieu.

Je ne veux pas trahir l'intimité de l'extase. C'est la plus personnelle des histoires d'amour. L'être devient votre bien-aimé et la fusion de votre personne avec une autre personne en découle avec une aisance et un naturel parfaits. Si l'on devait proposer un schéma sur la façon d'atteindre l'extase, il serait extrêmement général et se présenterait ainsi :

Le moment vient où la quête s'achève et l'expansion de la conscience commence. D'abord l'esprit devient conscient de sa propre activité en la tenant à distance. Ordinairement nous sommes immergés dans notre propre dialogue intérieur. Le flot des pensées, des souhaits, des peurs et des rêveries qui nous traversent l'esprit nous occupe en permanence. Nous sommes absorbés par un drame mental qui n'en finit jamais. Notre esprit puise son infatigable énergie dans notre participation à ce drame. Pour que ce drame se reproduise à l'infini, il suffit de se concentrer sur lui.

Pourtant, à certains moments, cette scène intérieure perd de son pouvoir d'attraction. Une part de nous-même se détache de l'activité de l'esprit individuel et c'est la première étape de l'extase : cette conscience tenue d'être un témoin du drame plutôt qu'un participant engagé. L'observateur a commencé d'introduire une légère distance entre lui-même et ce qu'il observe.

La seconde étape est l'immobilisation de l'esprit. On ne l'obtient pas par la force ou par quelque action que ce soit : toute action est contraire à l'immobilité. Comme nous avons passé nos vies à agir, le non-faire est extrêmement insolite pour nous. La plupart du temps cet arrêt se produit par accident : soudain on remarque que le flux de la conscience s'est interrompu, comme si on avait fermé le robinet. La plupart des gens associent l'activité sexuelle à l'extase parce qu'elle leur offre une des rares occasions d'être complètement distraits de leur effervescence mentale habituelle. Qu'on essaye de la provoquer ou non, ce qui crée l'immobilité de l'esprit est simplement le fait que l'observateur soit capable de continuer de se tenir à distance un certain temps.

Arriver à maintenir cette distance entre l'observateur et le spectacle du monde est si rare que la deuxième étape de l'extase se produit très rarement. Pour la plupart d'entre nous, les excursions hors de l'activité mentale ne durent que quelques secondes. Mais si nous parvenons à cette deuxième étape, l'immobilité revêt un aspect surprenant. Notre attention nous révèle que le silence a sa dynamique propre. L'esprit en repos, bien que vide de pensées, tremble et vibre quand même. Il se produit une sorte d'anticipation qui peut prendre l'une de ces deux formes : ou bien une nouvelle pensée naîtra et ramènera le dialogue intérieur, ou bien ce léger tremblement silencieux mènera à un silence encore plus profond.

Suspendu comme vous l'êtes au bord de l'extase, vous ne pouvez obtenir de votre esprit qu'il choisisse l'une de ces deux voies. Même ceux qui en ont souvent fait l'expérience, dans une longue pratique de la méditation, par exemple, ne franchissent pas la porte du silence à volonté. Mais si l'esprit choisit de plonger dans un silence plus profond, la troisième étape est atteinte. Dans ce silence plus profond, on n'enregistre plus le moindre tremblement. Il est incompatible avec toute activité, si minime soit-elle. Il s'apparente au plus doux des velours noirs ou à la plus profonde des grottes obscures. Quiconque est arrivé à ce stade s'est vraiment « tenu au-dehors ». Bien sûr, ce serait tout aussi juste de dire que vous vous tenez au-dedans, parce qu'il n'y a plus de différence entre le dedans et le dehors. Vous coïncidez simplement avec l'extase.

La quatrième et dernière étape n'exige rien de nouveau de votre part. Une fois que votre attention est captivée par un profond silence, la transformation intérieure est complète. Ce qui doit survenir ensuite naît de cette harmonie nouvelle. La confrontation avec l'être pur, la pure conscience, la pure joie. En sanskrit on dirait : *sat chit ananda*, l'éternelle félicité de la conscience se révèle. Un saint chrétien pourrait appeler cette même expérience le visage de Dieu. Le poète du Cantique des cantiques l'a exprimé en termes amoureux :

> *Mes yeux rayonnent de ton esprit ;*
> *mes narines sont remplies de ton odeur.*
> *Mes oreilles se réjouissent de ta musique,*
> *et mon visage est baigné de ta rosée.*

Mais ce ne sont que des images. L'extase est la promesse qui attise notre foi sur le chemin vers l'amour. Les pressentiments que nous en avons sont autant de gorgées d'eau qui étanchent notre soif. Nous recevons notre foi des maîtres vivants qui ont atteint ce but. Ils sont différents de nous bien que faits de chair et d'os comme nous. Car en secret dans leurs âmes plus accomplies, ils savent d'une certitude totale que, comme les deux oiseaux sur l'arbre, ils sont le Moi alors que nous restons prisonniers de notre moi individuel. Comment l'inaccessible peut-il être atteint, comment l'indescriptible peut-il être réel ? Je ne peux répondre qu'en me tournant vers les flèches de lumière qui nous parviennent de ce monde, ces moments d'extase qui font taire tous les doutes et toutes les questions. Il faut longtemps avant que de telles expériences nées dans le plus profond silence puissent être transposées dans le temps et l'espace. Une vie remplie de chaos est extrêmement difficile à emplir d'extase. Quand vous êtes plongé dans un moment extatique, cependant, toute la réalité ressemble à un miracle. La racine même du mot *miracle* nous rappelle qu'il dérive du latin *mirare*, « regarder avec une extrême attention ». On n'a jamais donné une meilleure définition de l'extase.

Ceux qui sont parvenus à l'extase n'ont pas de raison d'en demander plus. Aucune transformation n'est aussi radicale et après le retour au monde quotidien, le grand don semble non l'intensité de la joie, du souvenir qu'on en garde, mais la révélation de la vérité. Un moment d'authentique extase annule une vie entière de doutes – on comprend une fois pour toutes que l'esprit est réel. Vous savez pour l'avoir éprouvé vous-même que vous êtes d'essence divine. Dans ce sens, l'extase est la plus immédiate et pourtant la plus lointaine des expériences. Elle est immédiate parce qu'elle est indéniable : elle est lointaine parce qu'il faudra une vie entière pour faire de l'extase une réalité permanente. Heureusement cette évolution elle-même crée l'extase, car c'est le chemin vers l'amour.

Pratique amoureuse
Cultiver l'inspiration

Une des plus belles preuves de l'extase survient dans les moments d'inspiration. J'ai déjà parlé des signaux de l'esprit qui renvoient à une réalité transcendant celle que perçoivent nos cinq sens. Mais l'inspiration est beaucoup plus qu'un signal. Quand vous vous sentez inspiré, vous êtes projeté dans un monde où les objets et les événements ordinaires sont illuminés de l'intérieur. Cette lumière intérieure est la vérité et quand nous découvrons soudain la vérité, nous acquérons la profondeur, la clarté et l'objectivité.

La profondeur vous rend capable de connaître votre propre cœur.

La clarté vous rend capable d'accepter sans illusions.

L'objectivité vous rend capable de regarder tous les êtres et toutes les situations avec compassion.

Dans des moments de triomphe, quand vous vous dites à vous-même : « C'était vraiment inspiré », ces trois qualités se confondent et la *sensation* de cette union est l'extase. Malheureusement, la plupart des gens ne parviennent à acquérir ces qualités, même sous une forme rudimentaire, que tard dans leur vie, quand la maturation de l'expérience permet de détruire les obstacles à l'inspiration, notamment la rêverie, la projection et le jugement. Même ces moments d'inspiration peuvent être rares. Mais inspirer signifie aussi respirer : l'inspiration devrait être une chose simple, aussi naturelle que la respiration. Quand nous disons que quelqu'un a été inspiré dans la composition d'un poème d'amour, nous voulons dire que ce poème traduit avec fluidité son sentiment : rien n'est venu s'interposer. Il n'y a pas eu de lutte entre l'esprit et le cœur.

> L'inspiration est un état de communion entre l'esprit et le cœur.

Les exercices suivants vous montreront comment susciter l'inspiration et vous l'approprier longtemps avant d'avoir atteint le terme du chemin.

Première partie : un moment infini

Tous les maîtres spirituels ont déclaré que l'instant présent est le foyer de l'esprit. Rien de ce qui peut être atteint grâce à la sagesse, à l'amour et à la vision ne doit être remis à plus tard. Pourtant nous différons tous le jour où nous aimerons, serons sages et inspirés par notre propre vision. Cela implique que le moment présent est un lieu très difficile à atteindre, malgré ce fait évident que nous sommes déjà là.

> Chaque seconde est une porte sur l'éternité.
> La porte est ouverte par la perception.

Ce qui rend chaque seconde infinie, c'est son potentiel. Ce qui la rend finie, c'est votre vision de ce potentiel. Pensez à un moment inspiré de votre vie, quand vous avez accompli le mouvement parfait, prononcé la phrase parfaite, trouvé l'idée parfaite. Qu'est-ce qui vous a rendu si différent à ce moment ?

> Vous étiez ouvert à quelque chose de nouveau.
> Vous n'étiez pas en train de revivre le passé ou d'anticiper le futur.
> Vous vous sentiez optimiste et ouvert. Vous étiez sans défense.

Vous avez laissé se produire ce qui demandait à se produire.

Vous vous sentiez en communion.

Maintenant demandez-vous si vous vous sentez dans cet état d'esprit actuellement. Si c'est le cas vous êtes dans un état très simple quoique extraordinaire : vous êtes dans le « moment ».

Pour accéder au « moment », les mêmes préalables sont requis pour chacun, qu'il se nomme Léonard de Vinci ou William Blake, ou vous ou moi. Un génie comme Blake peut voir un « infini dans un grain de sable », alors que le même grain de sable n'inspirera à une personne ordinaire qu'un sentiment d'indifférence insouciante. Les différences toutefois sont beaucoup moins importantes que les similitudes. Si vous doutez de pouvoir voir un infini dans un grain de sable, essayez la méditation suivante (qui ne demande qu'un peu d'imagination si vous n'avez pas de sable sous la main).

Prenez un grain de sable dans la paume de votre main et regardez-le. Observez sa couleur et ses facettes, ses reflets s'il en a et ses arêtes tranchantes. Faites-le rouler entre vos doigts, portez-le à votre bouche pour le goûter et y découvrir, peut-être, un goût de sel ou de terre... Tel est le grain de sable que vous présentent vos cinq sens et la plupart des gens diraient qu'il n'y a pas grand-chose à voir dans cet humble objet.

Maintenant, considérez ce grain de sable comme un point entouré d'espace. Quel volume spatial pouvez-vous imaginer ? Il y a la pièce dans laquelle vous êtes assis et au-delà votre maison, votre quartier puis la ville dans laquelle vous résidez. Vous allez imaginer que cette dilatation progressive explose soudainement. Maintenant vous embrassez la planète tout entière, le système solaire, la galaxie et les profondeurs obscures de l'univers. Laissez votre imagination suivre cette dilatation jusqu'au bout, jusqu'au moment où vous découvrez que ni l'espace ni le temps n'ont de limites. L'espace ne peut être limité parce que le cosmos s'étend à une vitesse infinie de centaines de milliers de kilomètres par minute, à peine plus lentement que la vitesse de la lumière. Un « arrêt sur image » du cosmos pour déterminer ses limites actuelles est impossible parce que aux limites de son expansion l'univers se recourbe sur lui-même. Cette courbure est nécessaire, sinon il existerait quelque chose en dehors de l'espace, ce qui est impossible.

Cela signifie que votre grain de sable est le centre de l'univers.

Maintenant, répétez cette méditation en substituant le temps à l'espace. Regardez votre grain de sable et vérifiez l'heure exacte qu'il est. Imaginez la partie antérieure de la journée comme s'étendant en arrière et la partie postérieure comme s'étendant en avant. Poursuivez votre expansion temporelle en incluant la journée, la semaine, le mois, l'année qui précèdent et ceux qui suivent. Imaginez le temps comme un cercle qui s'étend et laissez-le se dilater aussi vite qu'il le veut. Y a-t-il une limite à cette accélération ? Vous pouvez mentalement embrasser instantanément le moment du Big Bang. Je ne veux pas dire l'événement lui-même qui est au-delà de toute compréhension, mais seulement le temps qu'il faut pour vous représenter cet événement. De la même manière si vous voulez imaginer une étoile comme elle existait il y a dix milliards d'années, votre esprit peut rallier ce point instantanément.

Votre grain de sable est le centre du temps qui s'étend infiniment dans toutes les directions.

Si le temps et l'espace ont tous deux pour centre un grain de sable, alors vous avez vu l'infini ou vous vous en êtes approché d'aussi près que votre perception présente vous le permet. La prochaine étape consiste à accomplir cette méditation sans l'*idée* du temps et de l'espace. Faites le vide dans votre esprit et imaginez les sensations de temps et d'espace comme un cercle se dilatant à partir d'un point central. Reliez mentalement les deux extrêmes sans les laisser échapper. Évitez tout effort trop intense, n'essayez pas de visualiser à tout prix ce phénomène, votre vision doit rester aussi naturelle que possible. Laissez le cercle se dilater à partir du centre jusqu'à ce qu'il disparaisse et que vous ne puissiez plus embrasser cercle et centre dans votre conscience.

Quel est votre état d'esprit :

Ouvert, en éveil, vif ?

Revit-il le passé ou anticipe-t-il l'avenir ?

Est-il sans défense ?

Avez-vous laissé votre méditation s'accomplir d'elle-même sans chercher à la maîtriser ?

Vous sentez-vous en communion ?

Il se peut qu'à une ou plusieurs de ces questions vous répondiez par l'affirmative. Ou à aucune. Cela n'est pas un test mais une manière de transcender des limites. La vision de l'infini dans un grain de sable est personnelle : peut-être aurez-vous envie de rire, peut-être ressentirez-vous un calme profond, peut-être une belle image vous viendra-t-elle à l'esprit, sentirez-vous un vide soyeux, peut-être même connaîtrez-vous l'extase ou l'illumination. Donnez-vous du temps – cette méditation ouvre l'esprit, fait céder les vieilles limites de votre ego sans vous ayez à les affronter psychologiquement.

Le grain de sable est important. C'est un point focal que vous utilisez pour sortir du filet du temps et de l'espace. Au-delà de ce filet se trouve une ouverture qui est un pur potentiel. Dans ce potentiel tout est possible. Il est la porte de l'instant présent qui débouche sur l'éternité.

Deuxième partie :
fils conducteurs dans le tissu de l'amour

Sur le chemin vers l'amour l'inspiration mûrit. Les moments de révélation qui ponctuent les premières étapes du chemin ne sont pas aussi profonds que ceux qui viennent avec la maturité de la vision parce que le changement de la conscience s'accompagne d'une modification de la réalité. Étant infinie, la réalité spirituelle est infiniment flexible. Elle peut s'adapter à toute perspective. Toutes les perspectives sont valables, mais celles qui s'approchent plus près de Dieu contiennent un plus grand nombre de ses qualités : la vérité, la compassion, l'acceptation et l'amour.

> Votre conscience est votre contribution à la réalité. Ce que vous percevez comme réel devient réel.

Quand deux êtres s'unissent par amour, ils tissent une étoffe de conscience. Si cette étoffe est solide, c'est parce que les amants l'ont solidement tissée. Chaque pensée, chaque action aimante est un fil qui s'ajoute à cette étoffe. En sanskrit, le mot qui se traduit par « fil » est le mot *sutra* qui a aussi une signification métaphysique. Un sutra est un aphorisme ou une formule qui exprime une vérité fondamentale sur la conscience.

Vous et l'être que vous aimez vivez des moments privilégiés pendant lesquels vous comprenez ce qu'est votre amour. Personne d'autre n'a jamais eu exactement les mêmes révélations parce que vous êtes unique. Vos inspirations n'appartiennent qu'à vous, même si des révélations similaires se produisent dans d'autres esprits depuis des milliers d'années. Il est important de vous approprier vos révélations. Vous devez faire le point sur vos croyances, mesurer le chemin parcouru ensemble, le degré de maturité acquise et partagée. Les sutras peuvent vous l'apprendre.

L'exercice suivant consiste à noter vos inspirations comme elles vous viennent. L'amour grandit d'autant plus que vous en parlez, y pensez et les exprimez. Même si les moments de révélation ne durent qu'un instant, ce sont les pierres de touche de quelque chose d'éternel, la relation entre le moi particulier et le Moi cosmique. En ce moment, votre Moi veut que vous vous ouvriez à l'amour mais aussi à la vérité, à la compassion, à la confiance, à l'acceptation et à la piété. Ce sont les fils dont l'étoffe de la conscience est tissée.

Écrire des sutras

Achetez-vous un carnet de notes dans lequel vous reporterez vos sutras ainsi que ceux d'autres personnes qui vous inspireront. Pour écrire, n'attendez pas d'avoir des pensées inspirées. L'esprit est prêt à vous en apprendre sur lui à tout moment. Il vous suffit de trouver un peu de temps quand vous vous sentez réceptif.

Asseyez-vous avec votre stylo et du papier et laissez votre esprit se détendre. Ne vous contraignez pas à un état d'inspiration, mais abordez l'expérience avec l'intention d'exprimer ce que vous savez. Je ne veux pas dire par là l'information qui se trouve dans votre cerveau, mais ce que vous savez avec votre cœur – une étincelle de vérité, un message de votre Moi. Si les mots ne viennent pas très facilement au début, vous préférerez peut-être commencer par un début type comme « L'amour est… » ou « Mon Moi universel veut que je sache… ». Cependant, avec un peu de pratique, vous ne pourrez plus vous arrêter d'écrire – une fois que la communication commence, elle a tendance à s'accélérer.

Vos sutras ne sont pas censés avoir l'air poétiques ni sages mais simplement exprimer celui ou celle que vous êtes. En notant votre vision spirituelle vous aurez l'immense plaisir de la voir grandir. Toute la beauté du geste est là. Chaque fil a son importance. Aucun d'eux ne peut être ôté de l'étoffe sans perte. C'est pourquoi vous devez garder présent à l'esprit le caractère précieux de votre conscience et laisser votre inspiration affirmer à sa manière votre vie spirituelle propre.

Voici quelques-uns des sutras que j'ai écrits l'an dernier dans mes propres carnets de notes. Je les ai notés à mes moments perdus, en avion, en attendant une valise égarée, ou assis dehors au bord de la mer par une journée ensoleillée quand je voulais m'entretenir avec mon Moi et entendre sa voix. Il y a ici presque une centaine de sutras, une bonne récolte d'une année très occupée, et j'ai été surpris en les lisant de voir à quel point ils exprimaient la substance de ce livre. Ils sont donc comme les cristaux à partir desquels toutes les pages de ce livre ont bourgeonné et grandi. Je ne vous propose pas de les lire en une séance, mais tous vous sont offerts pour que vous puissiez suivre le progrès d'une âme dans son développement sur une courte période de temps. Si je pouvais me souhaiter quelque chose à moi-même ce serait de continuer à tisser cette étoffe de conscience pour toujours – qu'est-ce qui est plus excitant que la perspective de vérités que l'on ne connaît pas encore ?

Leçons pour les amants

Trois choses sont absolues et indestructibles :

La conscience, l'être et l'amour.

Vous serez amoureux quand vous saurez que vous êtes amour.

L'amour est l'impulsion de l'évolution qui accroît la vie.

Tout désir de croître suit le flux de l'amour.

Si vous bloquez votre désir, vous bloquez l'issue naturelle de la croissance.

La croissance est la volonté de laisser la réalité se renouveler à chaque instant.

L'amour est le commencement du voyage, sa fin et le voyage lui-même.

Le chemin vers l'amour ne se fonde pas sur votre façon d'agir ou de sentir mais sur votre niveau de conscience.

Dans la dualité l'amour fluctue ; dans l'unité il n'existe que lui.

L'amour personnel est une forme concentrée de l'amour universel, L'amour universel est une forme élargie de l'amour personnel.

Aimer une autre personne ne diffère en rien d'aimer Dieu. L'un est une simple vague, l'autre, l'océan.

L'esprit juge ce qui est bon ou mauvais. L'amour n'apporte que du bon.

Toutes les prières sont exaucées. Celles qui sont exaucées le plus vite sont les prières pour comprendre.

Vos désirs sont satisfaits suivant votre degré de conscience. Quand la conscience est pure, tous les désirs sont complètement satisfaits.

Une prière est une requête qu'une petite partie de Dieu adresse à une grande partie de Dieu.

Les rêves deviennent vrais quand ils sont gardés paisiblement dans le cœur.

Ne révélez pas vos rêves au monde – chuchotez-les à l'amour.

Avec un cœur pur, tout peut être accompli. Si vous demandez ce que fait l'univers, il prête l'oreille au moindre de vos désirs.

Le tout est un seul et même esprit se regardant lui-même à travers les yeux de différents observateurs.

L'amour est partout, mais en certains lieux il est bloqué par la peur.

Ce qui ne contient pas d'amour recèle nécessairement une illusion.

Percez la carapace de vos illusions et vous découvrirez que vous êtes seulement amour.

Les autres sont des miroirs de votre propre amour. En réalité il n'y en a pas d'autres, mais seulement le Moi sous d'autres formes.

La séparation est seulement une idée. Dans son essence, la réalité est unité.

Quand vous critiquez les autres et leur adressez des reproches, c'est pour éviter une vérité à votre sujet.

Tout ce qui existe dans le monde extérieur contient une vérité à propos du monde intérieur.

Les spectacles et les sons de la nature nous rappellent que la création est aimante.

Un réel changement s'accompagne d'une nouvelle révélation.

La révélation est une impulsion de l'amour qui détruit une vieille empreinte.

Les révélations apportent la vérité qui est l'amour en action.

L'amour est comme l'eau. S'il ne s'écoule pas, il stagne.

Si vous créez un espace ouvert à l'intérieur de vous, l'amour le remplira.

Contemplez l'amour tous les jours. Ses rayons font grandir le cœur.

L'amour prend de multiples formes. Libre à vous de choisir laquelle vous souhaitez adopter.

La plus haute expression de l'amour est la créativité.

L'innocence est l'aptitude à donner et à recevoir de l'amour sans le retenir.

Aimer innocemment signifie permettre aux autres de se montrer comme ils sont.

Personne n'a tort. Aux yeux de l'amour, chacun fait de son mieux à partir de son propre degré de conscience.

Les autres vous semblent dans l'erreur quand leurs perspectives ne coincident pas avec les vôtres.

Tous les désaccords sont le résultat d'une incompréhension du degré de conscience d'autrui.

C'est nous qui créons tous les obstacles, par notre croyance dans le non-amour.

Vous n'aurez plus d'ennemis une fois que vous aurez décidé de vous abandonner.

L'abandon ne signifie pas de céder à un autre mais de céder à l'amour.

Tous les désirs sont spirituels quand on les considère à leur degré le plus profond.

L'amour n'est pas l'opposé de la haine. Étant complet, l'amour n'a pas d'opposés.

La négativité est née de la faille où l'amour a été relégué.

Les failles surviennent dans des endroits où nous avons peur de nous voir nous-même.

La vie paraît chaotique en surface, mais à un niveau plus profond elle est complètement organisée.

Le pouvoir organisateur de l'amour est infini.

Le cosmos est structuré pour entraîner la croissance et la croissance va toujours dans la direction d'un plus grand amour et d'un plus grand bonheur.

La solution n'est jamais dans la résolution du problème – la solution est toujours l'amour qui est au-delà des problèmes.

Nous ne sommes pas victimes des mésaventures qui nous arrivent. Nous les provoquons afin d'en tirer une leçon.

L'amour grandit en se fondant sur le don.

L'aptitude divine au don est infinie. Nous la limitons par notre perception non aimante.

L'amour ne contraint jamais. L'amour est intelligent et ne vous apporte que ce dont vous avez besoin.

Il n'existe pas de punition divine. Ce qui semble une punition divine n'est que le reflet de notre propre résistance.

Le pardon émane d'un degré de conscience élevé. Plus vous pouvez voir, plus il vous est aisé de pardonner.

Le cœur est prêt au pardon quand tombent les murs de séparation dans l'esprit.

L'amour est une attention sans jugement. Sous sa forme naturelle, l'attention se contente d'apprécier.

La personne que vous appelez un ennemi n'est qu'un reflet déformé de votre propre moi fantôme.

Le moi fantôme semble l'opposé de l'amour. En fait, il est le chemin vers l'amour.

L'esprit est passionné ; sans passion personne ne peut être vraiment spirituel.

L'éveil du vrai amour suppose de trouver la paix dans la passion et la passion dans la paix.

L'énergie sexuelle est neutre. Elle peut être aimante ou non aimante selon la façon dont on en use.

La sexualité peut être utilisée pour déployer l'amour ou pour le stopper. Le plus haut Éros consiste à prendre Dieu comme amant.

Quand la sexualité est totalement aimante, on rencontre le divin à travers son partenaire.

L'amour sexuel renforcé par l'amour absolu est l'extase.

L'extase est l'état d'énergie le plus primordial.

Pourquoi la sexualité est-elle si puissante ? Parce que nous sommes constamment à la recherche de l'état d'extase originel.

La réalité est tout entière comprise dans l'instant présent.

Le véritable amour est ici et maintenant. Quoi que vous vous rappeliez, quoi que vous anticipiez, ce ne sont que de pâles échos de l'amour.

Pour voir l'amour dans l'instant, vous devez nettoyer les fenêtres de la perception.

Si vous concentrez toute votre attention sur l'instant, vous verrez seulement de l'amour.

Quand l'amour est remplacé par un objet, le résultat est l'accoutumance.

Si vous êtes « drogué » à quelqu'un d'autre, vous traitez cette personne comme un objet.

C'est le temps, et non l'amour, l'ennemi de l'ego.

L'amour change avec le passage du temps mais il ne diminue jamais. Il est toujours présent dans sa plénitude.

L'amour est l'être éternel au cœur de l'individu.

L'amour peut créer un monde qui soit sauf et sacré. Les deux sont la même chose.

Ressentir la beauté revient à connaître la vérité. Connaître la vérité revient à être amoureux.

L'amour danse dans la fraîcheur de l'inconnu.

L'amour n'a pas besoin de raison. Il parle depuis la sagesse irrationnelle du cœur.

Un cœur qui a appris à faire confiance peut être en paix dans le monde.

Dans nos vies
Une maison de lumière

— Je pense qu'au départ de tout couple il y a une volonté de s'assortir, de s'appartenir, c'est tout naturel, n'est-ce pas ? Je veux dire que cette relation d'appartenance nous caractérise dès la naissance… à un lieu, par exemple, jusqu'à ce que nous nous mettions à vagabonder.

La voix d'Élise retentissait dans la pénombre. Nous étions assis tous trois, Élise, son mari et moi dans la campagne du Nouveau-Mexique. Les rayons du couchant s'allongeaient et projetaient des ombres bleues sur les collines qui se teignaient d'or, crête après crête, et s'assombrissaient à nouveau.

— Toute la question de l'amour consiste à découvrir à qui l'on « appartient », continua Élise. Ça n'a jamais été facile pour moi, et même quand j'ai rencontré Kent, je me suis demandé où nous aboutirions.

— Ce n'est pas une manière optimiste de commencer, fis-je.

Élise rit.

— Nous avons commencé par une lune de miel épouvantable. C'est ainsi que nous l'avons appelée tous les deux. Nous nous sommes décidés à la dernière minute, nous n'étions absolument pas d'accord sur le but de notre voyage et j'ai finalement accepté d'aller à Paris qui représentait le voyage de noces dont Kent avait toujours rêvé. Nous avons passé deux nuits bloqués par la neige dans un aéroport des environs de Chicago. Après un tel début, vous ne vous seriez pas inquiété ?

— Ça a dû s'améliorer, fis-je.

— Oui et non. C'était la voix de Kent qui, cette fois, s'élevait dans l'obscurité. Nous avions prévu de travailler ensemble dans notre petite affaire, mais quand nous sommes arrivés ici, l'économie locale périclitait. J'ai fini par passer l'essentiel de mon temps à la maison à ne rien faire pendant qu'Élise travaillait comme employée de guichet en ville. C'était le pire moment pour se séparer, et plus je chômais plus j'étais déprimé. Tout ça était franchement invivable.

—Il paraît qu'on peut vivre d'amour et d'eau fraîche, déclara Élise. Dieu sait que nous avons essayé, mais on investit le mariage d'une telle charge émotionnelle... Surtout nous qui étions restés célibataires jusqu'à la quarantaine. Nous étions extrêmement exigeants, aussi difficiles à contenter que le chat d'un poissonnier !

Ils se mirent à rire tous les deux. On n'aurait jamais soupçonné, cinq ans après, cette histoire de lune de miel épouvantable ni les problèmes qui avaient suivi. J'ai rarement rencontré deux êtres qui semblent si authentiquement assortis. La première chose qui frappe un observateur est qu'Élise et Kent ont appris à transformer l'amour en jeu. Leurs yeux scintillent quand ils se regardent l'un l'autre. Ils ont le rire facile et trouvent d'inépuisables sources d'intérêt dans leur vie. Leur maison du Nouveau-Mexique est bourrée d'objets d'art populaire, et Élise et Kent ont acheté chaque pièce à des artistes qu'ils rencontraient personnellement au cours de longues randonnées dans des pays exotiques.

Cette maison était déconcertante, si emplie de lumière que par moments on avait presque l'impression qu'elle n'avait pas de murs. Chaque objet avait une histoire ou un nom. Tout, dans leur environnement, reflétait la manière d'aimer de ces deux êtres.

—Si je devais parler de vous à quelqu'un, je vous présenterais comme dangereusement proches du couple parfait.

—Nous n'avons pas peur d'affirmer nos qualités, fit Élise. À cinquante ans, nous nous estimons autorisés à le faire.

— Nous savons seulement comment survivre, intervint Kent.

— Ce qui signifie ? demandai-je.

— Comme Élise, j'ai passé de nombreuses années à trouver difficile de m'assortir à quelqu'un. En partie pour des raisons personnelles : je n'avais aucune idée de ce que signifiait une relation intime et le fait de m'approcher de quelqu'un m'effrayait. Mais j'étais aussi tiraillé par les contradictions d'une culture qui attend d'un homme qu'il soit dur quand il part de chez lui et doux et sentimental quand il rentre le soir. L'amour et le pouvoir ne font pas bon ménage.

Nous partîmes de ce point de départ et en parlâmes pendant les heures qui suivirent.

— Je suis d'accord, fis-je. Mais je pense que le problème dépasse la question d'être dur ou doux. Nous sommes devant un problème spirituel. Les êtres humains sont les seules créatures nées avec une nature *élevée* et une nature *basse*. Selon les moments l'une de ces natures conviendra mieux que l'autre.

— Définissez ce que vous entendez par élevé et bas. Ces termes me rendent nerveuse, expliqua Élise.

— En Occident, élevé et bas correspondent à sacré et profane. Sacré renvoie à cette part de nous qui est proche de Dieu et profane à son contraire, notre part animale. La sexualité étant profane est « basse ». L'amour étant sacré est « haut ». Mais en fait la sexualité et l'amour sont des processus – ce sont des manières de sentir et de faire.

« En Inde on enseigne que la même force vitale, *Prana*, irrigue tout ce qui existe. En termes chrétiens, prana est le « souffle divin » qui donne vie à la matière morte et inerte. Mais même si Prana est une seule et même énergie où qu'elle s'épanche, elle se colore de différentes nuances. La force vitale sous sa forme sexuelle diffère de la force vitale sous sa forme aimante.

— Mais pourquoi les qualifier de « haute » et « basse » ? demanda Kent. Est-il plus bas de faire l'amour avec quelqu'un que de donner des aumônes aux pauvres ? L'amour reste l'amour.

— Idéalement, oui. Si vous pouviez vous contenter de suivre le flux de l'amour, ces distinctions n'auraient pas d'importance. Mais comme chacun le sait, si un homme aime son travail et y consacre tout son temps, son épouse ne considère pas que cela suffise à compenser son absence. Elle ressent nécessairement un douloureux manque d'amour. Par conséquent la question est : comment équilibrer l'amour à ses différents niveaux ?

« D'abord nous devons préciser de quels niveaux nous parlons. Pendant des milliers d'années, en Inde, on a enseigné que les humains vivaient sur sept plans différents. Ceux-ci sont matérialisés par les sept roues, ou *chakras*, superposées : le chakra le plus bas se trouve à la base de la colonne vertébrale et le plus haut au sommet de la tête.

Rien de tout cela n'était nouveau pour Kent et Élise qui avaient lu beaucoup d'ouvrages métaphysiques.

— Tout cela va-t-il vraiment nous mener à l'amour ? demanda Kent. Peu de gens en Occident sont disposés à se plonger dans la lecture de livres ésotériques, non ?

— Ce n'est pas non plus mon propos. En négligeant les détails, cette description renvoie à une simple division entre les énergies hautes et les énergies basses. Les trois chakras les plus bas sont situés sous le cœur. Ils expriment l'instinct de survie, la pulsion sexuelle et l'appétit de pouvoir. Si nous étions limités à ces trois chakras, les êtres humains seraient des créatures féroces, méfiantes et instinctives.

« Au-dessus du cœur se trouvent les trois chakras élevés, ceux de la volonté, de l'intuition et de la liberté. Si nous pouvions fonder nos vies sur ces centres, les êtres humains se considéreraient comme divins. Nous ne nous mettrions jamais en guerre, n'aurions pas à lutter pour notre survie ni à nous créer d'ennemis.

Alors pourquoi notre nature est-elle divisée d'une façon si radicale?

« La réponse réside dans le cœur, le chakra qui se trouve à mi-distance de l'élevé et du bas. Le cœur est le médiateur, l'arbitre, le centre du sentiment. Il supervise les énergies élevées et basses, et sa réaction est toujours la même : il aime pareillement le haut et le bas. La fonction du cœur ne consiste pas à étiqueter quelque chose comme « bon » ou « mauvais ». Il ne juge pas, ne rejette pas. Avec amour, il mêle le haut et le bas jusqu'à ce que quelque chose de neuf soit créé : un être humain complet, totalement à l'aise avec chaque aspect de lui-même.

— Alors pourquoi luttons-nous si durement? demanda Élise. Votre schéma comporte une belle symétrie, ce qui selon mon expérience signifie qu'il est sans doute complètement inopérant.

— Qui peut vraiment le dire? répondis-je. Le problème vient de ce que peu de gens essaient de faire l'expérience de mélanger le haut et le bas. Notre société, pour parler avec une franchise brutale, est enlisée dans les deux chakras inférieurs. Notre conscience est dominée par les problèmes de sexe et de survie. Nous révérons les hommes influents mais rarement les hommes de paix. Nous jugeons ceux qui n'ont pas de pouvoir faibles et inférieurs et l'accomplissement spirituel ne nous semble pas digne de grands éloges.

— Cela me semble tout à fait exact, acquiesça Élise sur un ton désabusé.

— Ce déséquilibre se reflète dans la façon dont on a souvent recours à l'agression et la violence pour résoudre les problèmes, ce qui signifie que les chakras inférieurs se sont sentis menacés, dis-je. Quand quelque chose est menacé, il est stimulé; c'est exactement ainsi que fonctionne la vie. Alors comment stimuler ses énergies élevées? Que faudrait-il pour faire cesser les guerres avec compassion? La réponse est simple, en fait : les êtres humains agiront en accord avec leur nature élevée quand ils deviendront complets. Ce que nous appelons être humain aujourd'hui n'est en réalité qu'une demi-personne.

« La seule manière de devenir complet consiste à faire appel à votre cœur pour qu'il mêle le haut et le bas. Ce serait complètement inutile de vouloir dissimuler la violence et l'agressivité ou de faire comme si nous pouvions aimer sans regarder en face ces zones obscures de la psyché où la peur et l'insécurité rôdent sans cesse.

La nuit était tombée et le ciel était peuplé d'étoiles splendides et plus brillantes que celles que j'avais l'habitude de contempler en ville. Je cessai de parler, attendant de voir comment mon idée serait reçue.

— Je crois que je vois ce que tu veux dire, répondit Kent. Le cœur associe deux énergies opposées, comme tu les appelles, jusqu'à ce qu'elles n'aient pas d'autre choix que de s'affronter. Et qu'arrive-t-il alors ?

— Une seule chose. Vous avez une relation amoureuse avec quelqu'un. Au lieu de vivre dans deux mondes séparés, le haut et le bas doivent se reconnaître l'un l'autre. N'est-ce pas ce qui se produit dans le mariage ? Vous vous offrez complètement au regard de l'autre et vous voyez la réciproque s'accomplir. Vous devenez des miroirs l'un pour l'autre et quand vous regardez dans ces miroirs, vous voyez la sexualité, la survie, la volonté, l'émotion, les objectifs à atteindre et l'amour. Tout est là mais sous forme de fragments. Ces fragments ne s'adaptent pas complètement, raison pour laquelle vous êtes confrontés au conflit et à la souffrance.

— N'est-ce pas inévitable ? demanda Kent. Le propre de l'amour est de survivre aux blessures qu'une autre personne peut nous infliger et d'éprouver un malaise devant celles que nous infligeons nous-même.

— Bien sûr que c'est inévitable, répondis-je. Mais la question est celle-ci : pourquoi voulons-nous exposer notre moi vulnérable, fragile, conflictuel à autrui ? Pourquoi regarder dans ce miroir ? La vision, après tout, peut être assez brutale.

— On regarde parce qu'on veut aimer, fit Élise.

— Exactement. Le miroir de la relation nous renvoie l'amour, pas en permanence ni dans toute sa pureté. Mais le reflet est là, chaque jour. C'est un phénomène qui se produit selon moi dans toute relation où l'amour est vivant. Les énergies qui nous font agir sous le coup de la colère, de la peur, de l'insécurité et du doute sont extrêmement familières. Elles ressemblent à une vieille maison obscure où nous retournons quand les choses de la vie deviennent trop difficiles à gérer. Quitter cette maison pour voir ce qui se passe au-dehors nous semble risqué, pourtant si nous espérons être aimés nous devons partir.

« Et donc, nous courons ce risque. Nous sortons en pleine lumière et nous offrons à un être aimé. C'est une sensation merveilleuse qui ne ressemble à rien de ce que nous avions imaginé dans notre vieille maison obscure. Mais quand les choses tournent mal, nous retournons vite nous y réfugier. Nous choisissons la peur familière et l'absence d'amour de préférence à la vulnérabilité de l'amour, jusqu'à ce que nous nous sentions finalement assez en sûreté pour revenir dans le monde et essayer à nouveau d'aimer.

« Le rythme essentiel de toute relation intime peut se définir ainsi : risque et retraite. Nous répétons ce va-et-vient à l'infini, acceptant et repoussant l'amour jusqu'à ce qu'un miracle se produise enfin. La vieille maison obscure cesse d'être nécessaire. Nous regardons autour de nous et voyons une nouvelle maison, une maison de lumière. D'où vient-elle ? Comment l'avons-nous construite ? Avec l'amour puisé dans notre cœur. C'est l'amour qui a tissé en silence nos natures hautes et basses, mêlant peur, colère, survie et protection avec les énergies de la piété, de la confiance, de la compassion et de l'acceptation.

—Et ce moment est celui où l'on appartient pleinement à l'autre, reprit Élise. On se sent assez sûr pour vivre l'amour ensemble, sans se retirer dans les vieux recoins obscurs et familiers.

—Oui, approuvai-je. Si deux personnes s'aiment d'amour, peu importe l'ampleur des obstacles à surmonter, ils finiront par achever leur maison de lumière. Ce projet, toutes les relations amoureuses l'entreprennent tacitement. La tragédie, c'est que notre culture ne nous apprend pas à voir l'amour et le mariage de cette façon et ceux qui finissent un jour leur maison de lumière sont trop rares.

Nous restâmes silencieux, la conversation touchait à sa fin. Je n'avais jamais vraiment parlé ainsi auparavant. Je me sentis chaleureusement reconnaissant envers ces deux amis d'avoir ménagé un espace accueillant à mes paroles.

—Si vous aimez vraiment quelqu'un, vous n'aurez pas peur de laisser cette personne regarder dans le miroir que vous lui tendez. Il n'y a pas d'autre moyen de grandir. Et vous n'aurez pas peur de revendiquer votre part d'amour en échange, parce que vous aussi avez regardé dans le miroir. Tel est l'ultime mystère de l'amour : en regardant tout au fond de vous-même, vous découvrez qui vous êtes, mais alors vous abandonnez ce moi, vous l'offrez dans l'amour.

« Je ne veux pas donner la moitié de moi-même à celui ou celle que j'aime, c'est pourquoi je dois recouvrer mon moi tout entier. Pour découvrir celui que je suis vraiment, je dois entrer en contact avec l'esprit en toutes ses manifestations – dans des moments de méditation silencieuse, dans la beauté de la nature, dans l'exercice du non-jugement, dans l'appréciation de ce précieux instant du temps. Je dois voir ma vie comme une œuvre en train de se faire. Rien de ce qui me concerne n'est jamais achevé.

« Sachant que mon chemin est une quête de l'amour, je dois consacrer chaque jour un peu de temps à cette quête. Pour mériter une vision du caractère sacré de celui ou celle que j'aime, je dois l'aimer plus que moi-même. Je dois avancer d'un pas léger sur le chemin, accueillir les revers avec patience et ne pas blesser les êtres qui semblent m'entraver. Je dois affronter mon moi-fantôme et en tirer les leçons qui m'aideront à le surmonter.

« Je dois voir et accepter tout ce que je trouve en moi-même, ne rien rejeter par peur et mépris. Je dois me souvenir de toujours regarder un peu au-delà de la surface des choses, car une fleur n'est pas seulement une fleur, elle est pluie et arc-en-ciel, nuages, terre, elle est l'immensité de l'espace. Et je dois me considérer moi-même de la même façon.

« Tout cela pour définir la façon dont nous construisons une maison de lumière. Une voix ténue nous appelle de l'intérieur de notre vieille maison obscure. Elle dit : « Ne voyez-vous pas l'immensité dans votre cœur ? Ne sentez-vous pas que vous vous suffisez à vous-même, que vous n'avez besoin de rien ni de personne ? Qu'est-ce qui pourrait être plus désirable que d'être là, ici et maintenant à savourer l'infinité de ce moment ? » Le simple fait de prendre garde à cette voix une seconde signifie déjà expérimenter l'amour. Écouter cette voix sans cesse signifie expérimenter toute la vie dans la lumière de l'amour. Alors, ce que nous déposons aux pieds de l'être que nous aimons est un trésor, le trésor de celui que nous sommes vraiment.

— J'aimerais penser que nous avons construit une maison de lumière, conclut Élise en se levant pour aller à la cuisine.

Kent lui prit la main au passage et je suis sûr qu'ils échangèrent un sourire dans l'obscurité qui s'accroissait lentement. Ils n'avaient pas peur de s'offrir réciproquement la meilleure part d'eux-mêmes, ce qui est toujours vrai des êtres qui ont appris à vivre avec leur cœur.

EN CONCLUSION :
VOUS ÊTES AIMÉ

—Puis-je vous aider ?

En entendant la voix de cette femme, je levai les yeux. Le sol était jonché de tessons de bouteille, et de papiers trempés d'eau – résultat du passage de centaines de gens qui s'étaient précipités pour prendre leur avion. Je ne voulus pas de son aide.

—Je peux y arriver tout seul, dis-je.

—Ne vous en faites pas, ça ne prendra qu'une seconde, répondit la femme.

Elle ouvrit son sac à main et en tira, miracle, une serviette. Elle s'agenouilla et se mit à tamponner le sol. J'avais laissé tomber par terre un sac contenant une bouteille d'eau minérale en verre qui avait déchiré le film plastique en se fracassant et s'était répandue sur le sol. Tout ce que j'avais pu trouver pour nettoyer les dégâts était un rouleau de papier hygiénique pris dans des toilettes voisines.

—Voilà, ça y est, dit la femme, ce n'était pas si terrible que ça.

—Vous êtes anglaise, n'est-ce pas ? demandai-je. Elle acquiesça et sourit.

—Je m'appelle Laurel, fit-elle.

Tandis qu'elle finissait de réparer les dégâts avec efficacité, j'eus le temps de la regarder longuement. Elle ne payait pas de mine avec ses joues grêlées et ses cheveux bruns négligés. Son visage n'était pas maquillé et elle portait un cardigan distendu. Nous nous relevâmes tous les deux et je la vis tressaillir légèrement. Je pris la serviette et la jetai dans une poubelle des toilettes pour hommes. Laurel acquiesça légèrement quand je la remerciai et offris de l'accompagner jusqu'à sa porte d'embarquement, elle hésita très légèrement à nouveau.

— Ce serait gentil, dit-elle.

Nous ramassâmes nos affaires et traversâmes le hall. Je ne pus m'empêcher de remarquer qu'elle boitait fortement. Une femme très laide, pensai-je, et très gentille. Je me demandai comment Laurel était devenue celle qu'elle était. Quand elle arriva à sa porte d'embarquement, il s'avéra que son vol pour Londres avait été retardé d'une demi-heure. Nous commençâmes à parler.

— Je rentre à la maison pour voir ma mère, expliqua Laurel. Elle vieillit et elle n'est plus aussi gaie qu'avant. Les rhumatismes et la pluie n'arrangent pas ses affaires. Il faut sans doute qu'elle s'y habitue.

— Retournez-vous souvent à la maison ? demandai-je.

— Moi ? Non, ça fait plus de vingt ans, si je ne me trompe. (Je dus avoir l'air surpris.) En fait ils ne voulaient pas vraiment de moi à la maison. Je suis partie le jour même où j'avais le droit de quitter l'école. Je viens d'une famille ouvrière et quand je me suis blessé la jambe dans un accident de moto avec mon petit ami, ils ont décidé que c'était trop dur de m'avoir chez eux. Naturel, je suppose.

Son récit me fit beaucoup de peine.

— Vous voulez dire qu'ils vous ont jetée dehors parce que vous étiez infirme ?

— Le terme est un peu excessif. Il arrive que j'aie besoin d'une canne.

Laurel avait raconté ces événements d'une voix calme et dénuée d'amertume.

— Alors, qu'est-ce qui les a décidés à vous reprendre, maintenant après tout ce temps, demandai-je.

— Ce n'est pas exactement ce qui s'est passé. Je veux seulement qu'ils sachent, eh bien... ce que tout le monde doit savoir. Je regardai Laurel dont le visage s'anima. Elle avait décidé de me confier quelque chose de spécial. Il m'est arrivé quelque chose de très fort, récemment. Je participais à un séminaire organisé par un groupe de femmes dans une petite ville de montagne. J'habite le New Hampshire où je travaille comme baby-sitter, plus quelques travaux d'appoint. Une femme dont je gardais les enfants ne pouvait pas se rendre à ce séminaire qui se déroulait dans un très joli site et elle m'a donc offert d'y aller à sa place. J'ai décidé de partir, sur l'impulsion du moment. Donc vous voyez, je n'appartenais même pas vraiment à ce groupe.

— Est-ce important pour la suite ? demandai-je.

— Vous avez du flair. J'aime la montagne, la chambre d'hôtel était ravissante, mais tout le reste, les groupes de discussion, etc., ça me passait franchement au-dessus de la tête. Il n'y a que le dernier jour où j'ai trouvé le courage de participer à l'un de ces groupes, et que croyez-vous qu'il est arrivé ? Ils nous ont demandé de fermer les yeux et d'imaginer un jour très triste de notre passé. C'était une sorte de thérapie émotionnelle, je crois que c'est comme ça que cela s'appelle. Alors j'ai fermé les yeux et j'ai imaginé le premier jour où l'on m'a envoyée à l'école. Je devais avoir cinq ans et j'ai tellement pleuré qu'on ne parvenait pas à me faire lâcher la jupe de ma mère. Elle me rassurait et me disait de ne pas me conduire comme un bébé. Je crois que mon comportement la gênait beaucoup.

« Puis ils nous ont dit d'ouvrir les yeux et de choisir une étrangère dans la pièce. Nous devions aller la voir et échanger nos expériences. Je pris mon courage à deux mains et choisis une femme qui avait à peu près mon âge dans le coin de la pièce. Je lui racontai ce qui m'était revenu et elle écarquilla les yeux, sidérée. »

J'eus une soudaine prémonition sur la façon dont cette histoire allait finir. Je frissonnai mais ne soufflai mot.

—Elle bégaya presque en me racontant sa propre expérience. Et vous savez pourquoi ? C'était exactement la même que la mienne ! Alors je lui demandai : « Vous êtes anglaise aussi, n'est-ce pas ? » et elle acquiesça. « Je m'appelle Vicky, dit-elle tout excitée. Vous ne vous souvenez pas de moi, Laurel ? »

« Je me relevai stupéfaite. Puis je me souvins : il y avait eu une autre petite fille tout aussi paniquée que moi ce jour-là qui pleurait toutes les larmes de son corps. « Voulez-vous dire que nous avons fait la même expérience ? Vous alliez chercher une étrangère pour lui raconter ? » Vicky acquiesça et nous ne savions plus si nous devions rire ou pleurer… Imaginez cette situation !

—C'est une coïncidence stupéfiante.

—Non, c'est un *rappel* stupéfiant, répondit Laurel. Vous voyez, cette vie solitaire loin de ma famille m'accablait. Cela ne vous surprend pas… Et soudain cet événement surprenant s'est produit et j'ai compris que je ne pouvais vraiment pas rester seule. Vous comprenez ?

Je dus faire un effort pour que ma voix ne trahisse pas mon émotion.

—Oui, dis-je. Si étonnante que soit votre expérience, l'aspect le plus remarquable de celle-ci est que vous ayez compris ce qu'elle révèle.

—Oh, oui. C'est de Dieu qu'il s'agit. a ne peut être que lui.

Rien n'est plus émouvant qu'un rappel qui nous souffle que l'esprit est avec nous. Cette femme avait senti un regard soucieux et attentif l'envelopper, le même qui nous embrasse tous, bien que nous ne le remarquions pas. Rumi disait la stricte vérité quand il écrivait :

> *Il y a quelqu'un qui veille sur nous*
> *De derrière le rideau.*
> *En vérité, nous ne sommes pas ici.*
> *Ce n'est que notre ombre.*

La tragique illusion de la vie quotidienne, c'est que nous prenons l'ombre pour la réalité. Il est impossible de quitter ce regard tissé d'amour et par moments, quand les événements nous rendent par trop amnésiques, un message vient nous dire : « Tu es aimé. »

—Alors vous avez décidé que votre mère aimerait savoir qu'elle n'est pas seule, dis-je. Laurel acquiesça. Mais vous ne lui devez rien, ajoutai-je.

—Je lui dois tout. Les gens ont tendance à oublier leurs dettes les plus anciennes, c'est tout.

—Vous ne lui en voulez pas de s'être si peu souciée de vous ?

—Comment le saurais-je ? demanda Laurel, surprise. Peut-être ne pouvait-elle le montrer.

Cela m'étonne toujours autant de voir la régularité avec laquelle l'esprit nous envoie des indices sur la véritable nature de la vie. Cet épisode constituait selon moi un indice sur la nature de la compassion, la valeur la plus proche de l'amour. Être empli de compassion ne signifie pas avoir pitié, mais vous soucier aussi des autres simplement parce que vous voyez leurs besoins. La plupart d'entre nous donnent parce que ce geste améliore leur image d'eux-mêmes ou parce qu'ils espèrent quelque chose en retour, bien qu'il soit difficile d'être tout à fait honnête à ce sujet. Laurel donnait parce qu'elle devait donner, elle était l'amour en acte, celui qui ne doute nullement de lui. La question ne se pose même pas de savoir si quelqu'un mérite votre compassion. Si vous devez la donner, vous la donnerez à ceux qui en ont besoin.

Le chemin vers l'amour ne se termine pas avec l'ascension comme si celle-ci était une étape définie marquant un point final. L'ascension continue aussi longtemps que vous vivez. Au cours de cette ascension, les idéaux de confiance, de pardon, de piété et de compassion s'épanouissent en une moisson dorée dont les semences ont été plantées il y a des années, lors de nos premières leçons sur l'amour. Et quel que soit l'aspect qu'ils prennent à un moment donné, ces idéaux s'épanouissent parce qu'ils le doivent.

— Beaucoup de gens diraient que vous pourriez vous montrer amère à juste titre, dis-je à Laurel.

— Ce sont probablement des gens qui sont amers eux-mêmes, répondit-elle d'un ton détaché.

Nous nous séparâmes devant sa porte d'embarquement et je remarquai soudain qu'elle tenait un livre de poche défraîchi, un de ces romans policiers dont raffolent les Anglais.

— Ce livre en apprend beaucoup sur vous, lui fis-je remarquer en souriant.

— Ah, oui ? demanda-t-elle.

— Oui. Il parle de votre quête d'indices.

Cette femme extraordinaire venait de me décider à écrire le dernier chapitre de mon livre sur la compassion.

Je ne crois pas que la compassion soit très bien comprise. En Occident, nous avons été induits en erreur par le mot lui-même : la racine latine du mot compassion signifie « souffrir avec ». Pourtant la compassion n'implique pas de souffrir nécessairement à côté d'autrui. Le contact direct avec l'amour de Dieu est la racine de la compassion. Essayer d'exercer la compassion sans cette relation ne saurait mener qu'à l'échec. Si je vous vois dans une détresse extrême, appliquer mon attention à votre souffrance revient à y participer et la somme d'amour que je pourrai dès lors vous dédier en sera diminuée d'autant.

La compassion, pour être entière, doit se fonder sur un amour inconditionnel, qui ne se focalise pas sur la souffrance quelle qu'elle soit. Je pense à tous les facteurs qui auraient pu retenir Laurel – son handicap physique, l'injustice du traitement qu'elle avait subi de la part de ses parents, ses évidents problèmes d'argent. Mais elle avait tout de même pris ce vol pour transmettre à sa mère ce message : « Tu es aimée. »

L'autre aspect remarquable de cette situation, c'était que Laurel se considérait l'égale de ceux à l'égard de qui elle aurait pu éprouver un certain ressentiment. La compassion, indépendamment du fait qu'elle est unie à l'amour de Dieu, voit tous les êtres comme unis à cet amour de la même façon. Même si vous éprouvez en ce moment de la douleur, l'amour ne vous quitte pas. Comme Dieu est plein de compassion, l'expérience de la souffrance chez les êtres n'est jamais une punition divine. La souffrance ellemême recèle de l'amour. Il est difficile d'assimiler la souffrance à de l'amour quand elle survient, et bien souvent elle n'est pas non plus comprise comme une leçon pour grandir.

C'est là que la compassion prend toute sa valeur. Elle me permet d'intervenir et de vous rappeler que vous êtes aimé, pas en théorie mais en chair et en os. Nous avons tous une perception aiguë de la douleur quand elle survient. Nous ne sommes guère enclins à réfléchir sur la valeur spirituelle, si elle en a une, de l'épreuve que nous traversons. Mais le fait que l'esprit soit dominé par la souffrance ne contredit pas l'intention de l'amour. Le moment viendra, un état de conscience émergera qui transcendera la souffrance. L'esprit universel dominera l'esprit particulier. En vous apportant la compassion, je peux vous confirmer que vous n'êtes pas abandonné. Vous vous trouvez seulement à un croisement difficile dans votre voyage vers l'amour.

À chaque étape du chemin vers l'amour, il faudrait garder le but à l'esprit. La conjonction de la passion amoureuse, de la relation amoureuse et de l'ascension implique un ensemble de règles qui peuvent s'énoncer comme suit :

> Soyez gentil avec vous et avec les autres.
> Agissez avec amour aussi souvent que vous le pouvez.
> Parlez d'amour avec les autres. Rappelez à autrui votre but spirituel.
> N'abandonnez jamais l'espoir.
> Sachez que vous êtes aimé.

Si vous mettez en pratique ces quelques préceptes, vous serez prêt à recevoir toutes les leçons du chemin dans l'esprit où elles vous seront données : comme une expression de l'amour divin. Les horreurs qui se produisent dans le monde sont indéniables et peu de gens s'autorisent à seulement rêver qu'ils y échapperont. Mais ils y échapperont parce que l'amour est la réalité suprême. Comparé à lui tout le reste est temporaire, fugace et irréel.

L'amour que vous cherchez vous cherche lui aussi en ce moment. Votre désir, vos rêveries intimes sur l'amour ne sont que les échos assourdis d'une effusion de tendresse qui manifeste l'amour de l'esprit envers vous. Soyez honnête à propos de votre quête et guettez les moments où l'amour se montre à vous. Vous êtes le seul moyen dont dispose l'amour pour triompher de son contraire. C'est pourquoi vous êtes infiniment précieux aux yeux de l'esprit. Les messages d'amour peuvent être obscurs pour tous ceux qui vous entourent, même les plus intimes de vos proches. Cela n'a pas d'importance : ces messages vous sont adressés à vous et à vous seul. Soyez-en certain.

Et par-dessus tout, faites comme Laurel : continuez à chercher des indices.

REMERCIEMENTS

Écrire un livre sur l'amour est un défi unique aussi bien pour le cœur que pour l'esprit, et j'ai compris dès le début qu'il devait naître dans une atmosphère aimante. Quelques autres personnes l'ont aussi compris et c'est surtout à elles que je voudrais exprimer ma profonde gratitude.

À Peter Guzzardi dont la sensibilité et la disponibilité dépassent de loin les obligations d'un éditeur – tu as ouvert la voie et tenu le cap contre vents et marées.

À Patty Eddy et Tina Constable qui accomplissent des merveilles chez Harmony Books, dans les coulisses.

À mon agent Muriel Nellis qui a été la marraine de toute ma carrière d'écrivain.

À mon équipe d'assistants au Chopra Center for Well Being and Infinite Possibilities International, et particulièrement à David Simon, Richard Perl, Deepak et Geeta Singh, Roger Gabriel et Arielle Ford : sans votre loyauté et votre immense enthousiasme, je n'aurais absolument pas réussi à écrire ce livre.

Et, comme toujours, à ma famille qui m'a accompagné sur le chemin vers l'amour, sans se soucier de ses méandres.

TABLE

1. Ranimer une histoire d'amour 7
2. Le chemin 34
3. L'esprit de la passion amoureuse 68
4. Comment s'abandonner 168
5. L'attachement est-il réellement de l'amour ? ... 206
6. Pourquoi nous avons besoin de passion 245
7. Extase 293

En conclusion : vous êtes aimé 341

Remerciements 349

5757

Composition Chesteroc International Graphics
Achevé d'imprimer en France (Malesherbes)
par Maury-Imprimeur le 30 janvier 2008.
Dépôt légal janvier 2008. EAN 9782290339190
1er dépot légal dans la collection : décembre 2000

Éditions J'ai lu
87, quai Panhard-et-Levassor, 75013 Paris
Diffusion France et étranger : Flammarion